111 GRÜNDE, ARGENTINIEN ZU LIEBEN

Für meine Eltern.
Lebt eure Träume!

Simone Glöckler

111 Gründe, Argentinien zu lieben

Eine Liebeserklärung an
das schönste Land der Welt

Mit Fotografien der Autorin

SCHWARZKOPF & SCHWARZKOPF

Inhalt

Weil jede Argentinienreise eine Liebeserklärung ist

Vorwort

»Du schreibst ein Buch, eine Liebeserklärung an Argentinien???« Die Reaktionen meiner argentinischen Freunde waren ganz unterschiedlich, als ich ihnen von diesem Projekt erzählte, das Sie, liebe Leserin und lieber Leser, nun in den Händen halten. Die meisten hatten auch schon ein paar Gründe parat: Schreib, dass nur Argentinier wissen, wie man die Stimmung in einem Fußballstadion einheizt. Schreib, dass wir so etwas wie Europäer sind, aber mit dem richtigen Maß an lateinamerikanischem Temperament. Schreib, dass Buenos Aires die Stadt aller Städte ist. Schreib, dass wir uns lauthals für unsere Rechte einsetzen. Schreib, dass es hier das beste Fleisch der Welt gibt. Schreib über die stürmischen Weiten Patagoniens. Schreib, dass Gott Argentinier ist. Schreib, dass argentinische Männer die besten Liebhaber der Welt sind. Letzteres war der Kommentar eines Freundes, der ständig auf der Suche nach der wahren Liebe ist. Nehmen Sie sich vor ihm in Acht!

Aber ich erntete auch weniger optimistische Kommentare: Was soll man denn Positives über Argentinien schreiben? *Estamos en crisis. Siempre.* (Wir sind in der Krise. Immer). Nichts funktioniert hier, das Chaos wacht über allem wie in anderen Ländern der Schöpfer. Schreib bloß nichts über die Politiker, die Schweine. Und nichts über uns Argentinier, die sie immer wieder wählen. Die eigene Misere zu beklagen, darin sind die Argentinier Weltmeister. Als ich den Zweiflern als Antwort von der Vielseitigkeit ihres Landes, den atemberaubenden Landschaften, den herzlichen Menschen, ihrem beispielhaften Umgang mit ebenjenen Krisen und dem lebendigen Kulturleben vorschwärmte, waren auch sie besänftigt: Du hast recht, Argentinien ist ein ganz besonderes Land, und jeder Reisende wird etwas finden, was er oder sie lieben wird. Das kannst du in die Welt hinausschreien: Ich bin stolz darauf, Argentinier zu sein! Argentinier sind, das müssen Sie wissen, alles andere als bescheiden.

Aber in Sachen Gelassenheit können wir viel von den Argentiniern lernen: Obwohl das Land der Gauchos und des Tangos durch die wiederkehrenden Wirtschaftskrisen in den Medien oft für Aufsehen sorgt, bleiben die Argentinier ruhig, weil sie darauf vertrauen, dass auf schlechte Zeiten gute folgen. Zur Sicherheit kramen sie dennoch nach ihren italienischen oder spanischen Pässen. Nur für den Fall der Fälle, versteht sich. Denn so wirklich möchte niemand diesem Land den Rücken zukehren. Dabei bewahren die Argentinier stets ihren wundervollen Humor, bei dem man nicht anders kann, als sich den vor Lachen schmerzenden Bauch zu halten.

Die aktuelle Situation erörtert man mit ihnen am besten bei einem Glas Malbec beim *asado*, dem typischen Grillfest. Nehmen Sie nicht alles wörtlich, was aus den redefreudigen Mündern der Argentinier sprudelt. Machen Sie sich darauf gefasst, Zeuge maßloser Übertreibungen und bissiger Ironie zu werden, denn das beherrschen die Argentinier genauso gut wie die Selbstdarstellung und die Selbstkritik. Das Resultat ist eine äußerst abwechslungsreiche und dynamische Mischung, die Sie auch in diesem Buch wiederfinden werden.

Ich muss zugeben, dass es mir nicht leicht gefallen ist, 111 Gründe zu finden, Argentinien zu lieben. Nicht etwa, weil das Land nicht liebenswert ist. Im Gegenteil. Ich liebe dieses Land. Vielleicht ist es sogar das schönste Land der Welt. Diese Liebe aber in Worte zu fassen und in 111 Gründe zu verpacken, war keine leichte Aufgabe. Denn vieles spielt sich in einem nebulösen *Dazwischen* ab. Unbestimmbar. Schwebend. Zwischen Heute, Gestern und Morgen, zwischen Melancholie und strahlender Euphorie, zwischen Realität und Traumtanz, zwischen Stillstand und Aufbruch, in einem ewigen Spagat zwischen den Welten.

Wer Argentinien liebt, hat stets einen bittersüßen Geschmack auf der Zunge. Die Liebe zu Argentinien ist niemals *reine* Liebe. Sie ist, so würden es viele Argentinier sagen, *amor-odio* (Hass-Liebe, wobei im Spanischen zuerst Liebe, dann Hass genannt wird). Eine komplizierte und impulsive Liebesgeschichte mit vielen Aufs und Abs, aber eine beständige. Argentinien ist eine Herzenssache, ein bunter Gefühlscocktail, der das Glas auch gern einmal zum Überlaufen bringt.

Sie finden in diesem Buch sehr persönliche Gründe sowie altbekannte Klischees, die das Land als Reiseziel attraktiv machen. Es soll Ihre Neugier wecken, Lust machen auf Argentinien und zugleich ein möglichst authentisches Argentinienbild aufzeigen – und das ist eine wilde Achterbahnfahrt der Emotionen. Langweilig wird es also nie.

Und eventuellen anfänglichen Widersprüchen zum Trotz wird wahrscheinlich jede Argentinienreise am Ende auf eine Liebeserklärung hinauslaufen. Weil man sich dem Charme des Landes nur schwer entziehen kann. Weil man in Argentinien, ohne sich überhaupt erst auf die Suche zu begeben, gefunden wird. Argentinien wird Sie, da bin ich mir ziemlich sicher, verzaubern.

Simone Glöckler

1. Kapitel

Argentinien

Bienvenidos im Land der Kontraste

1. Grund

Weil Argentinien viel Raum zum Träumen und Entdecken bietet

Bevor Sie nun mit diesem Buch durch Argentinien reisen, gibt es noch einen kleinen »Frontalunterricht« in Sachen Landeskunde. Nicht etwa, um Sie mit Zahlen, Daten und Fakten zu langweilen, sondern um Ihnen ein Gefühl für die Dimensionen dieses faszinierenden, facettenreichen Landes zu geben. Damit Sie wissen, worauf Sie sich einlassen und was Sie erwartet, sollten Sie Ihren nächsten Urlaub in Argentinien verbringen.

Argentinien ist das achtgrößte Land der Erde und nach Brasilien das größte Südamerikas, will heißen, es ist SEHR groß. Wer das ganze Land bereisen will, braucht also vor allem eines: Zeit, viel Zeit. Ein Chef, der seinen Mitarbeitern gerne eine Auszeit gönnt, kann auch nicht schaden. Denn höchstwahrscheinlich wird es nicht bei einer Reise bleiben, wenn Sie erst einmal mit dem Argentinien-Virus infiziert sind.

Was auf der Landkarte aussieht wie ein Katzensprung, bedeutet in Wirklichkeit oft mehr als 15 Stunden lang die Gesäßmuskeln im Bus zu trainieren. Falls Sie sich unter so großen Zahlen wie 2.780.400 Quadratkilometer Fläche ebenso wenig vorstellen können wie ich: Argentinien ist fast achtmal so groß wie Deutschland. Um vom extremen Süden in den extremen Norden des Landes zu kommen, müssen 3.643 Kilometer (Luftlinie) zurückgelegt werden. Das ist in etwa so, wie wenn wir uns von Norddeutschland auf den Weg in die Sahara machen würden.

Daher ein kleiner Tipp vorab: Wenn Sie nach Argentinien reisen möchten, investieren Sie auch ein bisschen Zeit in die Planung. Überlegen Sie sich, was Sie gerne sehen wollen und wie Sie Ihre Wünsche in die Realität umsetzen können. Das Schöne ist, egal, welche Landschaften und Klimazonen Sie bevorzugen, Sie können sicher sein, diese in Argentinien zu finden (mehr dazu im nächsten Grund).

Verglichen mit seiner Größe ist Argentinien nur sehr dünn besiedelt. Rund 13 Millionen der insgesamt 44 Millionen Einwohner leben im Großraum Buenos Aires. Sie können sich also vorstellen, wie es im restlichen Land aussieht. Neben größeren Städten wie Córdoba oder Mendoza und touristischen Anziehungspunkten wie den Iguazú-Wasserfällen gibt es verträumte Dörfer, in denen die Zeit stehen geblieben scheint, und vor allem unberührte Natur, bezaubernde Landschaften, die sich tief ins Herz eingraben. Argentinien bietet genügend Raum für ausgiebige Abenteuer, Entdeckungen und Träumereien.

Wer an Argentinien denkt, dem kommen wahrscheinlich sofort Tango, Steak, Gauchos und Fußball in den Sinn. Was sich nach Klischee anhört, ist im argentinischen Alltag tatsächlich fest verankert und präsent. Aber natürlich ist das Land viel mehr als ein gutes Steak auf dem Grill oder eine durchtanzte Tangonacht.

Die glorreichen Zeiten, in denen Argentinien zu den reichsten Ländern der Welt gehörte, sind schon längst Vergangenheit. Aber die Argentinier wissen, dass Reichtum nicht nur in Geldscheinen gemessen werden kann. Außerdem gehört der immer wieder aufkeimende »Früher war alles besser«-Wermutstropfen ebenso zu den Straßen von Buenos Aires wie auch zu den unendlichen Grasweiden der Pampa. Dieses Gefühl zumindest scheint die Argentinier zu vereinen, egal, ob sie in Buenos Aires, Misiones oder in Feuerland zu Hause sind.

2. Grund

Weil Argentinien ein eigener Kontinent ist

Ich erinnere mich daran, wie ich vor Jahren im Norden des Landes die Grenze nach Bolivien passierte. Über 5000 Kilometer und viele, viele Stunden im Bus trennten mich von der südlichsten Stadt Argentiniens, in der ich Wochen zuvor Weihnachten gefeiert hatte. Damals, in der nicht sonderlich hübschen Grenzstadt La Quiaca, wurde mir bewusst, dass ich mehr als eine ganze Welt bereist hatte und dass ein Leben nicht ausreichen würde, um die Geheimnisse Argentiniens zu lüften.

Argentinien lädt ein zum Überfluss – landschaftlich, kulturell und kulinarisch. In Argentinien ist alles groß und weit, zwischen tropischen Regenwäldern, einsamen Stränden, Bergen, türkisblauen Seen, Steppe und imposanten Gletschern sind dem Abenteuergeist keine Grenzen gesetzt.

Die Gegensätze sind so etwas wie die Seele, der Atem Argentiniens. Das Land ist einfach zu groß und vielfältig. Die Menschen in der nördlichsten Provinz Jujuy denken und verhalten sich anders als die in Feuerland. Die *porteños*, wie die Bewohner von Buenos Aires genannt werden, betrachten sich und ihre Stadt als Nabel der Welt.

Wenn ich dennoch im Buch von »dem« Argentinier oder »den« Argentiniern spreche, ist das eine hemmungslose Vereinheitlichung, für die ich Sie – und die Argentinier – um Verständnis bitten muss.

Argentinien ist so groß, dass jeder Reisenden irgendwo zwischen Wüste, Eis und Regenwald seinen Herzensort finden wird. Das Land ist so vielfältig und kontrastreich, dass der Reisedurst wohl niemals gestillt werden kann. Viel zu leicht verliert man sich in den landschaftlichen Schönheiten, während man von Nord nach Süd und Ost nach West völlig verschiedene Welten kennenlernt.

Die 23 Provinzen lassen sich, um das Land auf einen Blick besser zu erfassen, in sechs Regionen unterteilen, Buenos Aires ausgenommen, denn die argentinische Hauptstadt nimmt immer eine Sonderstellung ein. Doch dazu später mehr.

Pampa / Sierra Pampeana

Die Pampa ist das wirtschaftliche Herz des Landes und wird hauptsächlich zur Viehzucht genutzt, denn in der großen Grasebene fühlen sich die Rinder wohl. Die Sierra ist ein Mittelgebirge, das größtenteils in der Provinz Córdoba liegt. Die höchste Erhebung ist der Champaquí mit 2.790 Metern. Das Gebiet östlich der Sierra wird als feuchte Pampa bezeichnet, westlich davon erstreckt sich die trockene Pampa. Die Region umfasst die Provinzen Buenos Aires, La Pampa, Córdoba und den Süden von Santa Fe. Mit einem Gaucho in den Sonnenuntergang galoppieren, am nächtlichen Lagerfeuer dem Leben lauschen, ursprüngliche Dörfer besuchen, sich an den kilometerlangen Sandstränden die Sonne auf den Bauch scheinen lassen oder zwischen hübschen Fachwerkhäusern auf den Spuren der eigenen Geschichte wandeln – die Pampa ist landschaftlich wie kulturell erfrischend abwechslungsreich.

Mesopotamia

Das berühmte Zweistromland gibt es nicht nur in Vorderasien, sondern auch in den Provinzen Entre Ríos, Misiones und Corrientes im Nordosten des Landes. Namensgebend sind die zwei Flüsse Río Uruguay und Río Paraná, welche die feuchtwarme Region mit ihren subtropischen Regenwäldern umschließen. In den nördlichen Ausläufern ist Mesopotamia hügelig und dicht bewaldet, in Corrientes und Entre Ríos dominieren Sümpfe und Palmenwälder. Den Reisenden erwarten neben der faszinierenden Tier- und Pflanzenwelt zahlreiche Mateplantagen, geschichtsträchtige Jesuitenreduktionen sowie ein bedeutendes kulturelles Erbe der indigenen Bevölkerung.

(Gran) Chaco

Bisher verirren sich nur wenige Touristen in den subtropischen Norden Argentiniens, der deswegen noch viel Raum für Abenteurer und Entdecker bereithält. Resistent gegen Hitze und Moskitos sollte man bei schwülen Temperaturen von über 40° Celsius allerdings schon sein. Im Süden grenzt die Region an die Pampa, im Westen an die *yungas*, die feuchtwarmen Nebelwälder, im Norden und Osten findet man vor allem Sumpf- und Graslandschaft, die sich bis über die Landesgrenze nach Paraguay zieht. Als Chaco werden die Provinzen Formosa, Chaco, Santiago del Estero und der Norden von Santa Fe bezeichnet. Exotische Tiere in freier Wildbahn zu beobachten und den nächtlichen Konzerten des Regenwaldes zu lauschen, sind die Hauptattraktionen der Region.

Noroeste – der Nordwesten

An der Grenze zu Bolivien und Chile liegt der andine Nordwesten mit den Provinzen Jujuy, Salta, Tucumán und Catamarca. Versteckte Täler, farbenfrohe Ponchos, Verehrung der Pachamama, traditionelle Folkloremusik und Salzseen – der Nordwesten ist eine harmonische Mischung aus Natur, Geschichte und einer lebendigen Kulturszene. Im Osten der Region dominieren feuchtwarme Regenwälder, im Westen liegt die *puna*, eine beindruckende Hochebene mit bizarren Gebirgsformationen. Auf über 3000 Metern über dem Meeresspiegel sollte man sich einige Tage Zeit nehmen, um sich zu akklimatisieren, bevor man die höchsten Berge erklimmt.

Cuyo

Von der Sonne verwöhnt! Im Westen ist der Cuyo von den imposanten Anden umgeben, gen Osten wird die Landschaft flacher und geht allmählich in die Sierras und die Grassteppe der Pampa über. Die Winter sind kalt, die Sommer herrlich mild, und es regnet nur wenige Tage im Jahr. Für Weinliebhaber ist der Besuch ein absolutes Muss, denn der Cuyo ist das größte Weinbaugebiet Argentiniens (siehe Grund 37). Auf Abenteurer warten die höchsten Gipfel des Kontinents, schlummernde Vulkane, verwinkelte Höhlen und reißende Flüsse. In den vielen Thermalbädern, Whirlpools und unterirdischen Dampfsaunen ist der Stress des Arbeitsalltages schnell vergessen. Die Region umfasst die Provinzen Mendoza, San Juan, San Luis und La Rioja.

Patagonien mit Tierra del Fuego (Feuerland)

Wenn der Wind Ihnen die Mütze um die Ohren haut und Sie binnen eines Tages alle vier Jahreszeiten erleben, dann sind Sie in Patagonien. Die Region gehört politisch zu Argentinien und Chile. Im Gegensatz zum chilenischen Westpatagonien, liegt der argentinische Teil im Regenschatten der Anden. Die trockene Buschsteppe durchzieht den Süden Argentiniens bis an die Küste. Zu Patagonien zählt neben den Provinzen Neuquén, Río Negro, Chubut und Santa Cruz auch die durch die Magellanstraße vom Festland getrennte subantarktische Inselregion Feuerland. Die Haupteinnahmequellen in Patagonien sind Schafzucht, Obstanbau, Erdölförderung und Tourismus.

Von subtropisch bis subpolar ist also für jeden Naturliebhaber das Richtige dabei. Und auch das ausgelassene kulturelle Leben, vor allem in größeren Städten wie Buenos Aires, Córdoba, Mendoza oder Mar del Plata, steht der Landschaft in seinem Facettenreichtum in nichts nach.

Argentinien geht unter die Haut und hinterlässt Spuren im Herzen. Wer schon einmal in Argentinien war, wird mir vielleicht zustimmen: Nach der Reise ist hier immer vor der Reise.

3. Grund

Weil Argentinien mit Superlativen um sich wirft

Am höchsten, besten, schnellsten – Menschen lieben Superlative, denn sie sorgen dafür, Individuen, Kulturen, Landschaften und Länder von anderen abzugrenzen. Argentinier machen da nicht nur keine Ausnahme, sie scheinen in einer riesigen (der größten) Wolke aus Superlativen zu leben und werden nicht müde zu betonen, was in ihrem Land das Beste, Höchste, Größte, aber auch Schlimmste ist. Durch Argentinien zu reisen bedeutet, sich ständig mit Superlativen auseinanderzusetzen. Dass diese dabei nicht immer ganz der Wahrheit entsprechen, darüber sehen Argentinier gerne hinweg (und am besten spricht man sie darauf auch nicht an).

Da ist einerseits die grandiose Natur, die vor Superlativen nur so strotzt: Der Cerro Aconcagua in Mendoza ist mit 6.962 Metern nicht nur die höchste Erhebung Amerikas, sondern auch außerhalb des Himalaya. Auf Bergsteiger und Kletterer wirkt der wunderschöne Berg wie ein Magnet.

Die Superlative gehen aber nicht nur in die Höhe, sondern auch in die Tiefe: Der Salzsee Laguna del Carbón, 48 Kilometer von Puerto San Julián entfernt, wo Ferdinand Magellan bei seiner Weltumsegelung 1520 überwinterte, liegt 105 Meter unter dem Meeresspiegel und ist damit die tiefste Senke des amerikanischen Doppelkontinents und die siebttiefste Landstelle der Erde. Hier in Patagonien lebt übrigens auch die endemische Patagonien-Lanzenotter, von allen Schlangenarten die am südlichsten verbreitete.

Der Río Correntoso im lieblichen Seengebiet bei Villa La Angostura begrüßt seine Besucher mit dem Hinweisschild, der kürzeste Fluss der Welt zu sein, was allerdings nicht stimmt. Aber diese kleine Lüge verzeiht man den Argentiniern nur allzu gern beim Anblick des glasklaren, türkisblau schimmernden Flusses. Anders als am überschaubaren Río Correntoso sieht man am Río de la Plata nicht immer das gegenüberliegende Ufer. Dieser ist mit 219 Kilometern Breite in seinem Mündungstrichter der breiteste Fluss der Welt. Die Frage, ob es sich beim »Silberfluss« tatsächlich um einen eigenen Fluss handelt, oder nicht einfach nur um die Mündung der großen Ströme Paraná und Uruguay in den Atlantik, wird zwar unter Geologen diskutiert, für die Argentinier ist die Sache jedoch klar: Der Río de la Plata ist ein weiterer Superlativ.

Neben den natürlichen sind da auch die vom Menschen geschaffenen Superlative, die sich bisweilen nicht hundertprozentig von bloßen Behauptungen unterscheiden lassen: So sind sich die *porteños*, wie die Bewohner von Buenos Aires genannt werden, sicher, dass die Avenida 9 de Julio die breiteste, die Avenida Rivadavia die längste Straße der Welt ist.

Ushuaia auf Feuerland lockt Touristen damit, die südlichste Stadt der Welt zu sein, wobei das chilenische Puerto Williams in Wirklichkeit noch weiter im Süden liegt. Die auf 2.300 Metern Höhe gelegene Bodega Colomé in der Provinz Salta nennt sich selbst das höchste Weingut der Welt. Dass die Weinberge im bolivianischen Hochland teilweise noch höher liegen, wird gerne ignoriert. Besonders stolz sind die belesenen *porteños* darauf, dass El Ateneo Gran Splendid Anfang 2019 von *National Geographic* zur schönsten Buchhandlung der Welt gekürt wurde (siehe Grund 68). Weniger stolz ist man auf die Wirtschaftskrise und Staatspleite im Jahr 2001, die aber trotzdem immer wieder als Negativ-Superlativ herangezogen werden als »die schlimmste Krise aller Zeiten«.

Nein, Argentinier geizen wirklich nicht mit Superlativen. Die Liste kann unendlich fortgesetzt werden, vor allem, wenn es um individuelle Superlative wie das schönste Tor der Fußballgeschichte durch Diego Armando Maradona oder das beste Fleisch der Welt geht, das selbstverständlich auf dem argentinischen Grillrost zu finden ist.

4. Grund

Weil die Sonne in Argentinien immer irgendwo scheint

Das Wetter, das in Deutschland immer ein guter Aufhänger für die Presse ist, wenn es gerade einmal nichts zu erzählen gibt, ist definitiv ein Grund, Argentinien zu lieben. Zwar beschweren sich die Argentinier selbst leidenschaftlich gern über das Wetter – mal ist es zu heiß, dann wieder zu kalt –, was aber lediglich daran liegt, dass Nörgeln hierzulande zum guten Ton gehört. Argentinien ist das ganze Jahr über ein attraktives Reiseziel, denn irgendwo sind die Temperaturen immer genauso, wie man es sich für seinen Urlaub wünscht. In Buenos Aires zum Beispiel gibt es auch im Winter oftmals Tage mit angenehmen 20 Grad, und sofern zu Hause oder in der Unterkunft die Heizung funktioniert, was keine Selbstverständlichkeit ist, sprechen auch die kühlen Winternächte nicht gegen eine Reise im Juli. Vor allem dann, wenn Sie die subtropisch schwülen Regionen Mesopotamia und Gran Chaco auf Ihrer Liste stehen haben und Gefahr laufen, bei sommerlichen Temperaturen von über 40 Grad zum Dauer-Siesta-Schläfer zu mutieren.

Vielleicht ist Ihnen auch der Winter in Deutschland nicht lange genug, und Sie möchten gerne einmal im Juni Ski fahren. Entlang der Anden warten tolle Pisten, tolle Ausblicke und mit Sicherheit auch einige sonnige Tage auf Sie.

Wenn in Deutschland die Tage kürzer werden, bereitet man sich auf der anderen Seite der Welt auf lange, intensive Sommermonate vor. Wer kann, verbringt die meiste Zeit im Pool seiner *quinta*, des Wochenendhäuschens, oder am Strand, je nach Geldbeutel in Mar del Plata, dem wesentlich schickeren Cariló, in Uruguay oder Brasilien. Im Sommer bleibt die Schule wochenlang geschlossen. Die meisten *porteños* gönnen sich im Januar ihren Jahresurlaub und bevölkern die Küste. In dieser Zeit sind die U-Bahnen der argentinischen Hauptstadt angenehm leer, die Straßen gehören den Touristen mit ihren Fotoapparaten. Ob schwüle 35 Grad eine Einladung zu ausgiebigen Sightseeingtouren sind, sei dahingestellt, aber ein argentinisches Bier, wie immer kurz vor dem Gefrierpunkt serviert, auf einer schattigen Plaza, während man in Deutschland die Autos von Schnee und Eis freikratzen muss, das ist das bisschen Schwitzen tagsüber schon wert. Okay, ich will ganz ehrlich mit Ihnen sein, ich habe seit Jahren kein Auto mehr vom Eis befreit. Und im Januar leide ich tierisch unter der Hitze in Buenos Aires. Ich schleppe mich vom Ventilator zum Kühlschrank zur Dusche, meine Gedanken hängen träge in der feuchten Luft, träumen vom Regen, der, wenn er kommt, die Stadt binnen Minuten in einen Seitenarm des Río de la Plata verwandelt, aber keineswegs Abkühlung bringt. Andere lieben den Sommer in Buenos Aires, ich fliehe dann am liebsten in die Arme des patagonischen Windes. Dort ist Sonnenschein oftmals nicht mehr als eine utopische Wunschvorstellung, denn innerhalb von 24 Stunden kann es zwischen Schneesturm und Hitze so ziemlich alles geben. Die Tage sind lang, besonders im äußersten Süden. In Ushuaia auf Feuerland können im Dezember die *noches blancas*, die weißen Nächte, erlebt werden. Einen ganz besonderen Reiz hat der Süden Argentiniens auch im Herbst. Wenn die Südbuchenwälder in intensivem Rot erstrahlen und die Wolken gnädig gestimmt sind, erleben Sie den schönsten Indian Summer, eine Explosion der Farben.

Nördlich von Patagonien haben Sonnenanbeter fast immer Glück. Mit nur wenigen Regentagen im Jahr können Sie ein Glas Rotwein in der wärmenden Abendsonne genießen.

In der *puna*-Hochebene ist die Sonneneinstrahlung ganzjährig sehr intensiv, ausreichend Sonnenschutz gehört in den Koffer – und zwar am besten schon in Deutschland, denn Sonnencremes kosten in Argentinien deutlich mehr. Im Gegensatz zum Nordosten oder Buenos Aires ist die Luft trocken und die Sommerhitze daher etwas erträglicher, wie ich finde. Wobei ich bei 40 Grad und stahlblauem Himmel ohne auch nur eine Wolke meist schnell wieder vergesse, dass ich das eigentlich erträglicher finde. In Córdoba scheint nicht nur meist die Sonne, die Provinz ist auch durchzogen von zahlreichen klaren Flüssen, die natürliche Becken bilden, in denen man sich hervorragend abkühlen kann.

Egal, zu welcher Jahreszeit Sie nach Argentinien reisen und welche Temperaturen Sie bevorzugen, irgendwo wird die Sonne scheinen – und wenn tatsächlich einmal alle Stricke reißen sollten, dann scheint sie zumindest auf der argentinischen Flagge.

5. Grund

Weil es fast 50 Nationalparks gibt und jeder einzelne sehenswert ist

Argentinien hat derzeit 46 Nationalparks und Naturreservate. Die Zahl ist jedoch unwichtig, da ständig neue Gebiete unter besonderen Schutz gestellt werden. Jeder Nationalpark an sich ist ein Grund, Argentinien zu lieben. Aber auch die Menschen, die das ermöglichen und sich unter den widrigsten Bedingungen für den Schutz von Tier- und Pflanzenwelt einsetzen – die engagierten Parkranger –, sind ein Grund, Argentinien zu lieben.

»Das ist eine typische Eigenheit Argentiniens: zerstören und dann wieder von vorne beginnen.« So treffend diese viel zitierten Worte des argentinischen Philosophen und Physikers Mario Bunge in manchen Zusammenhängen auch sein mögen, die Institution »Administración de Parques Nacionales« (APN) beweist jeden Tag aufs Neue, dass es auch in Argentinien anders geht.

Der Argentinier Carlos Thays, der für die Gestaltung sämtlicher Parkanlagen in Buenos Aires, Rosario, Córdoba, Mendoza, Paraná, Salta, Tucumán und Mar del Plata verantwortlich war (siehe Grund 76), entwarf Anfang des 20. Jahrhunderts nach einer Forschungsreise zu den Wasserfällen von Iguazú einen Plan zur Errichtung eines 25.000 Hektar großen Naturschutzgebietes nach dem Vorbild der US-amerikanischen Nationalparks Yellowstone und Yosemite. Es sollte aber noch einige Jahre dauern, bis der Plan in die Tat umgesetzt wurde. Die Errichtung eines anderen Nationalparks kam den Wasserfällen zuvor. Im November 1903 spendete Francisco Pascasio Moreno Argentinien einen Teil seiner Ländereien am Lago Nahuel Huapi unter der Bedingung, dieses Gebiet unter Schutz zu stellen. Das Gebiet wurde in den folgenden Jahren immer weiter ausgedehnt, und am 8. April 1922 wurde schließlich der erste Nationalpark Argentiniens mit einer Gesamtfläche von 785.000 Hektar eingeweiht: der Parque Nacional Nahuel Huapi, ein wunderschönes Wander- und Skigebiet in der Nähe der Städte Bariloche und Villa La Angostura.

Die APN wurde offiziell am 29. September 1934 gegründet, dem Geburtsjahr des zweiten argentinischen Nationalparks, der heute der meistbesuchte ist: das 67.620 Hektar umfassende Gebiet der Regenwälder rund um die Iguazú-Wasserfälle. Seither wurde die Liste der Nationalparks und Naturreservate kontinuierlich erweitert. Dazu gehören seit den 2000er-Jahren auch die Meeresschutzgebiete Patagonia Austral, Isla Pingüino (siehe Grund 61) und Makenke im Süden des Landes.

Vier argentinische Nationalparks wurden – neben anderen Natur- und Kulturdenkmälern – von der UNESCO in die Liste des Welterbes aufgenommen: der Nationalpark Los Glaciares mit dem berühmten Perito-Moreno-Gletscher (siehe Grund 107), der Nationalpark Iguazú (siehe Grund 93), die roten Gesteinsformationen des Talampaya-Nationalparks (siehe Grund 57) und der Nationalpark Los Alerces mit seinen patagonischen Zypressen, einer der langlebigsten Baumarten der Welt.

Als nationale Naturmonumente wurden vier vom Aussterben bedrohte Tierarten unter besonderen Schutz gestellt: der im nordwestlichen Andenhochland lebende Taruca-Hirsch, der in Patagonien wieder relativ weit verbreitete Huemul-Hirsch, der durch die

Regenwälder und subtropischen Sümpfe streifende Jaguar und der Südliche Glattwal, den man in den Gewässern Patagoniens antrifft (siehe Grund 62).

»Kennenlernen, schützen, lieben« – mit diesen Worten wirbt die APN für einen nachhaltigen Tourismus in den Nationalparks. In den Besucherzentren können sich Reisende über die jeweiligen Besonderheiten der Parks informieren, und ein persönlicher Plausch mit den Rangern ist immer eine wunderbare Bereicherung. Die *guardaparques* werden in einem langwierigen und streng selektiven Prozess aus physischen und psychologischen Leistungstests, diversen Vorstellungsgesprächen und Prüfungen in bestimmten Fächern wie Geologie, Naturschutz oder Biologie auf ihr oft sehr einsames Leben in der Natur vorbereitet.

»Diese Arbeit ist ein Privileg, sie bietet dir die Möglichkeit, in verschiedenen Gebieten von Argentinien zu leben. Aber man muss darauf vorbereitet sein, Natur in ihrer extremsten Form zu erleben. Manchmal drücken die Distanzen und die absolute Einsamkeit ganz schön auf die Stimmung«, sagt Parkrangerin Catalina Martínez, die jahrelang in den Nationalparks Nahuel Huapi, Lanín und Laguna Blanca arbeitete.

In diesem Buch werde ich Ihnen einige Nationalparks vorstellen. Aufgrund der oft extremen klimatischen Bedingungen kann es sein, dass manche Parks zeitweilig gesperrt sind. Vor einer Reise empfiehlt es sich daher grundsätzlich, einen Blick auf die Webseite der APN zu werfen, wo aktuelle Informationen in spanischer Sprache vorliegen: www.parquesnacionales.gob.ar

6. Grund

Weil es das Projekt »Senderos Argentinos« gibt

Wanderfreunde aufgepasst! In Argentinien gibt es derzeit fünf Fernwanderwege, die dazu einladen, das Land auf eine langsame und intensive Art im Einklang mit der Natur zu erleben. Die Idee hinter dem Projekt »Senderos Argentinos« ist, eine enge Verbindung zwischen Mensch und Natur sowie durch den Tourismus eine Einnahmequelle für die lokale Bevölkerung zu schaffen. Das Projekt befindet sich noch im Auf- und Ausbau, weswegen nicht alle Wanderwege gleichermaßen ausgeschildert sind, was die Orientierung an manchen Stellen etwas erschweren kann. Wer gerne in der Natur und abseits der touristischen Pfade unterwegs ist, wird hier voll auf seine Kosten kommen.

Der bekannteste und erste (und damit auch meistbegangene) Fernwanderweg Argentiniens ist die 570 Kilometer lange Huella Andina. Die insgesamt 42 Tagesetappen folgen den weiß-blauen Markierungsschildern durch die Provinzen Neuquén, Río Negro und Chubut. Zwischen dem Ausganspunkt Villa Pehuenia am Lago Aluminé und dem Gletschersee Bagillt erwarten den Wanderer neben malerischen Orten wie San Martín de los Andes, Villa la Angostura oder Esquel auch fünf Nationalparks, von denen jeder für sich einzigartig ist: Nationalpark Lanín, Nahuel Huapi, Los Arrayanes, Lago Puelo, Los Alerces. Einer der Höhepunkte ist mit Sicherheit der 3.776 Meter hohe Vulkan Lanín. Der »Wächter der Araukarien« wird häufig als schönster Berg Argentiniens bezeichnet.

Moose, dichte Märchenwälder, azurblaue Seen wie der Lago Fagnano und die Ausläufer der Anden prägen das Bild der Huella del Fin del Mundo auf Feuerland. Die acht Etappen führen vom Naturreservat Corazón de la Isla ans Ufer des Beagle-Kanals. Der größte Teil des rund 90 Kilometer langen Fernwanderweges ist ohne nen-

nenswerte Steigungen oder besondere technische Anforderungen relativ leicht zu bewältigen. Allerdings kann das unbeständige Klima das Vorwärtskommen für längere Zeit lahmlegen. Wie in ganz Patagonien und Feuerland sind vier Jahreszeiten an einem Tag keine Seltenheit.

Mehr Sonnenstunden gibt es entlang der Huella Andina del Norte, und auch landschaftlich hält der Fernwanderweg in der Provinz Jujuy im Nordwesten Argentiniens wunderbare Schätze bereit. Etwa 50 Kilometer sind zu bewältigen von der *puna*-Hochebene bis in die *yungas*-Regenwälder. Da der Wanderweg noch nicht ganz ausgebaut ist, werden ein paar Streckenabschnitte mit Bussen zurückgelegt. Ausgangspunkt ist das Dorf Humahuaca in der gleichnamigen farbenfrohen Schlucht. Von hier geht es in fünf Tagen nach Aguas Negras, einem pittoresken Aussichtspunkt am Fluss San Lorenzo, inmitten von Zuckerrohrplantagen und undurchdringlichem Regenwald. Man sollte vor der Wanderung ein bisschen Zeit einplanen, um sich an die extreme Höhenlage der *puna* zu gewöhnen, denn in den ersten Tagen bewegt man sich meist zwischen 3000 und 4.500 Metern über dem Meer.

Die Huella Guaraní lädt dazu ein, die artenreichen Regenwälder der Provinz Misiones, deren intensives Grün einen unvergesslichen Kontrast zur roten Erde bildet, zu Fuß zu erkunden. Es handelt sich um keinen durchgängigen Fernwanderweg, sondern um ein Netz verschiedener Wanderwege, die künftig miteinander verbunden werden sollen.

Die Natur hat diesem Projekt bisher aber immer einen Strich durch die Rechnung gemacht. Vorab sollte man sich daher in den lokalen Touristeninformationen oder bei der Nationalparkverwaltung über den Zustand der Wege erkundigen. Einer dieser Wanderwege, von dem eine Strecke mit dem Bus zurückgelegt werden kann, führt von Colonia Fracrán ins südlich gelegene El Soberbio. Mit zahlreichen Naturschutzgebieten, ursprünglich anmutenden Dörfern der Guaraní-Indianer und ehemaligen Kolonien deutscher und polnischer Einwanderer ist dieser Weg eine erfrischende Mischung aus Natur und Kultur.

In fünf Tagesetappen führt die Huella Entrerriana (Provinz Entre Ríos) auf meist breiten Wegen von der Stadt Paraná am gleichnamigen Fluss in den malerischen Ort Diamante, das Tor zum Nationalpark Predelta. Dieser Fernwanderweg, der auch gut mit dem Rad gefahren werden kann, verläuft durch viele schöne Ortschaften, in welchen der Duft von gestern noch heute prägnant in der Luft liegt. In der Region ließen sich gegen Ende des 19. Jahrhunderts zahlreiche wolgadeutsche Einwanderer nieder, nachdem ihre Selbstbestimmungsrechte im Russischen Reich aufgehoben worden waren. Die subtropische Flora, die exotischen Tiere und das Echo einer uns bekannten Kultur machen diesen Fernwanderweg zu einem ganz besonderen Erlebnis.

Auch wenn das Projekt »Senderos Argentinos« teilweise noch am Anfang steht, ist es doch eine wunderbare Möglichkeit, Argentinien auf unkonventionelle Weise zu entdecken und die abwechslungsreiche Landschaft in enger Verbindung zur Natur und zur jeweiligen lokalen Bevölkerung mit allen Sinnen zu genießen.

2. Kapitel

Geschichte & Politik

7. Grund

Weil die Unabhängigkeit zweimal im Jahr gefeiert wird

Buenos Aires hat sich herausgeputzt. Sämtliche Türen sind geschmückt mit hellblau-weißen Schleifen, an den Fenstern lacht die Sonne der argentinischen Flagge. Anstelle von Matebechern und Adaptern wird in der Fußgängerzone die *escarapela*, die argentinische Kokarde, als Anstecknadel verkauft. Die Vorbereitungen für den *Día de la Patria* sind in vollem Gange.

In vielen Orten Argentiniens wird die Unabhängigkeit begeistert gefeiert. In Kulturzentren, Theatern und auf öffentlichen Plätzen gibt es Konzerte, Tanzvorführungen, Märkte, Umzüge und Militärparaden, bei denen die Soldaten die historische Uniform tragen.

Wenn die *Patria* gefeiert wird, kommt für die Argentinier traditionell nur ein Gericht auf den Tisch: *locro*. Das ist ein herzhafter Eintopf aus Mais, Fleisch, *chorizo*-Wurst und Gemüse, der in den Andenstaaten sehr beliebt ist und in Argentinien als Nationalgericht gilt. Serviert mit Fladenbrot und der scharfen Soße *quiquirimichi* ist *locro* eine wahre Freude für den Gaumen.

Das feierliche Unabhängigkeitsspektakel findet in Argentinien gleich zweimal im Jahr statt, am 25. Mai, dem *Día de la Revolución de Mayo*, dem Tag der Mairevolution, und am 9. Juli, dem *Día de la Independencia*, dem eigentlichen Unabhängigkeitstag. Was hat es damit auf sich?

Spanien war Anfang des 19. Jahrhunderts durch die Napoleonischen Kriege geschwächt, was auf der anderen Seite des Atlantiks den lang ersehnten Wunsch nach Unabhängigkeit greifbarer machte. Im Zuge der sogenannten Mairevolution wurden in Buenos Aires mehrere *cabildos abiertos* (offene Ratsversammlungen) einberufen mit dem Ziel, eine neue, von Spanien unabhängige Regierung einzusetzen. Bei einer Versammlung von Bürgern und Milizangehörigen am 25. Mai 1810 wurde der Vizekönig schließlich abgesetzt und eine Junta unter der Leitung von Cornelio Saavedra gebildet. Die Ereignisse der Mairevolution gelten gemeinhin als Beginn der Republik Argentinien, was jedes Jahr am 25. Mai zelebriert wird. Allerdings hatte die in Buenos Aires erklärte Unabhängigkeit zunächst nur lokale Wirkung. Es sollten noch sechs Jahre vergehen, bis Argentinien tatsächlich unabhängig wurde. In dieser Zeit kam es zu Befreiungskriegen im gesamten Land. Die endgültige Unabhängigkeit von der spanischen Krone erklärten die La-Plata-Provinzen auf einem Kongress am 9. Juli 1816 in San Miguel de Tucumán. Daher ist der 9. Juli der zweite Tag, an dem die *escarapela* aus dem Schrank gekramt und *locro* gegessen wird. Die Unabhängigkeitstage feiert man meist im Kreise der Familie. Anstatt der üblichen politischen Diskussionen werden am Tisch Lobeshymnen auf die Schönheit des Landes gesungen. Man ist stolz, Argentinier zu sein, und zeigt das auch. Bei einem einstimmigen »Viva la Patria« klirren die Sektgläser gegeneinander.

Und am nächsten Tag? Da wird wieder demonstriert.

8. Grund

Weil es in Argentinien die längste Flagge der Welt gibt

In den vergangenen Jahren wurden zwar viele Feiertage aus dem Kalender gestrichen, am 20. Juni dürfen die Argentinier dem Büro aber weiterhin fernbleiben. Am Todestag des Freiheitskämpfers Manuel Belgrano wird seit 1938 offiziell der *Día de la Bandera* gefeiert, der Tag der Flagge. Denn für Argentinier ist ihre Flagge nicht nur schön anzusehen, sie symbolisiert auch Zusammengehörigkeit und Verwurzelung, was in einem Land, in dem die Vorfahren der meisten Menschen Einwanderer waren, eine starke Rolle für die Identifikation mit ihrer Heimat und die Suche nach Identität spielt.

Manuel Belgrano ließ sich von den Farben der hellblau-weißen Kokarden, die zu Beginn der Unabhängigkeitsbestrebungen am 25. Mai 1810 verteilt und als Konträrfarben zu den spanischen verwendet wurden, zu einer hellblau-weißen Flagge inspirieren. Diese wurde am 27. Februar 1812 zum ersten Mal in Rosario (Provinz Santa Fe) gehisst, woran heute ein Denkmal erinnert. Die Regierung in Buenos Aires betrachtete diese Tat als politisch unvorsichtig und befahl, stattdessen die Farben Spaniens zu verwenden. Der Befehl erreichte Belgrano allerdings nie, da er sich bereits auf dem Weg nach Nordwesten befand, und so hissten die Soldaten am 25. Mai 1812 in San Salvador de Jujuy die Flagge erneut, was die Regierung zunächst als Befehlsverweigerung betrachtete.

Belgrano aber ließ im Januar 1813 eine dritte Flagge anfertigen, die nach Abstimmung mit der Regierung lediglich eine Fahne für die Streitkräfte und keine Staatsflagge sein sollte. Das Volk war jedoch anderer Ansicht und wollte die Flagge als Nationalflagge, woraufhin im Februar desselben Jahres erstmals Truppen auf die Flagge vereidigt wurden. Es sollten drei weitere Jahre vergehen, bis der Kongress nach der Unabhängigkeitserklärung 1816 die Flagge als Nationalflagge anerkannte. 1818 fügte Juan Martín de Pueyrredón der Flagge die sogenannte Mai- oder Inkasonne hinzu. In der Mythologie der Inka symbolisiert die Sonne Inti, den Sohn des göttlichen Schöpfers Viracocha. Auf argentinischen Münzen ist die Verwendung der Maisonne bereits seit 1813 nachgewiesen. Der Kongress beschloss, dass die Nationalflagge aus drei horizontalen Streifen (hellblau-weiß-hellblau) bestehen und dass die Sonne nur auf Kriegsflaggen zu sehen sein sollte.

Juan Manuel de Rosas, Anführer der Föderalisten, verbot in den 1830er-Jahren die Verwendung des Hellblaus in der Flagge, da diese Farbe von seinen Gegnern, den Unitariern, verwendet wurde. Kurzum entwarf er eine neue Flagge. Diese war dunkelblau mit vier Jakobinermützen auf Pfeilern in den Ecken und einer roten Sonne in der Mitte. Doch die Föderalisten erlitten eine schwere Niederlage, und Rosas floh ins Exil. Seine Vorherrschaft wurde 1853 durch den Unitarier Justo José de Urquiza abgelöst, der zu den ursprünglichen Flaggenfarben zurückkehrte.

Im Jahr 1885 erließ Präsident Julio Argentino Roca ein Dekret, wonach die Flagge mit der Sonne auch im öffentlichen Raum verwendet werden durfte. Sie war nun keine Kriegsflagge mehr. Später wurde die Flagge mit Sonne nur für offizielle, ohne Sonne für private Anlässe verwendet. Erst seit 1985 unter Präsident Raúl Ricardo Alfonsín dürfen die argentinischen Bürger die Flagge mit der Sonne auch privat verwenden.

Die Bedeutung und Anordnung der Farben in der Flagge ist unklar. Einige beteuern, dass das Blau für den Himmel, das Weiß für die schneebedeckten Berge stehe. Einer anderen Deutung nach symbolisieren die beiden blauen Streifen den Atlantischen und Pazifischen Ozean und das Weiß das Land dazwischen. Die Sonne besteht aus abwechselnd 16 geraden und 16 geflammten Strahlen. Vorder- und Rückseite der Flagge dürfen per Gesetz nicht spiegelverkehrt sein, das heißt, die Sonne muss beidseitig identisch bestickt und ihre Flammen müssen auf die gleiche Weise gebogen sein.

Der Tag der Flagge wird in ganz Argentinien mit Paraden, Theatervorführungen, Konzerten und schönen Kunsthandwerksmärkten gefeiert. Da die stolzen Argentinier dem Größenwahn grundsätzlich nicht ganz abgeneigt sind und zudem eine Vorliebe für Superlative haben, überrascht es nicht, dass sie bei einer Parade im Jahr 2005 die längste Flagge der Welt zur Schau trugen: ein zehn Kilometer langes Band aus Himmelblau und Weiß.

Die teuerste argentinische Flagge gehörte übrigens einst niemand anderem als der vom Volk als Engel der Armen verehrten Eva María Duarte de Perón, die durch Alan Parkers Film sowie Andrew Lloyd Webbers und Tim Rices Muscial *Evita* international bekannt wurde: eine aus Diamanten, Platin und Saphiren bestehende, nur wenige Zentimeter große Brosche mit dem Abbild der argentinischen Flagge. Diese wurde 1998 für 900.000 US-Dollar versteigert.

9. Grund

Weil argentinische Geschichte auch europäische Geschichte ist

Argentinien ist ein multikultureller Flickenteppich. Das bekannte Sprichwort »Die Mexikaner stammen von den Azteken ab, die Peruaner stammen von den Inkas ab, und die Argentinier stammen von den Schiffen ab« zeigt, wie tief greifend das Land tatsächlich von den Migrationsbewegungen geprägt und verändert wurde.

Jeder Einwanderer hat etwas aus seiner Heimat mitgebracht: die Italiener die Pizza, die Engländer das Polo, die Deutschen den Volkswagen.

Im Süden von Buenos Aires im Stadtviertel La Boca ist die Geschichte der Einwanderung bis heute lebendig. Wenn ein Reisender sagt, er geht nach La Boca, meint er damit in der Regel, er stattet dem *Caminito* einen Besuch ab. Dieses kleine Sträßchen ist einer der Hauptanziehungspunkte für Urlauber in Buenos Aires. Die bunten Häuser zieren die Cover sämtlicher Reiseführer und sind ein viel fotografiertes Postkartenmotiv. Neben Souvenirs, Lederwaren, Kunstwerken, Restaurants und Tangotänzern ist der *Caminito* aber vor allem eines: eine Reise durch die Geschichte der Stadt.

Nach dem Sturz des Diktators Juan Manuel de Rosas schien der seit der Unabhängigkeit gehegte Traum von der Schaffung einer Gesellschaft nach europäischem Vorbild Wirklichkeit zu werden. Die europäische Einwanderung wurde aktiv gefördert, denn Europa stand für Fortschritt und Modernisierung. »Regieren bedeutet Bevölkern« war das Leitmotiv des Politikers Juan Bautista Alberdi, und dieses »Bevölkern« war nur mit Europäern denkbar, die man im Gegensatz zur indigenen Bevölkerung als »zivilisiert« betrachtete. Aber auch bei den Migranten wurden Unterschiede gemacht, so galten Südeuropäer als rückständig, Einwanderer aus Mittel- und Nordeuropa hingegen wurden mit Handkuss begrüßt, obwohl die

Gleichstellung der Einwanderer in der Verfassung von 1853 festgelegt worden war.

Zwischen 1870 und 1930 fanden Millionen von Europäern ein neues Zuhause in Argentinien, sodass bald jeder dritte Einwohner aus dem Ausland kam. Anfang des 20. Jahrhunderts war Buenos Aires zur ersten lateinamerikanischen Millionenstadt herangewachsen.

Argentinien war ein aufstrebendes Land, und viele Europäer kamen in der Hoffnung, den *American Dream* hier zu leben. Für die Pioniere unter den Einwanderern, hauptsächlich Italiener, sollte sich dieser Wunsch nicht erfüllen. Während einer Gelbfieberepidemie in den Jahren 1870/71 zogen viele Argentinier aus den südlichen Vierteln in den weniger bevölkerten Norden der Stadt, wo es ausgedehnte Grünflächen gab. Die leer stehenden Häuser am Hafen von La Boca wurden an Immigranten vermietet. Buenos Aires erlebte eine räumliche Teilung nach sozialer Zugehörigkeit: Aristokratie im Norden, Proletariat im Süden.

Wer sich das lebendige Hafentreiben der damaligen Zeit visuell zu Gemüte führen möchte, sollte dem Museum Benito Quinquela Martín einen Besuch abstatten (Avenida Don Pedro de Mendoza 1835), denn der argentinische Maler fing in seinen Werken genau diese Stimmung ein. Übrigens erhielten die Häuser am *Caminito* ihren farbenfrohen Anstrich auch auf seine Initiative.

Die Einwanderer waren größtenteils arme Händler, die sich am Hafen in sogenannten *conventillos* niederließen und für einen Hungerlohn arbeiteten. *Conventillos* sind notdürftige Mehrfamilienhäuser aus Blech oder Holz. Hier lebten sie mit der ganzen Familie auf engstem Raum zusammen. Bad und Küche wurden mit den anderen Familien geteilt.

In den Straßen rund um den heutigen *Caminito* hörte man vor allem eine Sprache: Italienisch. Die Immigranten hissten nach einem Generalstreik im Jahr 1882 die genuesische Flagge in La Boca und wollten sich dadurch von Argentinien lösen. Sie setzten eine Urkunde auf, in der sie die unabhängige Republik La Boca deklarierten, und schickten diese nach Italien. Der damalige argentinische Präsident Julio Argentino Roca setzte dieser Idee aber sogleich ein Ende. La Boca gehörte weiterhin zu Argentinien, allerdings mit seinem ganz eigenen Rhythmus.

Neben Italienern kamen auch viele Spanier, Briten, Iren, Franzosen, Deutsche, Polen und Russen nach Argentinien. Im heutigen Stadtviertel Retiro wurde das »Hotel de Inmigrantes« errichtet, um ihnen in den ersten Tagen Unterkunft und Nahrung zur Verfügung zu stellen. Heute beherbergt das Gebäude ein Museum, in dem man sich über die Geschichte der Einwanderung informieren kann (Avenida Antártida Argentina 1355).

Europäische Einflüsse haben in der Sprache, der Architektur, der Gastronomie, der Kultur und in den Köpfen der Argentinier tiefe Wurzeln geschlagen. Das Land – vor allem aber Buenos Aires – wird oft mit Europa verglichen. Die europäischste Stadt Lateinamerikas, ein Titel, auf den die *porteños* mächtig stolz sind. Ihr Blick schweift sehnsüchtig nach Europa. In der Schule wird europäische Geschichte gelehrt, man ist mit europäischen Künstlern vertraut, bewundert die großen europäischen Denker und Philosophen.

Ahnenforschung wird freudig betrieben, man will schließlich wissen, von welchem Schiff man abstammt. »Argentinier sind Italiener, die spanisch sprechen und gerne Engländer wären, die glauben, in Paris zu leben«, pflegte der argentinische Schriftsteller Jorge Luis Borges über seine Landsleute zu sagen, die sich einerseits tatsächlich »europäisch« fühlen, mit denen hin und wieder jedoch das lateinamerikanische Temperament durchgeht. Diese spezielle Mischung ist genau das, was die Argentinier so sympathisch macht.

10. Grund

Weil argentinische Geschichte auch deutsche Geschichte ist

Deutsche und argentinische Geschichte treffen, zumindest im Land der Gauchos, immer wieder aufeinander und schreiten ein Stück weit gemeinsam Hand in Hand voran. Es ist eine eigenartige, wechselvolle Liebesgeschichte, die die beiden Länder verbindet.

»Die Geschichte von Buenos Aires steht im Telefonbuch der Stadt geschrieben.« Mit diesen Worten bringt es Bruce Chatwin in seinem Buch *In Patagonien. Reise in ein fernes Land* auf den Punkt. Man könnte sogar noch einen Schritt weitergehen und »Buenos Aires« durch »Argentinien« und »Stadt« durch »Land« ersetzen. Werfen Sie einmal einen Blick in ein argentinisches Telefonbuch, Sie werden über bekannt klingende Namen wie Schultze, Flemming oder Neumann stolpern.

Wenn man von Deutschen in Argentinien spricht, kommen einem wahrscheinlich sofort Naziverbrecher wie Josef Mengele oder Adolf Eichmann in den Sinn, die hier unter der Präsidentschaft Juan Domingo Peróns Zuflucht fanden. Aber das Gesamtbild verlangt eine Differenzierung. Eines der Vorhaben von Perón war es, das Land in Technik und Forschung möglichst schnell voranzubringen. Man warb dafür Fachleute aus dem Ausland an, deren politische Gesinnung und ideologische Vorgeschichte zunächst zweitrangig war. So kamen viele (ehemalige) Nationalsozialisten nach Argentinien. Oder auch verrückte Visionäre und Aufschneider wie der Physiker Ronald Richter, der auf der Insel Huemul im Nahuel-Huapi-See ein geheimes Atomforschungslabor betrieb. Perón ließ die sprichwörtliche Bombe im März 1951 per Radio platzen, indem er verkündete, dass »in einer Kernkraft-Versuchsanlage die Durchführung kontrollierter thermonuklearer Reaktionen gelungen« sei. Der Präsident hatte sich von seiner Bewunderung für deutsche

Ingenieursleistungen blind hinreißen lassen. Die Nuklearbombe gab es nicht, Richter entpuppte sich als Blender, und Argentinien hatte Millionen von Dollar in ein Projekt gesteckt, das wie eine Seifenblase zerplatzte.

Deutsche, Österreicher und Schweizer kamen aus den verschiedensten Motiven nach Argentinien, Abenteuer- und Entdeckergeist oder die Flucht vor Krisen und Hungersnot im eigenen Land zum Beispiel. Argentinien war seit seiner Gründung ein beliebtes Einwandererland. Vor dem Zweiten Weltkrieg fanden viele Juden und Gegner des Nationalsozialismus, die in ihrer Heimat verfolgt wurden, ein neues Zuhause am Río de la Plata. So lebten hier nach dem Krieg Nazi-Verbrecher und Opfer des Regimes im selben Land.

Aber bereits viel früher, zur Zeit der Eroberungs- und Entdeckungsreisen, waren Deutsche als Finanziers oder als Mitglieder der Expeditionen beteiligt. Der erste Deutsche, der argentinisches Territorium betrat, soll Hans Varge gewesen sein, der auf einem der Schiffe von Ferdinand Magellan den Atlantischen Ozean überquerte und hier an Land ging.

1534 machte sich der Straubinger Chronist Ulrich Schmidl als einer der 80 deutschsprachigen Expeditionsteilnehmer mit Pedro de Mendoza in Cádiz auf den Weg ins »Silberland«, wo er die nächsten 20 Jahre leben und einer der Mitbegründer der argentinischen Hauptstadt werden sollte. Im 17. und 18. Jahrhundert kamen einige deutsche Jesuiten nach Argentinien, die sich vor allem im Nordosten des Landes niederließen. Später waren es ebenfalls Deutsche, die hier die ersten Mateteeplantagen errichteten.

In den Provinzen Misiones, Chaco und Santa Fe wurden Anfang des 20. Jahrhunderts zahlreiche deutsche Kolonien gegründet, in denen die meist aus Süddeutschland stammenden Einwanderer ihre Sprache, Kultur und Traditionen aufrechterhielten. Aus diesem Grund finden Sie auch heute noch unter der Hitzeglocke der subtropischen Regenwälder Kuckucksuhren, Lederhosenträger, Fachwerkhäuser und eine Handvoll Menschen, deren Spanisch immer wieder von einem alemannischen, schwäbischen oder bairischen Wort unterbrochen wird. Inmitten der grünen Sierras der Provinz Córdoba wurde die größte deutsche Kolonie Argentiniens von Deutschen, Schweizern und Österreichern gegründet, Villa General Belgrano. Nach dem Untergang des deutschen Kriegsschiffes Graf Spee 1939 fanden Hunderte von Besatzungsmitgliedern ihren Weg in das argentinische Mittelgebirge. Um sich ein Stückchen alte Heimat in die neue Heimat zu holen, bauten sie viele Häuser im Alpenstil. Vor allem zur jährlichen *Fiesta de la Cerveza*, dem hiesigen Oktoberfest, oder dem Schokoladen-und-Wiener-Torten-Fest strömen Touristen aus der ganzen Welt in das rund 6000 Einwohner zählende Dorf mit seinen lieblichen Fluss- und Gebirgslandschaften. Ebenso beliebt ist der nahe gelegene Ort La Cumbrecita, dessen Fußgängerzone die typische Dorfromantik der Alpenländer widerspiegelt. Traditionen, welche die Einwanderer einst mitbrachten, werden hier bis heute gelebt, und der Besuch dieser Dörfer fühlt sich ein bisschen an wie eine Reise ins Deutschland der eigenen (Ur-) Großeltern.

Auch im Süden Argentiniens sind die deutschen Einflüsse unverkennbar. Der in Deutschland geborene Bergsteiger Otto Meiling, der Europa verließ, um in Chile Wurzeln zu schlagen, aber im argentinischen Seengebiet hängen blieb, war einer der Mitbegründer des Club Andino in Bariloche, einem Pendant zum Alpenverein, und ließ in den Bergen des Nahuel-Huapi-Nationalparks sämtliche Schutzhütten nach europäischem Vorbild bauen. In Bariloche fanden vor allem Schweizer und Deutsche eine neue Heimat. Die landschaftlich reizvolle Region mit ihren Bergen und Seen erinnert tatsächlich ein bisschen an die Schweiz, weswegen sie auch den Beinamen »Argentinische Schweiz« trägt. Im Zentrum der Stadt gibt es neben armen Bernhardinerhunden, die den ganzen Tag für Fotos mit Touristen posen müssen, köstliche Schokolade, Apfelstrudel und Speisen wie Gulasch mit Spätzle.

Die deutschen Einwanderer waren und sind in Argentinien bekannt für ihren Drang, ständig etwas zu gründen, seien es Kolonien,

Schulen (zum Beispiel die Pestalozzi-Schule, die 1934 für die Kinder der Einwanderer und Nazigegner gegründet wurde), Kulturclubs, Krankenhäuser (Hospital Alemán in Buenos Aires), Zeitungen (*Deutsche La Plata Zeitung*, *Argentinisches Tageblatt* oder *Jüdische Wochenschau*) oder Vereine. Musikvereine, Turnvereine, Rudervereine, Literaturvereine und Zusammenschlüsse aufgrund der geografischen Herkunft wie der Bayernverein, Badische Heimat, Schwabenvereinigung, Vereinigung der Rheinländer oder der Sächsische Geselligkeitsverein. Eine derartige Vereinsgründungswut kannte man in Argentinien bis dato nicht. Es gab hier weder die Gaucho Vereinigung noch den Verein der tangotanzenden Bordellbesucher.

Für einen Deutschen mag es nun nicht von allzu großer Bedeutung sein, wie viele seiner Landsleute wann nach Argentinien kamen und was sie dort gründeten. Für den Argentinier, der sich auf der Suche nach seinen zerstreuten Wurzeln ständig mit verschiedenen Einwanderergruppen aus der ganzen Welt auseinandersetzen muss, ist das Teil seiner Geschichte und Identität. So haftet kulturelle Identität in Argentinien nach wie vor sehr stark an Nationalismen. Dessen sollte man sich bewusst sein, wenn man mit einem Argentinier ins Gespräch kommt und über Geschichte oder Politik diskutiert.

Ein anerkennendes Nicken ist die Antwort auf die Frage nach der Herkunft. In Argentinien genießen Deutsche gemeinhin ein hohes Ansehen. »Doishlan« ist das Land, in dem Ingenieure und Denker blühen, wo alles funktioniert und wo die besten Autos herkommen. Auch das Essen scheint dort gut zu sein. Das Wort »Läverwurrrssst« lernen Argentinier bereits im Kindesalter mit freudig glänzenden Augen zu sagen. Das Bier ist ebenfalls das beste der Welt, auch wenn die Deutschen in den Augen der Argentinier nicht wissen, dass man Bier kalt trinken muss. Der Regisseur Werner Herzog hat einen festen Platz im Herzen eines jeden argentinischen Cineasten. Und dann sind da ja noch die »Totn Chosän«, Punk vom Feinsten. Die Masse tobt, sobald Campino die Bühne betritt, und stimmt textsicher mit ein.

Irgendwie scheint alles perfekt zu sein in *Merkellandia* – und als Argentinier ist man ja ständig auf der Suche nach einer neuen Heimat, falls es hierzulande wieder einmal zum totalen Crash kommen sollte. Trifft sich also ganz gut. Oder?

Fragen Sie einmal einen Argentinier, der Ihnen zehn Minuten lang von Deutschland vorschwärmt, ob er sich vorstellen könne, dort zu leben. Da besinnt sich der Argentinier sofort wieder auf seine italienischen oder spanischen Wurzeln und die Sehnsucht nach einem Europa südlich der Alpen. »Wegen des Temperaments und der starken Gefühlsregungen.« Die Deutschen, die sind doch *fríos* (kalt) und *cerrados* (verschlossen). Es ist eine zuverlässige Liebesgeschichte, welche die Argentinier und die Deutschen verbindet, aber eben auch eine rein technische.

11. Grund

Weil man sich auf Pässen von über 4000 Metern Höhe wie San Martín fühlen kann

Es ist Wachablösung in der Catedral Metropolitana von Buenos Aires, ein Spektakel, das sich die Besucher nicht entgehen lassen wollen. In dem marmornen Mausoleum der hauptstädtischen Kathedrale hat der Unabhängigkeitskämpfer José de San Martín seine letzte Ruhestätte gefunden, nachdem seine sterblichen Überreste im Jahr 1880 von Frankreich, wo er im Exil starb, nach Argentinien zurückgebracht wurden. Neben dem Sarkophag befinden sich drei weibliche Statuen, die ihn bewachen und beschützen. Sie stellen die Länder dar, für deren Unabhängigkeit San Martín kämpfte: Argentinien, Chile und Peru. San Martín ist eine Schlüsselfigur der argentinischen Geschichte und im Land überall präsent. In jedem noch so kleinen Ort sind Straßen und Plätze nach ihm benannt, prunkvolle Monumente erinnern an seine Taten.

Zusammen mit dem Chilenen Bernardo O'Higgins stellte San Martín ein gut ausgebildetes Heer zusammen, das sich unter seiner Führung im Jahr 1817 aufgeteilt in sechs Gruppen von den argentinischen Provinzen La Rioja, Mendoza und San Juan aus auf den Weg nach Chile machte, wo sie die zahlenmäßig überlegenen spanischen Truppen bei der Schlacht von Chacabuco besiegten und Chile den Weg in die Unabhängigkeit ebneten.

Dem sogenannten »Andenheer« gelang, was bis dahin als unmöglich galt: die Überquerung der Anden, deren Gipfel dort teilweise 6000 Meter über dem Meer thronen.

Heute lädt der atemberaubende Pass Los Patos in der Provinz San Juan Abenteurer dazu ein, auf San Martíns Spuren zu wandeln und selbst ein bisschen Unabhängigkeitskämpfer-Luft zu schnuppern. Fernab jeglicher Straßen oder Zivilisationsmerkmale können die Anden hoch zu Ross in Begleitung eines ortskundigen Guides überquert werden. Bei knapp einer Woche im Sattel ist eine gute Portion Sitzfleisch vonnöten. Geschlafen wird in der freien Natur, umgeben von majestätischen, schneebedeckten 6000ern. Das ist bei Temperaturen weit unter dem Gefrierpunkt eine durchaus kühle Angelegenheit, dafür wird man aber mit einem Sternenmeer belohnt, das über eine kalte Nasenspitze hinwegsehen lässt. Nach ein paar Flussdurchquerungen geht es durch wegloses, steiniges Gelände auf und ab. Der höchste Punkt des Passes, der Portezuelo del Espinacito, liegt auf 4.500 Metern.

Die Pferde machen ein paar Schritte und bleiben schnaubend stehen, während die Expeditionsteilnehmer die faszinierende Landschaft mit ihren Kameras festhalten. Eine in Stein gehauene Ehrentafel erinnert an San Martín und sein Heer. Die argentinisch-chilenische Grenze liegt verloren im Nirgendwo umringt von Bergspitzen und ist bei den meisten Touren der Ort, an dem man sich auf den Rückweg macht, da die Pferde die Grenze nicht überqueren dürfen.

Natürlich ist die Ausstattung heutzutage nicht vergleichbar mit der von vor 200 Jahren. Jeder trägt Funktionskleidung, die einigermaßen vor Kälte und Nässe schützt, niemand muss Hunger fürchten, und wärmenden Matetee gibt es zuhauf. Die große Herausforderung der Überquerung ist vielmehr eine persönliche, individuelle: sich mit dem rauen Klima abzufinden, im Sattel auszuharren, sich vorher gut zu akklimatisieren, um die Höhenkrankheit möglichst zu vermeiden, die Abgeschiedenheit nicht als bedrohlich wahrzunehmen.

Aber gerade darin liegt auch das Reizvolle, Authentische der Tour, und wer für ein paar Tage in die Fußstapfen eines Unabhängigkeitskämpfers treten will, muss eben auch seine Komfortzone am Fuße der Anden zurücklassen.

12. Grund

Weil man in wenigen Flugstunden in einem der exotischsten Teile Großbritanniens ist (und das niemals zu einem Argentinier sagen darf)

An dieser Stelle habe ich eine kleine Aufgabe für Sie. Nehmen Sie einen Atlas zur Hand und werfen Sie einen Blick auf die Argentinienkarte. Fahren Sie mit Ihrem Finger in den Süden bis nach Río Gallegos und von dort östlich aufs Meer hinaus, bis Ihr Finger wieder auf Land trifft. Na, was steht dort geschrieben? Mit ziemlicher Sicherheit »Falklandinseln (GB)«, und die Hauptstadt der Inselgruppe heißt »Port Stanley«. Nun beginnen Sie das gleiche Spiel noch einmal von vorn, allerdings mit einem argentinischen Atlas. Was sehen Sie? »Islas Malvinas (Arg.)«, Hauptstadt: »Puerto Argentino«.

Mehr als 400 Kilometer vom südlichen argentinischen Festland entfernt liegt die Inselwelt der Malvinas / Malwinen / Falklands. Und mehr als 12.000 Kilometer von diesen Inseln entfernt befindet sich der Sitz ihres Staatsoberhauptes. Denn die Malvinas sind ein britisches Überseegebiet mit innerer Autonomie. Anstelle der *Himno*

Nacional Argentino singt man hier *God Save the Queen*, fährt links und bezahlt seine Lebensmittel in Falkland Pounds.

Auf den rund 200 Inseln leben über 60 heimische Vogel- und wachsen fast 300 Pflanzenarten. Mähnenrobben und See-Elefanten gönnen sich an den Sandstränden ein Sonnenbad, und mehrere Millionen von Pinguinen posieren gerne für Touristen vor der Kamera. Entlang der zerklüfteten Küste bildeten sich viele wunderschöne Naturhäfen, von wo aus man Delfine beobachten kann. Für Tier- und Pflanzenliebhaber ist der Archipel ein wahres Paradies, sodass man auch gerne über die etwa 200 Regen- oder Schneetage im Jahr hinwegsieht.

Haupteinnahmequelle der Malvinas ist mittlerweile nicht mehr die Schafzucht, sondern die Fischerei. Denn die kalten Gewässer rund um die Inseln sind äußerst fischreich, und die Lizenzvergabe an ausländische Fischfangunternehmen ist zu einem lukrativen Geschäft avanciert. Aber auch der Tourismussektor wächst beständig. Die Inseln werden insbesondere von Kreuzfahrtschiffen angefahren. Mit dem Flugzeug waren sie lange Zeit nur von Chile aus erreichbar, seit ein paar Jahren werden sie aber auch einmal im Monat vom argentinischen Río Gallegos aus angeflogen.

Die meisten der rund 3000 Bewohner leben in der Inselhauptstadt Puerto Argentino. Obwohl es dort ziemlich ruhig zugeht, gibt es doch alles, was man braucht: Supermärkte, Cafés, eine Schule, einen eigenen Radiosender und einen Zeitungsverlag, eine Bank, eine Feuerwehr, ein Polizei- und ein Postamt. Besonders schön präsentiert sich die Stadt, wenn im kurzen Frühling und Sommer der entlang der Ufermauer gepflanzte Ginster in prächtigem Gelb blüht. Dazu die unberührten schneeweiße Sandstrände und das türkisblaue Meer – man könnte fast meinen, in der Karibik zu sein, wenn da nicht der eisige Wind und die Pinguine wären.

Ebenso sturmumtost wie die Gewässer rund um den Archipel ist auch seine Geschichte.

Einige Quellen berichten von ersten Sichtungen durch Amerigo Vespucci oder Ferdinand Magellan, wieder andere bezeugen, dass die Männer der Expeditionsreise des Spaniers Francisco de Ribera dort 1540 überwinterten und die Inseln für Spanien in Besitz nahmen, sie jedoch ein Jahr später wieder aufgaben. Die Briten beharrten lange Zeit darauf, dass Captain John Strong, welcher die Inseln 1690 betrat und der Meerenge zwischen den beiden Hauptinseln den Namen »Falkland Channel« gab, der Entdecker des Archipels sei. Es stellte sich jedoch heraus, dass die »Sebaldes-Inseln«, benannt nach dem niederländischen Seefahrer Sebald de Weer, bereits auf niederländischen Karten verzeichnet waren, bevor die Briten dort strandeten. Einer französischen Expedition war es offensichtlich egal, ob die Inseln zuvor »Falkland« oder »Sebaldes« geheißen hatten. Sie kartografierten die Inselwelt zwischen 1698 und 1717 und gaben ihr den Namen »Îles Malouines«.

Während die Geschichte der Entdeckung der Inselwelt also ziemlich verworren ist, weiß man jedoch mit Sicherheit, dass der Franzose Louis Antoine de Bougainville dort 1764 die erste Kolonie gründete. Drei Jahre später wurde diese formal an die Spanier übergeben, die den Inseln den vom Französischen abgeleiteten Namen »Malvinas« gaben.

Im Jahr 1829 – Argentinien war bereits seit 13 Jahren unabhängig von der spanischen Krone – ernannte die argentinische Regierung den Hamburger Kaufmann Luis (Ludwig) Vernet zum ersten Gouverneur der Islas Malvinas. Die Argentinier wurden jedoch 1833 durch die Briten vertrieben. Die schottischen und walisischen Siedler, die sich hier niederließen, nannten sich selbst Kelpers (von Englisch *kelp*, Seetang). Seither sind die Malvinas britisches Überseegebiet. Seither erhebt Argentinien Anspruch auf die Inseln und begründet diesen damit, dass es die Inseln auf Basis des Völkerrechtsprinzips 1816 mit der Abnabelung von Spanien geerbt habe. Die Briten argumentieren, dass sie zuerst da gewesen und die Insulaner britischer Abstammung seien.

1974 war eine Lösung des Konflikts zum Greifen nahe. Das Vereinigte Königreich bot Argentinien eine Art »Hongkong-Vertrag«

an, nach welchem die Inseln in 100 Jahren in argentinischen Besitz übergehen sollten. Die Argentinier wollten die Vertragszeit um 50 Jahre verkürzen. Allerdings kam der Tod des damaligen Präsidenten Juan Domingo Perón dazwischen, und die Verhandlungen wurden vorerst auf Eis gelegt. 1980, Argentinien wurde gerade von einer Militärjunta regiert, wollte Margret Thatcher Argentinien die Inseln gegen eine Entschädigungssumme überlassen. Der Plan der »eisernen Lady« sorgte für große Empörung auf beiden Seiten: Die Insulaner wollten sich nicht verkaufen lassen, die Argentinier wollten nicht kaufen, was ihnen ihrer Ansicht nach bereits gehörte.

Potenzielle spätere Verhandlungen wurden im Keim erstickt, als die innenpolitisch geschwächte Militärjunta unter Leopoldo Galtieri schlecht ausgebildete Wehrpflichtige auf die Inseln schickte und Großbritannien am 2. April 1982 den Krieg erklärte. Das Ergebnis des »politischen Ablenkungsmanövers«, das die argentinische Einheit wiederherstellen sollte, war ernüchternd und schockierend: Nach zwei Monaten des Blutvergießens kapitulierte Argentinien am 14. Juni 1982. Der Union Jack wehte nach wie vor im subantarktischen Wind, rund 900 Soldaten bezahlten den Krieg mit ihrem Leben, davon 649 Argentinier. Von den traumatisierten Überlebenden nahmen sich in den Folgejahren über 500 argentinische und 400 britische Kriegsveteranen das Leben.

Die Argentinier beharrten auch nach der Rückkehr zur Demokratie auf ihrem Souveränitätsanspruch. Dieser hat mittlerweile andere Gründe als reinen Nationalstolz, so zum Beispiel die See- und Fischereirechte im Südatlantik, den Anspruch auf antarktisches Territorium und die in den 1990er-Jahren entdeckten Öl-, Mineral- und Gasfelder rund um die Inselgruppe.

Das Komitee für Entkolonialisierung der Vereinten Nationen forderte Großbritannien 2014 dazu auf, erneut mit Argentinien über den Status der Malvinas zu verhandeln. Die Mitglieder des Komitees bestätigten den 200 Jahre alten Rechtsanspruch Argentiniens auf die Zugehörigkeit des Archipels zu dessen maritimem Hoheitsbereich.

Die Briten wollten davon nichts wissen und beriefen sich auf die Volksabstimmung von 2013, deren Ergebnis eindeutig war: 99,8 Prozent der Insulaner wollten britisch bleiben. Für 99,8 Prozent der Argentinier ist das allerdings nicht mehr als eine nichtssagende Zahl, denn sie wissen: »Las Malvinas son argentinas« – die Malvinas sind argentinisch. Wenn der Stein einmal ins Rollen kommt, ist er schwer zu bremsen. Im Mai 2019 forderte die UN-Vollversammlung Großbritannien mit großer Mehrheit dazu auf, die Kontrolle über den Chagos-Archipel im Indischen Ozean an Mauritius abzutreten, was dafür sorgte, dass in Argentinien die Diskussionen um die Malvinas erneut laut wurden.

Wer durch Argentinien reist oder sich mit Argentiniern unterhält, muss sich früher oder später mit der kargen Inselwelt im Südatlantik beschäftigen, wo mehr Pinguine und Schafe als Menschen leben.

Denn in Argentinien gibt es wahrscheinlich mehr Schilder am Straßenrand, die das verkünden, was bereits alle wissen – »las Malvinas son argentinas« –, als Stopp- oder Vorfahrt-beachten-Schilder. Fußballstadien, Festhallen, Flughäfen und Straßen tragen den Namen Malvinas Argentinas. Im Malvinas-Museum in Buenos Aires (Avenida del Libertador 8151) lernen schon die Jüngsten in kindgerechten Darstellungen und Erklärungen, zu welchem Land die abgelegenen Inseln gehören.

Verstehen Sie mich nicht falsch, der Malvinas-Konflikt ist keineswegs ein Grund, Argentinien zu lieben, die Naturschönheiten der Inselwelt hingegen auf jeden Fall (und diese könnten genauso gut in einem Großbritannienbuch Erwähnung finden). Und wenn Sie sich dazu entschließen, dem Archipel, von dem schon Charles Darwin begeistert war, einen Besuch abzustatten, oder das Thema einmal bei einem argentinischen Tischgespräch fällt, sollten Sie zumindest mit ein paar Eckdaten der Geschichte vertraut sein.

Fakt ist: Vom argentinischen Festland aus erreichen Sie in nur wenigen Flugstunden einen der exotischsten Teile des Vereinigten Königreichs, davon werden der Stempel »Government of the Falkland Islands« in Ihrem Pass sowie Ihre Fotos und Reiseerinnerungen zeugen.

Fakt ist auch: Das muss unser Geheimnis bleiben, so plakativ dürfen Sie das niemals zu einem Argentinier sagen, denn »las Malvinas son argentinas« – auch wenn Sie an den Fensterscheiben in Puerto Argentino Schilder mit Parolen wie »Fuck you Argentina« zu Gesicht bekommen werden.

13. Grund

Weil Argentinier beispielhaft um soziale Gerechtigkeit und Aufklärung vergangener Verbrechen kämpfen

Buenos Aires, 1983: Argentinien hat den Krieg (und über 600 Soldaten ihr Leben) gegen Großbritannien auf den Islas Malvinas im Südatlantik verloren, das Ende der Militärdiktatur steht kurz bevor. Alicia ist Geschichtslehrerin an einem Gymnasium, wo sie ihren Schülern seit Jahren die vom Regime als »offiziell« erklärte Geschichte Argentiniens beibringt. Darin hat der Staatsterror – Haft, Folter sowie das systematische Verschwindenlassen von Oppositionellen – nichts zu suchen. Allmählich widersprechen die Schüler dieser Version der Geschichte mit dem Argument, sie sei von Massenmördern geschrieben worden. Als Alicias Freundin Ana nach sieben Jahren aus dem Exil zurückkehrt, erzählt diese ausführlich von den Gräueltaten, die sie vor ihrer Flucht am eigenen Leib erfahren musste. Alicia beginnt, sich mit der »inoffiziellen« Geschichte ihres Landes auseinanderzusetzen, und muss feststellen, dass ihre Familie enger darin verstrickt ist, als sie dachte. Sie wird von einer Frau kontaktiert, die sich als Großmutter ihres Adoptivkindes Gaby ausgibt. Die Einzelteile fügen sich wie ein Puzzle zusammen, und bald stellt sich heraus, dass Gaby die Tochter von *desaparecidos* (»Verschwundenen«) ist und Alicias Mann um die Verbrechen wusste.

Die Thematik von Luis Puenzos Film *La Historia Oficial* (Die offizielle Geschichte) – die letzte Militärdiktatur in Argentinien (1976–83) und das Schicksal der Kinder der *desaparecidos*, die von regimetreuen Familien adoptiert wurden – ist mit Sicherheit kein Grund, Argentinien zu lieben. Warum widme ich diesem dunklen Kapitel der argentinischen Geschichte dennoch einen Platz in einem Buch, das sich mit den reizvollen Seiten Argentiniens beschäftigen soll? Weil die Entschlossenheit jener Menschen, die seit 1977 unerbittlich um die Aufklärung der Verbrechen kämpfen, seinesgleichen sucht. Und weil das, was sie dadurch bisher erreicht haben, Anerkennung und Hochachtung verdient.

Die Rede ist hier insbesondere von den Menschenrechtsorganisationen *Abuelas* und *Madres de Plaza de Mayo*, den Großmüttern und Müttern der »Verschwundenen«. Die Frauen trafen sich am 30. April 1977 zum ersten Mal auf dem Platz vor dem Präsidentenpalast, der Plaza de Mayo, und umrundeten das dortige Unabhängigkeitsdenkmal stillschweigend, da zu jener Zeit Proteste im Stehen verboten waren.

Als am 24. März 1976 Offiziere unter der Führung von General Jorge Rafael Videla gegen die damalige Präsidentin María Estela Martínez de Perón putschten, hielt der Staatsterrorismus Einzug in Argentinien. Rund 30.000 Menschen »verschwanden« während der Militärdiktatur, die von den Oberbefehlshabern euphemistisch als »Prozess der nationalen Neugestaltung« bezeichnet wurde. Viele wurden während der sogenannten »Todesflüge« bei lebendigem Leibe aus Flugzeugen in den Río de la Plata geworfen, nachdem sie in geheimen Haft- und Folterzentren über Monate hinweg auf brutalste Weise gefoltert worden waren.

Nach der Rückkehr zur Demokratie wurde unter der Präsidentschaft Raúl Ricardo Alfonsíns die Wahrheitskommission CONADEP zur Aufklärung der Verbrechen ins Leben gerufen. Die Kommission war jedoch auf eine sehr kurze Laufzeit beschränkt, und es konnten nur wenige Opferanhörungen realisiert werden, da die meisten direkten Opfer »verschwunden« waren. Zudem sorgten zwei Anfang der 1990er-Jahre erlassene Amnestiegesetze dafür, dass die Täter keine Konsequenzen zu fürchten hatten.

Abuelas und *Madres* fordern seit 1977 nicht nur Informationen über den Verbleib ihrer Angehörigen ein, sondern auch eine strafrechtliche Aufarbeitung der Verbrechen sowie Gedenkveranstaltungen und Monumente für die Opfer. Schließlich wurden die Gesetze über den »Befehlsnotstand« und den »Schlusspunkt« 2005 unter Präsident Néstor Carlos Kirchner aufgehoben, und Täter konnten verurteilt werden.

Das weiße Kopftuch, das die Großmütter und Mütter trugen und bis heute tragen, wurde zum Symbol ihres Widerstandes. Heute noch drehen sie jeden Donnerstagnachmittag ihre Runden auf der Plaza de Mayo im Zentrum von Buenos Aires.

Es wird vermutet, dass etwa 500 Babys, die in den Folterzentren zur Welt kamen, zur Adoption freigegeben worden waren. Die genauen Zahlen sind jedoch unbekannt. Der Organisation *Abuelas* ist die Existenz einer Datenbank mit DNA-Analysen zu verdanken. Dort kann sich jeder, der auch nur das vage Gefühl hat, Kind eines *desaparecido* zu sein, einer DNA-Analyse unterziehen. Die Gentests werden mit denen von Verwandten der *desaparecido*s verglichen. Durch diese Datenbank und die Hartnäckigkeit der Großmütter und Mütter der Plaza de Mayo konnten bisher 129 zwangsadoptierte Kinder identifiziert und über ihr Schicksal aufgeklärt werden. Aktuelle Projekte und Fortschritte können auf der Webseite von *Abuelas*, www.abuelas.org.ar, eingesehen werden.

Wer sich für die Geschichte der Militärdiktatur und deren Aufarbeitung interessiert, sollte an einer Führung durch die ehemalige Marineschule »Escuela de Mecánica de la Armada« (ESMA, Avenida del Libertador 8151), das größte Haft- und Folterzentrum von Buenos Aires, im Stadtteil Núñez teilnehmen. Nirgendwo sonst ist die Erinnerung an die Gräueltaten so greifbar wie an diesem Ort, wo rund 5000 Menschen festgehalten und gefoltert wurden. Wer im März in Argentinien ist, kann sich einer der vielen landesweiten Gedenkdemonstrationen anschließen, die jedes Jahr am 24. März, dem Tag des Militärputsches, veranstaltet werden. Dort sind die *Madres* und *Abuelas*, wie bei fast jeder öffentlichen Kundegebung, in vorderster Reihe mit dabei.

14. Grund

Weil jeder Tag ein Grund für eine Demonstration ist

In Argentinien wird sehr viel demonstriert, das weiß jeder, der einmal in einer größeren argentinischen Stadt war oder die Sicherheitshinweise des Auswärtigen Amts für Argentinien gelesen hat. Je nachdem, wie schwerwiegend die *crisis* gerade ist, finden die Demonstrationen täglich oder nur einmal im Monat statt. Da das Land für irgendjemanden aber immer in der Krise steckt – den Satz »estamos en crisis«, »wir befinden uns in einer Krise«, haben die Argentinier schon von ihren Großeltern gehört – und es für einen Teil der Gesellschaft somit immer einen Grund gibt, seine Unzufriedenheit öffentlich kundzutun, gehören Demonstrationen zum Straßenbild von Buenos Aires wie das Pferd zum Gaucho.

Es gibt Demonstrationen, auf die man sich tage- oder wochenlang im Voraus einstellen kann, und es gibt spontane Demonstrationen, die innerhalb weniger Stunden organisiert werden. Oftmals reicht es, dass ein Nachbar mit einem Kochlöffel auf einen Topf schlägt, um eine Demonstration auszulösen. Die anderen hören es, bewaffnen sich ebenfalls mit Töpfen, Pfannen, Reiben und Kochlöffeln, klemmen sich noch die obligatorische Thermoskanne für den Matetee unter den Arm und stellen sich an die nächstgrößere Straßenkreuzung. Das Geräusch, das erzeugt wird, wenn 15 Menschen auf Kochtöpfe schlagen, lässt mich an das sommerliche Kuhglockengeläut in den heimischen Bergen denken. Vorbeifahrende Autos hupen solidarisch im Takt, was mich wieder zurück in die Realität holt. Solche kleinen Demonstrationen unter Nachbarn, die zugleich den Kaffeeklatsch ersetzen, gibt es vor allem bei längeren Stromausfällen oder wenn der Strompreis wieder einmal um 400 Prozent erhöht wurde. Dauer und Intensität der Demonstration orientieren sich am Grad der Wut. Bei tagelangem Strom- oder Wasserausfall kann sich auch der ein oder andere Müllcontainer in Flammen auflösen. Vor meiner Haustür zum Beispiel wird ein solcher *cacerolazo*, wie das kollektive Kochtopfschlagen genannt wird, seit über einem Jahr religiös jeden Freitagabend veranstaltet.

Auch größere Straßendemonstrationen sind ein beinahe alltägliches Phänomen in Buenos Aires. Meist beginnen sie auf der Plaza del Congreso und führen über die wunderschöne Avenida de Mayo zur geschichtsträchtigen Plaza de Mayo, wo zu Musik getanzt und gesungen wird und Reden gehalten werden. Die Straßen sind dann für den Verkehr gesperrt, die Polizisten, die für die Umleitung zuständig sind, werden von den wütend hupenden Autofahrern alles geheißen (um sich von den Beschimpfungen ein Bild zu machen, sollten Sie Grund 47 lesen). Die Gründe für die vielen Demonstrationen sind zwar nicht schön – Ungerechtigkeit, Unzufriedenheit, Unterdrückung, Armut, Gewalt, Korruption, Inflation, willkürliche Preiserhöhungen … –, doch in ihrer Ausführung gleichen sie einer fröhlichen Straßenparty. Die Stadtluft strotzt nur so vor Energie und Zusammenhalt. Je nach Anlass kommen Menschen teilweise aus dem ganzen Land nach Buenos Aires, um ihrem Unmut freien Lauf zu lassen.

Die Frau neben mir hüpft seit zehn Minuten auf und ab und schimpft lauthals auf den »Hurensohn von Präsidenten« und die anderen »Arschlöcher der Regierung«. Das scheint einen kathartischen Effekt zu haben. Sie strahlt mich an und ruft ausgelassen: »Ich bin extra von Mar del Plata hierhergefahren, um dem Hurensohn zu sagen, was für ein verdammter Hurensohn er ist. Das tut so unglaublich gut!« 100 Meter weiter hat sich eine Gruppe Landwirte aus der Provinz Chaco positioniert. Sie halten ein riesiges Leintuch in die Luft, auf dem in scharlachroten Buchstaben steht, der Präsident solle auch an die Mittellosen denken, Bildung und Rechte für alle. Ein paar Rechtschreibfehler haben sich eingeschlichen. Daneben hat eine junge Frau einen Stand aufgebaut, wo sie mit Karikaturen und spöttischen Sprüchen bedruckte T-Shirts verkauft. Der obligatorische Geruch von *choripán* (*chorizo*-Wurst mit Brötchen) hängt verlockend über der Plaza und der Casa Rosada, dem Präsidentenpalast.

Während meiner ersten zwei Jahre in Buenos Aires arbeitete ich unmittelbar am Demonstrations-Hotspot, ein paar Meter von der Plaza de Mayo entfernt. Nach ein paar Wochen bemühte ich mich nicht mehr zu fragen, gegen was heute demonstriert wird, war die Antwort meiner Kollegen doch meist: »Was weiß ich, es gibt jeden Tag einen Grund zu demonstrieren.«

15. Grund

Weil ein Post in den sozialen Netzwerken einen Massenprotest im ganzen Land auslösen kann

In vielen Ländern gibt es immer wieder Diskussionen darüber, ob Stillen in der Öffentlichkeit erlaubt oder doch eher den eigenen vier Wänden vorbehalten sein sollte. In Argentinien bleibt es nicht bei einer Diskussion in den Medien. Die Frauen sind sich einig: Stillen ist etwas Natürliches, ein Recht, das überall und zu jeder Zeit ausgeübt werden darf. Und das muss publik gemacht werden.

Juli 2016 in San Isidro, einem schicken Vorort von Buenos Aires: Die junge Mutter Coni Santos ist nach einem Termin bei der Bank, wo sie über eine Stunde in der Schlange stand, auf dem Nachhauseweg, als ihr neun Monate altes Baby lauthals zu schreien anfängt. Offensichtlich hat es Hunger, denn es lässt sich nicht beruhigen. Da sie noch einen weiten Weg vor sich hat, setzt sie sich in einen

Park, um ihr Baby dort zu stillen. Zwei Polizisten mustern sie argwöhnisch, kommen auf sie zu, verlangen nach ihrem Ausweis. Laut Conis Aussage weist einer der Polizisten sie unfreundlich darauf hin, dass Stillen im öffentlichen Raum in Argentinien verboten sei. Von einem solchen Gesetz wisse sie nichts, ihr Baby habe Hunger und sie konnte auf die Schnelle keinen anderen Ort finden. Sie stellt Fragen über jenes fragwürdige Gesetz. Einer der Polizisten packt sie harsch am Arm und antwortet, er könne sie wegen Widerstandes gegen die Staatsgewalt mit aufs Revier nehmen, wenn sie nicht sofort aufhöre. Die Frau gibt vorerst auf und geht nach Hause. Dort beschließt sie, Anzeige gegen die Polizisten zu erstatten. Auf allen Polizeistationen bekommt sie dieselbe Antwort: Es ist leider nichts zu machen, da es sich weder um ein Verbrechen noch um Missbrauch handelt.

Wütend berichtet Coni auf Facebook von dem Vorfall. Unter anderem schreibt sie: *Stillen ist ein Recht. Uns gegenseitig zu informieren unsere Verantwortung*. Der Post wird kommentiert und geteilt und verbreitet sich rasant in ganz Argentinien. Wenn das Thema nicht in der Öffentlichkeit diskutiert wird, wird sich nie etwas ändern, darüber sind sich die Frauen einig. Frauenbewegungen wie die 2015 gegründete *ni una menos* (»Nicht eine einzige weniger«) rufen zum großen *tetazo* (von Spanisch »teta«, Brust) auf: einem massiven Stillen auf öffentlichen Plätzen.

Der *tetazo* sollte ein voller Erfolg werden. Tausende Frauen besetzen am folgenden Samstag Plätze und Parkanlagen, und das nicht nur in San Isidro und Buenos Aires, sondern im gesamten Land. In nahezu allen Provinzhauptstädten prägen stillende Mütter das Bild und sorgen für Aufruhr in den Medien.

Laura Montero, Vizegouverneurin von Mendoza, veröffentlicht in sämtlichen Social-Media-Kanälen ein Foto von sich, auf dem sie ihr Baby stillt. Ein Café in Santa Fe, Hauptstadt der gleichnamigen Provinz, lädt alle Frauen dazu ein, es sich in ihren Räumlichkeiten gemütlich zu machen – und wenn sie ihre Babys dort stillen, gibt es eine Tasse Tee gratis. Auf den *tetazo*!

Die auf geschlechtsspezifische Gewaltvorfälle spezialisierte Anwältin Carolina Jacky gibt bekannt, dass in Argentinien kein Gesetz existiert, welches das Stillen in der Öffentlichkeit verbietet. Ángel Gustavo Posse, Bürgermeister von San Isidro, zeigt sich solidarisch mit Coni und allen Müttern. Auf Twitter entschuldigt er sich für den Vorfall und betont, dass sich San Isidro für das Recht öffentlichen Stillens einsetzen wird.

Und die Polizisten? Die müssen nachsitzen. Auf dem Stundenplan steht: sich gemäß des 2013 verabschiedeten Gesetzes Nummer 26.873 über die Verbreitung der Bedeutung von Muttermilch für die Entwicklung eines Kindes mit ebendieser Thematik ausgiebig auseinanderzusetzen.

3. Kapitel

Personen(-kult) & Legenden

16. Grund

Weil Argentinien alles, was es ist und was es nicht ist, wegen und dank Perón ist

Wer sich mit Argentinien beschäftigt, wird früher oder später auf den Peronismus stoßen. Niemand prägte die argentinische Politik des 20. Jahrhunderts so sehr wie der Namensgeber der Bewegung und Begründer der dahinterstehenden Ideologie: Juan Domingo Perón.

1895 als Sohn eines Viehzüchters geboren, trat Perón mit 16 Jahren in die Offiziersschule des argentinischen Heeres ein und machte in den darauffolgenden Jahrzehnten als Offizier Karriere. Die politische Landschaft in jener Zeit war geprägt von Korruption und Wahlfälschungen. Die Militärs waren zwar hinsichtlich ihrer Ideologie nicht heterogen, doch waren sie sich darin einig, diesen Praktiken ein Ende zu setzen.

Nachdem die Regierung Hipólito Yrigoyens im Jahr 1930 vom Militär gestürzt wurde, bekam Perón zunächst einen Posten im Verteidigungsministerium, später im Arbeits- und Kriegsministerium, und 1943 wurde er Vizepräsident. Während seiner Aufenthalte in Europa Ende der 1930er-Jahre studierte er ausgiebig die Modelle des europäischen Faschismus. Zurück in seiner Heimat, in der das Militär die Macht innehatte, propagierte er sein Ziel der *justicia social* (soziale Gerechtigkeit) über eine *tercera posición*, einen dritten Weg: den autonomen Mittelweg zwischen Kapitalismus und Sozialismus – den diffusen dritten Weg des Peronismus. Die Idee dahinter ist vergleichbar mit der der 1955 gegründeten Bewegung der Blockfreien Staaten.

Die Komplexität und Vielschichtigkeit des Peronismus herunterzubrechen und auf den Punkt zu bringen, führt zu einem ebenso komplexen und vielschichtigen Schachtelsatz: Alles, was Argentinien ist und was es nicht ist, ist es und ist es nicht, wegen und dank Perón.

Der Peronismus hat mittlerweile viele Gesichter in Argentinien, das eines Carlos Menem, eines Eduardo Duhalde, eines Néstor Kirchner, einer Cristina Fernández de Kirchner und vielleicht ab Ende 2019 auch das eines Alberto Fernández, eines der Präsidentschaftskandidaten. Vor allem aber hat der Peronismus das Gesicht eines Juan Domingo Perón und einer Eva María Duarte de Perón. Damit wird schon deutlich, dass es historisch und ideologisch keine einheitliche peronistische Bewegung gibt oder gab, sondern diese ständigen Kursänderungen unterliegt und von innerer Zerrissenheit geprägt ist.

Das Einzige, was sicher bestimmt werden kann, ist die Geburtsstunde des Peronismus. Ein Tag, der als *Día de la lealtad* (Tag der Loyalität) in die argentinische Geschichtsschreibung eingehen sollte: der 17. Oktober 1945. Perón konnte in seinen Jahren als Arbeitsminister bedeutende Reformen wie Mindestlohn, bezahlten Urlaub und garantierte Rente durchsetzen. Außerdem veranlasste er die Errichtung zahlreicher Sozialversicherungsinstitute und den Bau von Billigwohnungen, was ihm Anhänger bei der Arbeiterschaft und Feinde bei der oligarchischen Oberklasse sowie bei Teilen des Militärs bescherte.

Die mächtigen Militärs zwangen Perón schließlich zum Rückzug von all seinen Ämtern, was am 12. Oktober 1945 sogar in seiner Verhaftung mündete. Er wurde – wie viele als gefährlich eingestufte Politiker vor ihm – auf eine Insel im Río de la Plata verbannt.

Fünf Tage später, an besagtem 17. Oktober, fand sich eine riesige Menschenmasse, insbesondere aus den ärmeren Randgebieten von Buenos Aires, auf dem Hauptplatz der Stadt ein, um die Freilassung des Generals zu fordern. Die Militärregierung sah sich gezwungen, dem Druck nachzugeben, und ebnete Perón damit den Weg für seine künftige politische Karriere. Er wurde freigelassen und trat am selben Abend auf den Balkon des Regierungspalastes, um zu der tobenden Masse zu sprechen. Der 17. Oktober hatte zudem auch starken symbolischen Wert für die argentinische Gesellschaft, denn es war das erste Mal, dass sich Menschen aus den unteren – verdrängten – Gesellschaftsschichten in der Öffentlichkeit Gehör verschaffen konnten.

Am 24. Februar 1946 wurde Perón zum Präsidenten gewählt. Seine erste Regierungszeit stand unter einem guten Stern. Zentraler Machtfaktor waren die Gewerkschaften. Der Export von Fleisch und Getreide in die vom Krieg geschwächten Länder brachte Argentinien hohe Gewinne ein. Es wurde wenig importiert, sodass das Land eine eigene Industrie aufbauen konnte. Öffentliche Dienste wurden verstaatlicht, Löhne und Sozialleistungen erhöht, Arbeitsbedingungen verbessert. Durch die Kontrolle von Konsumgüterpreisen und Mieten steigerte sich die Kaufkraft der lohnabhängigen Schichten zwischen 1945 und 1949 erheblich. Argentinien war auf dem Weg ein Wohlfahrtsstaat zu werden.

Das allgemeine Wohlergehen hatte jedoch seinen Preis: die bedingungslose Treue des Volkes gegenüber Perón. Es kristallisierten sich vier Säulen heraus, die den Peronismus jener Zeit definierten: die Mobilisierung der ärmeren Gesellschaft (Evitas »Hemdlose«), die Überwindung sozialer Ungleichheit durch Umverteilung, die wirtschaftliche Unabhängigkeit Argentiniens und schließlich die charismatische Führungsgestalt.

Der Peronismus unter Perón veränderte das bisherige Herrschaftssystem in Argentinien von einem militärisch-oligarchischen hin zu einem populistischen. Das Land nahm damit für viele andere lateinamerikanische Staaten, die mit ihren oligarchischen Strukturen brechen wollten, eine Vorbildfunktion ein. Von den Antiperonisten hingegen wurde und wird Perón oft als großer Manipulator der Massen, als Diktator, als populistischer Charismatiker und Faschist beschrieben. Wahrscheinlich steckt sowohl in der Haltung der Peronisten als auch der Antiperonisten ein Fünkchen Wahrheit. Während Peróns Regierungszeit waren andere Parteien zugelassen, und es gab freie Wahlen. Auf der anderen Seite unterlagen die Gewerkschaftsbewegung und die Medien der Kontrolle durch seine Partei. Nicht ganz Demokratie, nicht ganz Diktatur? Da ist er wieder, der seltsame dritte Weg.

Zu Peróns anfänglichen Erfolgen und seiner zunehmenden Popularität trug insbesondere seine zweite Ehefrau bei, die er 1944 auf einer Wohltätigkeitsveranstaltung kennenlernte: Eva María Duarte de Perón, bekannt als Evita. Die *Primera Dama* mit ihren eleganten, maßgeschneiderten Kleidern und ihren emotionalen Ansprachen, die bald zum Engel der *descamisados*, der Hemdlosen, wurde, verstand es, die Massen für sich zu gewinnen, aber auch zu polarisieren. Sie repräsentierte den Peronismus im In- und Ausland, erkämpfte 1947 das Frauenwahlrecht in Argentinien, setzte sich mit ihren privaten Stiftungen für Marginalisierte und Hilfsbedürftige ein, für die sie schlicht »Evita« (kleine Eva) war und die sie bereits zu Lebzeiten als Heilige verehrten. Ihr viel zu früher Tod – sie starb am 26. Juli 1952 mit nur 33 Jahren an Krebs – erhöhte die Anzahl der Briefe, die den Vatikan mit der Forderung, Evita heiligzusprechen, erreichten, um ein Vielfaches. Mehrere Millionen Menschen nahmen an dem zwei Wochen dauernden Leichenzug teil. Mit ihrem Tod war der »Mythos Evita« geboren. Für die Gegner des Dreamteams Perón und Evita war der Tod der *yegua* (Stute) eine Erleichterung. »Viva el cancer« (Es lebe der Krebs) wurde ihre Parole, die sie an zahlreichen Hauswänden verewigten.

Den Erfolgskurs seiner ersten Amtszeit konnte Perón nach seiner Wiederwahl 1951 nicht halten. Die hohen Kosten seiner Industrialisierungs-, Verstaatlichungs- und Sozialprogramme ließen die Finanzreserven Argentiniens rapide sinken. Das Militär lehnte sich verstärkt gegen ihn auf. Die Kirche, die ihn anfangs unterstützt hatte, wandte sich von ihm ab, da er unter anderem die Scheidung legalisierte. Mit Evitas Tod begann der Machteinfluss Peróns an allen Ecken und Enden zu bröckeln, bis der »charismatische Führer« 1955 vom Militär gestürzt wurde und ins Exil nach Madrid fliehen musste.

Peróns Partei, die PJ (Partido Justicialista, Gerechtigkeitspartei), wurde verboten. Die Schulbücher, deren erste Seite Bilder von Perón und Evita zeigten, unter denen »Evita liebt mich, Perón kümmert sich um mich« oder Ähnliches geschrieben stand, verschwanden quasi über Nacht. Die folgenden Jahre bis zu Peróns Rückkehr 1973 waren geprägt vom ständigen Wechsel zwischen demokratischen Regierungen, Putschen und Militärdiktaturen. Nachdem es niemandem gelang, die wirtschaftlichen Probleme des Landes in den Griff zu bekommen, fanden im März 1973 demokratische Wahlen statt, an denen die PJ erstmals wieder teilnehmen durfte. Perón selbst jedoch war eine Kandidatur untersagt. Die Wahlen gewann der Peronist Héctor Cámpora, welcher den Ausschluss Peróns aufhob. Er veranlasste Neuwahlen, aus denen Perón als Sieger hervorging. Der General war zurück!

Aber die Entwicklung seiner Anhängerschaft stand während seiner Abwesenheit nicht still. Sie hatte neue Ansätze verfolgt. Sie war gespalten. Die Reformer, die *Juventud Peronista*, waren enttäuscht zu sehen, dass Perón sich der traditionalistischen Basis zuwandte. Sie sagten sich von ihm los mit den Worten, die einzigen Verfechter des wahren Peronismus zu sein – ein Argument, das man seither von geradezu jedem Politiker hört, der sich als Peronist ausgibt. Innerhalb der verschiedenen peronistischen Zweige kam es in den folgenden Monaten immer wieder zu gewalttätigen Auseinandersetzungen.

Perón starb am 1. Juli 1974, nur kurze Zeit nach seiner Wiederwahl, an einem Herzinfarkt. Seine dritte Ehefrau und Vizepräsidentin María Estela Martínez de Perón (»Isabelita«) wurde zu seiner Nachfolgerin ernannt, ihre Regierung jedoch durch einen erneuten Militärputsch am 24. März 1976 gestürzt.

Läuteten der Tod Peróns und die bald darauf folgende siebenjährige Militärdiktatur das Ende des Peronismus ein? Traditionelle Perón-Peronisten sagen »ja«, die anderen antworten mit einem entschlossenen »auf keinen Fall«. Der Peronismus entwickelte sich weiter, mit dem Menemismus der 90er-Jahre war von einem Neo-Peronismus die Rede, auch der Kirchnerimus Néstors und Cristinas war eine Form des Peronismus. Selbst Mauricio Macri, mit dessen

Politik Juan Domingo Perón so gar nicht einverstanden gewesen wäre, berief sich auf den Peronismus: »Peronismus ist das Streben, die Armut auszurotten sowie Gleichheit und soziale Gerechtigkeit zu schaffen.« Als er sogar die *Marcha Peronista*, die Hymne der Peronisten, anstimmte, erntete er harsche Kritik vonseiten der Kirchner-Regierung: »Einige Leute missbrauchen den Titel ›Peronismus‹, um die Menschen zu manipulieren. Das ist kein wahrer Peronismus. Sie nennen sich Peronisten, aber sie verleugnen die Armut bloß, anstatt sie auszurotten.« Nachdem Macri sein Amt angetreten hatte, gab er zu, sich nur auf den Peronismus berufen zu haben, da man andernfalls keine Wahl in Argentinien gewinnen könne.

Was bedeutet es, Peronist zu sein oder kein Peronist zu sein? Diese Frage stelle ich den Argentiniern gerne. Die einen winken mit einem »das ist viel zu kompliziert zu erklären« ab, die anderen kontern mit einem »es bedeutet, auf der richtigen Seite zu stehen«. Wieder andere wollen vom Peronismus nichts wissen: »Alles Faschisten.«

Es bleibt dabei. Der Peronismus ist schemenhaft und diffus. Es gibt ihn nicht, den *einen* Peronismus oder die *eine* Idee davon, was eine Erklärung beinahe unmöglich macht. Perón, so scheint es, ist in Argentinien ewig und allgegenwärtig, die peronistische Bewegung Auslegungssache.

Der argentinische Journalist und Buchautor Tomás Eloy Martínez resümiert in einem Essay, der 2010 in der spanischen Tageszeitung *El País* veröffentlicht wurde: »Niemand weiß genau, was der Peronismus eigentlich ist. Deshalb findet das ganze Land im Peronismus auf so vollkommene Weise seinen Ausdruck. Wenn ein Peronismus fällt – wegen Korruption, weil er gescheitert ist oder weil er sich einfach überlebt hat –, tritt sofort ein anderer Peronismus an seine Stelle und sagt: ›Das war ja alles nur Betrug, jetzt kommt erst der wahre Peronismus.‹ Seit Jahrzehnten hofft man in Argentinien auf die Ankunft des wahren Peronismus, als wäre er eine Art Messias, der das Ende der Zeiten überstrahlt, wenn das Land endlich und für immer seine Größe wiedererlangt.«

Juan Domingo Perón, Namensgeber und Begründer dieser vielschichtigen bis heute aktuellen politischen Bewegung, mag für manche ein Grund sein, Argentinien zu lieben, für andere ein Grund, Argentinien zu hassen. Wahrscheinlich steckt in jedem Argentinier ein bisschen Perón und ein bisschen Anti-Perón. Fest steht – und darin sind sich die Argentinier einig –, dass der Peronismus unter Perón weitgehend verantwortlich ist für das, was Argentinien war und was es nicht war, was es ist und was es nicht ist, was es hätte sein können, was es werden wird oder werden könnte.

17. Grund

Weil Che Guevara Argentinier war

Der ernste Blick in die unbestimmte Ferne, der schüttere Bart, die Baskenmütze mit dem Stern – ein Bild, das Plakate, T-Shirts, Tassen und andere Merchandising-Produkte auf der ganzen Welt ziert. Jeder kennt es. Das Porträt, das der kubanische Fotograf Alberto Díaz Gutiérrez, bekannt unter dem Künstlernamen Korda, am 5. März 1960 in Havanna aufnahm, ist längst zu einer schwammigen Projektionsfläche für alles geworden, was auch nur im Entferntesten »gegen irgendetwas« gerichtet ist. Es zeigt einen der bekanntesten Untoten des letzten Jahrhunderts, den Argentinier Ernesto Rafael Guevara de la Serna.

Wer über ihn spricht, nimmt, vielleicht ohne es zu wissen, eines der charakteristischsten Wörter Argentiniens in den Mund: *che*. Das Füllwort bedeutet so viel wie »hey«. Man kann damit einen Freund begrüßen, ungewollte Sprechpausen füllen, dem Gesagten Nachdruck verleihen, einen Satz beginnen oder beenden. Obwohl Ernesto Guevara den typischen Singsang der Provinz Córdoba, wo er viele Jahre gelebt hatte, gegen den kubanischen Akzent eintauschte, blieben diese drei Buchstaben seinem Wortschatz zeit seines Lebens erhalten, was ihm außerhalb seines Heimatlandes bald den Spitznamen »Che« verlieh.

Die eingangs genannten Kultprodukte gibt es natürlich auch in Argentinien wie Sand am Meer. Davon einmal abgesehen, sind die Spuren Guevaras in seinem Heimatland jedoch verglichen mit Kuba oder Bolivien eher unscheinbar. Aber wer sich auf den Weg macht, wird ihn finden, den jugendlichen Che, den vorrevolutionären Che, den argentinischen Che. Das länderübergreifende Projekt »Caminos del Che« (Wege des Che) hat es sich zur Aufgabe gemacht, die Routen und Lebensstationen der Ikone touristisch aufzuarbeiten. In Argentinien sind das hauptsächlich Museen, aber auch ein Denkmal, ein Hörsaal und eine Autobahn.

Ernesto Guevara kam am 14. Juni 1928 – oder nach anderen Quellen genau einen Monat früher – in Rosario, der bevölkerungsreichsten Stadt der Provinz Santa Fe, zur Welt. Seine Eltern Celia und Ernesto, die im subtropischen Misiones eine Mateplantage betrieben, befanden sich gerade mit dem Schiff auf dem Weg nach Buenos Aires, als die einsetzenden Wehen sie zu einem unfreiwilligen Stopp zwangen. Che, der eigentlich ein waschechter *porteño* werden sollte, wurde so ein *rosarino*. Die Erinnerungen an den *Comandante* in seiner Geburtsstadt sind jedoch recht überschaubar. Die Wohnung, in der die Familie für ein paar Tage untergekommen war, ist heute Sitz einer Versicherungsgesellschaft und für die Öffentlichkeit nicht zugänglich, der Künstler Andrés Zerneri errichtete in Eigeninitiative eine Che-Statue, und anlässlich des 90. Geburtstages des Guerillakämpfers 2018 wurden die Stadtbusse der Linie Q mit dem altbekannten Bild des Revolutionärs geschmückt.

Kurz nach der Geburt reiste die Familie zurück nach Misiones. Seine ersten drei Lebensjahre verbrachte »Ernestito« pendelnd zwischen Misiones und Buenos Aires, wo die Eltern eine zweite Wohnung besaßen. Die Guevaras gehörten der aristokratischen Oberklasse an und versuchten die damit verbundenen Gepflogenheiten auch dann aufrechtzuerhalten, wenn es wieder einmal einen der vielen finanziellen Engpässe gab. Das Haus in dem idyllischen Ort Caraguatay, in dem sie lebten, steht bis heute und kann besichtigt werden. Es ist Teil des provinziellen Che-Guevara-Naturparks.

Das größte Che-Museum in Argentinien kann in Alta Gracia in der Provinz Córdoba besucht werden. Zu den Ausstellungsstücken zählen unter anderem Guevaras Fahrrad und eine Replik seines Motorrads *La Poderosa*, mit dem er seine ersten großen Reisen durch Südamerika unternahm, seine Grenzen testete, das Überleben trainierte und erstmals mit der Armut konfrontiert wurde.

Die Autobahn zwischen der rund 40 Kilometer entfernten Provinzhauptstadt Córdoba und Rosario trägt den Namen »Ernesto Guevara« und begrüßt die Autofahrer kurz vor dem Ziel mit einem Straßenschild, auf dem folgender Text steht: *Autobahn Ernesto »Che« Guevara 1928-1967 – Hommage an den berühmten rosarino, der aufgrund seiner Ideale internationales Ansehen erlangte.*

In der hübschen Kolonialstadt Alta Gracia verbrachte der spätere Revolutionär seine Kindheit und Jugend. Da er bereits in jungen Jahren an starkem Asthma litt, rieten die Ärzte in Buenos Aires der Familie, aufgrund des milden Klimas nach Córdoba zu ziehen.

Wie es sich für ein Söhnchen aus gutem Hause gehörte, lernte Che Französisch, las europäische Literatur, spielte Schach und verbrachte die Wochenenden im Tennisclub oder auf den Estanzias seiner Verwandten. Und er begann das zu studieren, was jeden Oberklassenvater in Argentinien stolz machte: Medizin. Natürlich in Buenos Aires. Viel mit Politik hat er zu jener Zeit nicht am Hut. Marx und Co hat er gelesen, er war kein Antiperonist wie sein Vater, der sich von den Arbeiterbewegungen distanzierte. Aber aktiv beteiligte sich Che in seinen Universitätsjahren nicht an politischen Bewegungen und Ereignissen. Dann doch lieber Rugby im San Isidro Club. Das Haus der Familie im Stadtteil Palermo (Aráoz-Straße 2180) wurde zwar abgerissen und durch einen mehrgeschossigen Gebäudekomplex ersetzt, aber vor ein paar Jahren wurde dort eine Steinplatte zu Ehren des Revolutionärs errichtet. An der geisteswissenschaftlichen Fakultät der Universidad de Buenos Aires ist ein Hörsaal nach ihm benannt. Dann ist da noch das bonaerensische Che-Guevara-Museum (Rojas-Straße 129), in dem man von einer lebensgroßen Che-Statue begrüßt wird. Dort türmen sich Fotos, Zeitungsartikel und alle möglichen Gegenstände, die auch nur im Entferntesten mit dem *Comandante* zu tun haben, bis zur Decke. Der Museumsbesitzer Eladio González ist bekennender Che Guevara Verehrer und sammelt alles über ihn, was er in die Finger bekommen kann.

Während seiner Studienjahre unternahm der junge Che viele Reisen durch sein Heimatland. Nach einer gescheiterten Beziehung mit der Millionärstochter Maria del Carmen Ferreyra machte er sich 1951 – ein Jahr vor seinem Staatsexamen – zusammen mit seinem Freund Alberto Granado und der »Allmächtigen«, seinem Motorrad *La Poderosa*, auf zu einer großen Südamerikareise. Die letzte Station der *Caminos del Che* befindet sich im schicken Nobelort San Martín de los Andes in der Provinz Neuquén. Hier fanden die beiden Freunde, müde und ausgehungert von der Reise, Unterschlupf in einer Scheune, die – heute etwas aufgehübscht – ein weiteres Che-Museum beherbergt.

Wer sich in Argentinien auf Spurensuche begibt, wird feststellen, dass »el Che« weniger in Museen oder in anderen greifbaren erinnerungskulturellen Objekten präsent ist, sondern dass er vielmehr als »Idee« in den Köpfen der Argentinier lebt.

Dieses ziellose Streifen durch unser riesiges Amerika hat mich stärker verändert, als ich dachte, kritzelte Guevara in sein Reisetagebuch. Der Che, der die Herzen der linken Intellektuellen im Sturm eroberte und zur Symbolfigur jeglicher Art des Widerstands wurde, der Che mit der Baskenmütze und dem Bart, der für Jean Paul Sartre der »vollkommenste Mensch unseres Zeitalters« war, hat wenig mit dem Che zu tun, der in Argentinien Medizin studierte und der in schicken Villen mit Dienstmädchen lebte. Oder?

Der argentinische Historiker Pacho O'Donnell schreibt dazu: *Es gibt nur wenige Menschen, die argentinischer sind als Che. Hier wurde er geboren, hier wuchs er auf, hier verbrachte er mehr als die Hälfte seines kurzen Lebens. Er wusste immer, was in Argentinien passierte, er las die Nachrichten und hinterfragte alles mit einer Hartnäckigkeit, die typisch für einen Argentinier ist. Er hörte nie auf, über Argentinien zu sprechen, trank Mate, sang Tangos. Die Kubaner sagten immer, er sei wegen seiner bissigen Ironie typisch argentinisch. Che selbst sagte einmal, dass er trotz allem zu dem Land gehöre, in dem er geboren wurde.*

Manche Argentinier hätten den Guerillakämpfer wahrscheinlich lieber auf der Bühne eines schicken Opernhauses in Paris oder London sterben sehen wollen als im bolivianischen Hinterland. Für die meisten aber ist der Mate trinkende *Comandante*, der das genuin argentinische *che* bereits in seinem Namen trägt, ein Paradigma des Internationalismus, eine gemeinsame Idee fernab der Landesgrenzen, die nötige Portion Kubaner mit dem kulturellen Fundament Argentiniens. Ganz ähnlich beantwortete Che Guevara selbst die Frage nach seiner *argentinidad* auf einer Konferenz in Uruguay im Jahr 1961: »Ich fühle mich so kubanisch wie die meisten, aber ich trage das kulturelle Substrat Argentiniens in mir.«

18. Grund

Weil Capusotto immer das letzte Wort hat

Argentinischer Humor ist oftmals eine Herausforderung für den Zuhörer oder Gesprächspartner. Er ist bissig, sarkastisch, ironisch, aber vor allem auch reflektiert und selbstkritisch. Einen Witz haben die Argentinier immer auf Lager, auch – und gerade – in Situationen, in denen man sich für gewöhnlich eher mit Taschentüchern unter der Bettdecke verkriechen möchte. Ganz nach dem Motto »Wer lacht, zeigt Zähne« ist Humor in Argentinien eine Form, trotz eines unsicheren Morgen und eines verpatzten Gestern im Heute mit beiden Beinen auf dem Boden zu stehen.

Einer, der den argentinischen Humor auf die Spitze treibt, alles kommentiert, immer das letzte Wort hat und oft zitiert wird, ist der 1961 geborene Fernsehmoderator, Schauspieler und Humorist Diego Esteban Capusotto, der vor allem durch seine Teilnahme an diversen humoristischen Fernsehsendungen bekannt wurde und durch die Verbreitung seiner Videos auf Plattformen wie YouTube schnell einen großen Bekanntheitsgrad erreicht hatte.

Eines seiner meistgesehenen Programme ist das seit 2006 regelmäßig erscheinende *Peter Capusotto und seine Videos.* Zu sehen sind Sketche, untermalt mit Rockmusik, in denen Capusotto verschiedene fiktive Charaktere spielt. Das Pseudonym Peter Capusotto setzt sich aus den Namen der beiden Schöpfer des Programms zusammen: Pedro Saborido (Peter), der Co-Autor der sarkastischen Texte, und Diego Capusotto, von dem die meisten Inhalte stammen und der selbst vor der Kamera steht.

Die Publikumslieblinge des Programms sind die Charaktere Micky Vainilla und Violencia Rivas. Micky Vainilla ist die satirische Umsetzung eines elitären Stereotyps, der, überzeugt von seiner Überlegenheit, jede Gelegenheit nutzt, um seine Verachtung für diejenigen auszudrücken, die er aufgrund seiner ethnischen Zugehörigkeit, seines sozialen Status oder seiner Kleidung für minderwertig hält, was so ziemlich alle Menschen sind. Er versucht, seine Vorurteile durch absurde Argumente zu erklären, die unweigerlich seine faschistische und fremdenfeindliche Denkweise verraten und starke Ablehnung bei seinem fiktiven Publikum hervorrufen. Harte Kost also für jemanden, der die Sprache des Sarkasmus nicht spricht, denn Diego Capusotto selbst ist alles andere als ein Faschist.

In der Rolle der Violencia Rivas spielt Capusotto eine jähzornige ehemalige Sängerin anarchistischer Lieder, welche die argentinische Rockmusik einst mit Themen wie »Steck dir deine Liebe in den Arsch« revolutionierte, mittlerweile aber zu einer alkoholabhängigen Fernsehmoderation geworden ist, die in ihrem Wohnzimmer sitzend aus ihrem Leben berichtet, die aktuelle Gesellschaft kritisch hinterfragt und über ihre acht missratenen Töchter herzieht, welche sich vom System haben unterkriegen lassen.

Für seine Videos gewann Capusotto zahlreiche Preise in Argentinien. »Peter Capusotto und seine Videos« ist eine Parodie und eine (mal mehr, mal weniger) verschleierte Kritik an typischen Verhaltensweisen, Gedanken und Handlungsmustern. Die Videos spielen dabei ständig mit der Doppeldeutigkeit und sollten unbedingt mit einem (besser zwei) Augenzwinkern betrachtet werden.

Für Diego Capusotto selbst ist der Humor eine eigene Sprache, bei der das Alltägliche eine neue Bedeutung erfährt und die Realität auf einer anderen Ebene verhandelt wird: »Man gibt durch Humor das zurück, was man bekommt. Es ist das beste Mittel, um mit der Wirklichkeit zurechtzukommen«, sagt er im Interview mit einen argentinischen Magazin.

19. Grund

Weil eine Comicfigur zeigt, wie Argentinien tickt

Sie bindet dem Globus einen dicken Schal um und misst Fieber. Immer wieder muss sie feststellen, dass die Erde krank ist. Mal ist sie deswegen besorgt, mal traurig. Ab und zu geht ihr argentinisches Temperament mit ihr durch, und sie schreit wutentbrannt: »Haltet die Welt an, ich will aussteigen!«

Mafalda ist nicht nur eine Comicfigur, sie ist eine vielzitierte Ikone, die auf charmante Art das politische Bewusstsein schärft. Es gibt wahrscheinlich keinen Argentinier, der die Comics nicht gelesen hat.

Die Mafalda Comics entspringen der kreativen Feder von Joaquín Salvador Lavado Tejón, bekannt unter seinem Künstlernamen Quino. Sie wurden von 1964 bis 1973 publiziert, zunächst als Comic Strips in diversen Zeitungen, später auch als eigene Comichefte.

Die freche Protagonistin Mafalda ist zwischen fünf und acht Jahre alt. Sie tritt als Weltverbesserin und altkluge Rebellin auf, die jegliche Autorität ablehnt, Suppe hasst (die Suppe steht Quinos eigenen Angaben zufolge sinnbildlich für die Autorität in Militärregimes) und für die Beatles brennt. Die Comics sind zwar im globalpolitischen Kontext der 1960er-Jahre angesiedelt, die Aussagen der Figuren können aber ohne Weiteres auf andere Zeitspannen übertragen werden. Das macht Mafalda zeitlos und bis heute aktuell.

Das Mädchen Mafalda gehört zur bürgerlichen Mittelschicht Argentiniens und belehrt die Menschen in ihrem Umfeld in Sachen Demokratie, Gerechtigkeit, Feminismus und Weltfrieden. Sie verurteilt die Inkompetenz der Menschheit und hat immer eine einfallsreiche Lösung für gesellschaftspolitische Probleme parat. Sie beherrscht die Kunst der Ironie, gespickt mit schwarzem Humor, was sie alles in allem sehr argentinisch erscheinen lässt.

Mafaldas Vater ist Versicherungsmakler und versteht die Gedanken und Sorgen der »neuen Generation« nicht. Die Mutter, von Beruf Hausfrau, wird von ihrer Tochter angesichts der Wäsche- und Geschirrberge gefragt, was sie machen würde, wenn sie ein Leben hätte – eine Frage, auf die sie keine Antwort zu geben weiß. Dann sind da noch Mafaldas jüngerer Bruder Guille, der gerade das Sprechen lernt und in Brigitte Bardot seine Traumfrau gefunden hat, und ihre Freunde: der Träumer und Pessimist Felipe, die konservative Susanita, die einen reichen Mann heiraten und viele Kinder haben möchte, Manolito, Sohn spanischer Einwanderer, der im Laden seines Vaters aushelfen muss und mit dem Kapitalismus liebäugelt, der leicht egoistische Miguelito, dem stets eine absurde Frage oder eine kindliche Beschwerde auf der Zunge liegen, und die extrem kleine Libertad, die ihren sprechenden Namen (»Freiheit«) wie ein Kainsmal mit sich herumträgt.

Die populäre Comicfigur und ihre Freunde sind an verschiedenen Orten in Buenos Aires anzutreffen, wie etwa im Humormuseum in Puerto Madero (Museo del Humor, Avenida de los Italianos 851) oder auf der Plaza Mafalda im Stadtteil Colegiales. Am bekanntesten ist wahrscheinlich die Mafalda-Statue des Künstlers Pablo Irrgang an der Ecke Chile und Defensa im Stadtteil San Telmo, zu der sich ein paar Jahre später auch Susanita und Manolo gesellten. An der Hauswand der Chile-Straße 371, wo Quino zur Zeit der Erstveröffentlichung lebte, ist eine Plakette mit der Aufschrift *Hier lebte Mafalda* angebracht, daneben befindet sich ein Mafalda-Souvenirladen. Besonders am Wochenende, wenn die Touristen dem Kunsthandwerksmarkt in San Telmo einen Besuch abstatten, muss man sich auf lange Wartezeiten einstellen, um ein Selfie mit der Mafalda-Statue zu schießen. Ein paar Straßen weiter, in Balcarce 774, befindet sich der »Almacen Don Manolo«, Quinos Inspirationsquelle für den Laden von Manolitos Vater. Auch unterirdisch ist Mafalda präsent: Zwischen den U-Bahn-Stationen Catedral der Linie D und Perú der Linie A wurde zum 50. Geburtstag der Comicheldin ein 15 Meter langes Wandbild angefertigt.

Das sympathische Mädchen mit dem runden Gesicht und der Schleife im krausen Haar hat aber nicht nur die Herzen der Argentinier erobert. Immer wieder ist Mafalda Protagonistin internationaler Wanderausstellungen, im französischen Angoulême wurde eine Gasse nach ihr benannt, im spanischen Oviedo sitzt sie im roten Kleid auf einer Parkbank, und ihr virtueller Freundeskreis auf Facebook wird bald die 7-Millionen-Marke knacken. Die Comics wurden in mehr als 30 Sprachen übersetzt.

Umberto Eco, der die Comics ins Italienische übersetzte, war der Ansicht, dass man, um Argentinien zu verstehen, Mafalda lesen müsse. Und damit hat er wahrscheinlich gar nicht so unrecht.

20. Grund

Weil ein Gaucho für heilig erklärt wurde

Von Mendoza bis Buenos Aires, von Feuerland bis Jujuy – in ganz Argentinien fallen am Straßenrand die roten Altäre auf, über denen ebenso rote Fahnen im blauen Himmel wehen. Viele Autos hupen beim Vorbeifahren, einige halten an für ein kurzes Gebet. Es ist ihre Art, Gauchito Gil zu grüßen und sich seinen Segen für eine sichere Weiterfahrt zu holen.

Antonio Gil Nuñez ist eine argentinische Legende, ein Volksheiliger. Von der Kirche wird er zwar nicht als Heiliger anerkannt, aber das stört in Argentinien niemanden. Jedes Jahr an seinem Todestag am 8. Januar pilgern die Massen zu seinem Grab ein paar Kilometer außerhalb der Stadt Mercedes in der Provinz Corrientes. An der Stelle, an der er 1878 hingerichtet wurde, wollen sie ihm danken, zu ihm beten, ihm Wünsche übermitteln oder Opfergaben bringen. Rund um die Schreine finden sich allerlei Dinge, von denen man glaubt, sie stimmen den Heiligen Gaucho gnädig: Zigaretten, Wasser, Feuerzeuge, Heiligenfiguren, Schmuck, Wein und Münzen.

Es wird angenommen, dass Antonio Gil Nuñez im Jahr 1847 in der Nähe von Mercedes zur Welt kam. Die Legenden ranken sich wie Efeu um sein Leben. Eine Geschichte, die immer wieder erzählt wird, lautet folgendermaßen:

Antonio Gil Nuñez wächst in einfachen Verhältnissen auf. Er ist Gaucho – Landarbeiter – und damit rechtlos. Sein beschauliches Leben ändert sich drastisch, als er ein Verhältnis mit einer schönen, angesehenen Frau eingeht, die aber dem ebenso angesehenen und standesgerechten Polizisten des Ortes versprochen war. Die Situation eskaliert, als der Gaucho den Polizisten bei einem Duell in einer *pulpería*, einem Dorfladen mit Ausschank, besiegt. Er lässt den Polizisten zwar am Leben, ergreift aber aus Angst vor den Konsequenzen die Flucht. So schließt er sich der argentinischen Armee an und kämpft im Krieg gegen Paraguay.

Anerkennend wird erzählt, wie er sich in den Kriegsjahren um die Verletzten kümmert und deren Wunden heilt. Als er aber aufgefordert wird, im argentinischen Bürgerkrieg auf der Seite der Unitarier zu kämpfen, flieht der Gaucho erneut. Der Paraguaykrieg war eine Sache, aber Blutvergießen zwischen Brüdern, das kann er nicht tolerieren, seine Vorstellung von Gerechtigkeit ist eine andere. Eine Weile lebt er versteckt im Wald und soll Reiche bestohlen und den Armen die Ausbeute gebracht haben – ein argentinischer Robin Hood.

Lange geht das jedoch nicht gut. Die Soldaten finden ihn und hängen ihn kopfüber an einen Baum, wo sie ihn foltern. Kurz vor seinem Tod prophezeit er dem Henker, dass dessen Sohn krank werden und sterben würde, wenn er nicht zu Gauchito Gil betete. Denn er selbst werde höchstpersönlich auf die Erde zurückkehren, den Sohn des Henkers heilen und Gutes für das Volk tun. Der Henker hört nicht auf den Gaucho, vollstreckt wortlos das Urteil und findet seinen Sohn zu Hause sterbend vor. Natürlich möchte er das Schicksal seines Sohnes nicht dem Zufall überlassen. Er betet zu Gil, und tatsächlich, nach ein paar Tagen ist sein Sohn wieder vollkommen gesund. Der Henker erzählt allen von diesem Wunder und baut Gauchito Gil einen Schrein. Es ist die Geburtsstunde einer Legende.

Die Nachricht vom Heiligen Gaucho verbreitet sich rasant im ganzen Land. Wer nicht schon einen Gaucho-Altar in unmittelbarer Nähe hat, schreinert einfach selbst einen. Das immer wiederkehrende Rot der Fahnen steht symbolisch für das vergossene Blut.

Dem Gaucho werden aber nicht nur heilende Kräfte nachgesagt. Einige sind der festen Überzeugung, dass er sogar Geld oder Lebensmittel vervielfachen kann, wenn er will, was nicht allzu oft der Fall zu sein scheint. Die Wundertaten, die dem Heiligen Gaucho zugeschrieben werden, kennen keine Grenzen.

Gauchito Gil ist längst zur Kultfigur geworden. T-Shirts, Korkenzieher, Magnete, Schmuck: Sein Bild ist auf sämtlichen Accessoires zu finden. Und mittlerweile ist der Volksheilige auch im digitalen Zeitalter angekommen. Der einst Geächtete rühmt sich heute mit knapp 2000 Followern auf seiner Facebookseite. Wer ihn um etwas bitten möchte, muss nicht den Weg zum nächsten Altar auf sich nehmen oder gar selbst seine Handwerkskünste unter Beweis stellen und ihm einen eigenen Schrein bauen. Wünsche und Bitten können dem Heiligen Gaucho bequem über ein Online-Formular auf seiner Webseite übermittelt werden: www.gauchitogil.net.

21. Grund

Weil die Mutter aller Mütter aus Argentinien kommt

Manche Menschen leben ewig, zumindest im Herzen und in den Geschichten derer, die sie am Leben erhalten. Sie sind mehr als untote Tote, sie sind Heilige für die Menschen, die an sie glauben. Und davon gibt es in Argentinien eine ganze Menge. Wie bei Gauchito Gil handelt es sich auch bei der »Dahingeschiedenen Correa« um keine offiziell von der Kirche Heiliggesprochene. Wie bei Gauchito Gil tut das ihrer Beliebtheit keinen Abbruch. Ob und wie sich die Geschichte tatsächlich zugetragen hat, wird zur Nebensache.

Wenn Ihnen auf Ihrer Reise durch Argentinien neben den roten Gauchito-Fahnen auch Berge von Wasserflaschen am Straßenrand auffallen, handelt es sich dabei nicht etwa um eine Müllkippe, sondern um einen – zugegebenermaßen – kuriosen Schrein für eine weitere argentinische Volksheilige, die Mutter aller Mütter: María Antonia Deolinda Correa.

Es ist das Jahr 1841, in Argentinien tobt der Bürgerkrieg zwischen Unitariern und Föderalisten. In Caucette südlich von San Juan werden ein paar Männer unter der Leitung von Facundo Quiroga als Geisel genommen und in Richtung Norden verschleppt, darunter auch Audilio Correa, Deolindas Mann. Voller Sorge macht sich die junge Frau mit ihrem Säugling auf die Suche nach ihm. Weit kommt sie jedoch nicht, denn in der trockenen Wüstenlandschaft San Juans gibt es kaum Wasser. In der Nähe von Vallecito bricht sie zusammen und stirbt. Ein paar Tage später finden Gauchos aus der Gegend die Tote und werden Zeugen eines Wunders: Das Baby lebt und trinkt Milch aus der Brust der Verstorbenen. Den Viehhirten ist klar, dass es sich nur um eine Heilige handeln kann, und sie errichten ihr sogleich einen Schrein. Aus dem einfachen Schrein ist mittlerweile ein Altar-Dorf, ein populärer Wallfahrtsort, geworden, das »Oratorio de la Difunta Correa«.

Ein Wunder kommt selten allein, so soll die treue Ehefrau und sich aufopfernde Mutter auch Kranke heilen und Verkehrsunfälle verhindern. Sie wird als Schutzheilige verehrt. Am nationalen Tag des Fernfahrers im November lassen viele ihre Lastkraftwagen von ihr segnen. In der Osterwoche pilgern Tausende zu den Altären in Vallecito und schmücken diese mit Wasserflaschen und selbst gebauten Miniaturhäusern, damit die Difunta Correa nie wieder Durst leiden muss und immer ein Dach über dem Kopf hat. Neben Hotels und Restaurants gibt es viele Souvenirläden, Kapellen, ein Glaubensmuseum und Karussells für Kinder. Ein kunterbunter Jahrmarkt für eine Legende.

Die Argentinier sind offen für Personenkult, und so lebt die Dahingeschiedene weiter, in Erzählungen, in Liedern, Literatur und dem Filmdrama *Difunta Correa* von Hugo Reynaldo Mattar aus dem Jahr 1975. Während die Mutter also ewig lebt, verrät die Legende nichts über das Baby. Hat es tatsächlich überlebt? Wurde es groß und stark und gründete selbst eine Familie? Hat es Kinder, Enkel und Urenkel, und fließt durch argentinische Adern »Difunta Correa-Blut«? Die Geschichte zu Ende zu erzählen, das bleibt der Fantasie eines jeden Einzelnen überlassen.

22. Grund

Weil aus kleinen Mädchen Nationalblumen werden

Im Gegensatz zu Gauchito Gil oder der Difunta Correa hat es das kleine Mädchen Anahí zwar nicht geschafft, als (Volks-) Heilige verehrt zu werden, aber dennoch fand sie den Weg in die Unsterblichkeit und ist in großen Teilen Argentiniens und auch über die Landesgrenzen hinweg präsent – in Form eines Baumes mit leuchtend roten Blüten.

Anahí ist die einzige Tochter eines Häuptlings der Guayaquí, einer Familie der Guaraní-Indiander, welche in Argentinien vor allem entlang der paraguayischen Grenze am Paraná-Fluss leben. Der Legende nach soll der Stamm besonders kriegerisch und Fremden gegenüber äußerst feindlich gesinnt sein und die Heimat mit allen Mitteln gegen Eindringlinge verteidigen. Anahí liebt ihr Land, kennt jede Pflanze und jedes Tier und verbringt die Tage mit stundenlangen Streifzügen durch den umliegenden Urwald. Sie soll eine zuckersüße Stimme gehabt haben, sodass jeder sogleich von ihr eingenommen war und über ihr nicht ganz so zuckersüßes Gesicht hinwegsehen konnte. Wenn sie zu singen begann, hörte der Fluss für einen Moment auf zu fließen und lauschte liebestrunken ihrer Stimme.

Eines Tages dringen weiße Krieger in das Gebiet der Guayaquí, ermorden Anahís Vater und halten sie und die anderen Mitglieder des Stammes gefangen. Anahí beschließt zu fliehen und tötet einen Wachmann, durch dessen Schreie die Invasoren aufwachen. Ihr Fluchtversuch scheitert bereits nach wenigen Metern, und sie wird zum Tod durch Verbrennen verurteilt. Man bindet sie an einen Baum, doch das Feuer entfacht sich nur zögerlich, als wollten die Flammen den Körper des Mädchens nicht berühren. Anahí schweigt und wartet mit geneigtem Kopf darauf, dass das Feuer ihrem Leben ein Ende bereitet. Als die Flammen zaghaft zur ihr aufsteigen, trauen die weißen Krieger ihren Augen nicht: Anahí wird eins mit dem Baum, an den sie gebunden ist, und am nächsten Morgen ist vom Feuer nichts mehr zu sehen. Anstelle des erwarteten Aschehaufens steht ein eleganter, durch seine auffallend schönen, purpurroten Blüten hervorstechender Baum. Anahí, das hässliche Mädchen mit der bezaubernden Stimme, hat sich über Nacht in einen *ceibo* (Korallenstrauch) verwandelt, dessen Blüten als Symbol für Kraft und Mut stehen. Ein derartiges Wunder muss natürlich gewürdigt werden. An die mündlich überlieferte Sage der Anahí denken heute wahrscheinlich die wenigsten, wenn sie einen der vielen *ceibos* in Argentinien sehen, doch wurde der zu den subtropischen Hülsenfrüchtlern gehörende Strauch per Dekret vom 2. Dezember 1941 zur Nationalpflanze Argentiniens erklärt.

23. Grund

Weil der kleine Bruder des Seeungeheuers Nessie hier sein Unwesen treibt

Mit Sicherheit haben Sie schon einmal vom sagenumwobenen Ungeheuer von Loch Ness in Schottland gehört. Dass Nessie aber einen kleinen Bruder hat, der am Fuße der Anden sein Unwesen treibt, das wissen die wenigsten.

Die Stadt Bariloche liegt in der Provinz Río Negro, am Ufer des Lago Nahuel Huapi, eines 557 Quadratkilometer großen Sees glazialen Ursprungs. Die Region rund um das beliebte Ski- und Wandergebiet mit ihren vielen Seen und Bergen wird auch Argentinische Schweiz genannt. Und wenn man vor einem Teller Spätzle oder Käsefondue sitzt und den Blick über die Fachwerkhäuser schweifen lässt, fühlt es sich durchaus nach einem Stückchen Heimat an.

Aber dieser Frieden ist trügerisch. Denn als Kontrast zum lieblichen Landschaftsbild haben die Menschen die Legende des Ungeheuers vom Lago Nahuel Huapi ins Leben gerufen: Nahuelito.

Ihren Ursprung hat die Legende des Ungeheuers lange bevor Kolumbus amerikanischen Boden betrat. Die indigene Bevölkerung war überzeugt davon, dass in den patagonischen Seen Monster lebten. In der Mythologie der Mapuche werden diese Monster *trelke wekufe* genannt. Im spanischsprachigen Raum sind sie heute bekannt als *el cuero* (Leder). Der *cuero* ist eine Kuhhaut (wie kann es auch anders sein in Argentinien), die sich in ein riesengroßes schlangenartiges, äußerst gefährliches Wesen verwandelt. Der *cuero* ist so groß, dass er problemlos einen Menschen verschlingen kann. Außerdem soll er angeblich auch Frauen schwängern, weswegen sie besonders vorsichtig sein müssen. Als die Konquistadoren in die Andenregion vordrangen, wurde ihnen immer wieder von einem bestimmten *cuero* erzählt, der im Nahuel Huapi gesichtet wurde. Vielleicht ein Abschreckungsmanöver der Ureinwohner?

Danach war es lange Zeit ruhig um die seltsame Kreatur im Nahuel Huapi. Erst im ausgehenden 19. Jahrhundert rückte das Monster in den Fokus der Öffentlichkeit. Angebliche Sichtungen veranlassten Dr. Clemente Onelli, den Direktor des Zoos in Buenos Aires, dazu, sich auf die weite Reise nach Patagonien zu begeben, um Beweise für die Existenz eines solchen Monsters zu suchen. Seine Bemühungen waren vergeblich. Da das Ungeheuer aber bereits in aller Munde war, benötigte es einen Namen. Hier wurde nicht lange diskutiert: Wie der See, so das Ungeheuer. *Nahuel* bedeutet in der Sprache der Mapuche »Jaguar«, *-ito* ist im Spanischen ein Verkleinerungssuffix. Somit haben wir es bei »Nahuelito« mit einem »Jaguarchen« zu tun.

Im 20. Jahrhundert erreichten die Berichte von Sichtungen ihren Höhepunkt, es tauchten immer wieder Fotos mit rätselhaften Schatten auf, die auf die Gestalt eines Monsters zurückgeführt wurden. Bei einer maximalen Wassertiefe von 486 Metern und rund 10 Kilometern Breite ist ja auch genügend Raum für beinahe grenzenlose Seeungeheuerfantasien. So sind sich viele einig, dass Nahuelito zur Gattung der ausgestorbenen Plesiosaurus gehört, andere erzählen von einem gefräßigen Monster mit Schwimmhäuten, das nachts an

Land geht, um sich über die Rinderherden herzumachen. Auch der US-amerikanische Goldsucher Martin Sheffield will Nahuelito 1922 begegnet sein: »Ein enormes Tier mit einem Kopf wie ein Schwan, von gewaltiger Größe. Seine Bewegungen lassen auf einen krokodilähnlichen Körper schließen.« Einige Jahre später kursierte die Theorie, dass Nahuelito das Resultat der Atomversuche sei, die während der Präsidentschaft Juan Domingo Peróns in den 1950er-Jahren auf der Insel Huemul im Lago Nahuel Huapi durchgeführt wurden (siehe Grund 16).

Die meisten Fotos erwiesen sich zwar als Fehlinterpretationen oder Fälschungen, aber die Legende um Nahuelito bleibt lebendig, verändert sich, wird von Generation zu Generation weitererzählt. Ob es Nahuelito nun gibt oder nicht, ist im Endeffekt unwichtig, bietet die Geschichte doch die perfekte Ausrede, um stundenlang dazusitzen und auf das tiefblaue Wasser des Nahuel Huapi zu schauen und dieses wunderschöne Fleckchen Erde mit allen Sinnen zu genießen. Am besten geht das mit einem Eis aus einer der zahlreichen Eisdielen in der Mitre-Straße im Zentrum, denn Bariloche lässt nicht nur Outdoorherzen höher schlagen, der Stadt wird auch nachgesagt, das beste Eis Argentiniens herzustellen, was ich für meinen Teil absolut bestätigen kann.

4. Kapitel

Kulturelles Leben

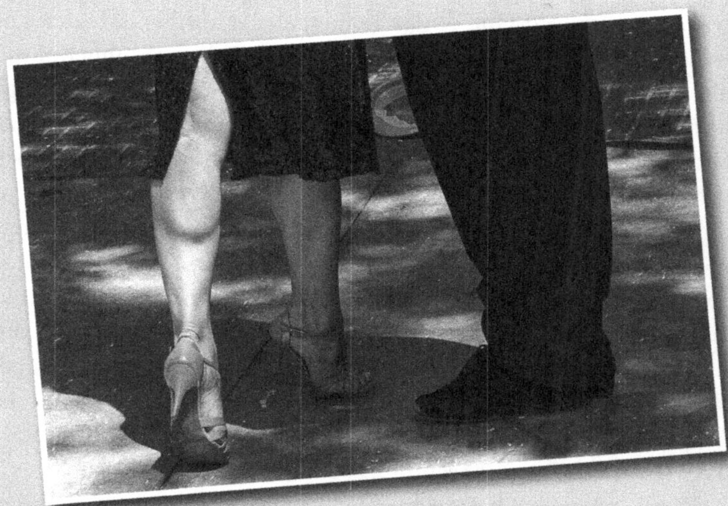

24. Grund

Weil traurige Gedanken getanzt werden

Der Tag beginnt um kurz nach Mitternacht. Während die meisten Touristen die müden Füße bereits ins Taxi geschleppt haben, füllen sich allmählich die Tanzlokale mit Einheimischen, um in den Stunden bis zum Morgengrauen tief in eine besondere Melancholie abzutauchen. Kleidervorschriften gibt es keine bei den Milongas, den argentinischen Tangotanzveranstaltungen. Herren der alten Schule tragen Anzug und Hut, einige Frauen elegante Abendkleider. Die meisten aber tanzen in Jeans und T-Shirt. Wichtig ist ohnehin nur ein gutes Paar Tangoschuhe. Denn das Erste, was man beim Tango lernt, ist das Gehen. Und das funktioniert nur mit den richtigen Schuhen. Das Zweite ist die Umarmung – nicht zu fest, aber auch nicht zu leicht. Der Grundschritt ist schnell gelernt. Er ist aber nur die technische Rohzutat, einen Tango tanzt man damit noch lange nicht. Denn Tango ist vor allem eines: ein Gefühl.

Während in Europa oft die Abfolge bestimmter Figuren und Schritte penibel einstudiert wird, lebt der argentinische Tango von Improvisation und Gefühl. »Tango ist ein trauriger Gedanke, der getanzt werden kann.« Mit diesen Worten beschrieb der argentinische Tangokomponist und -texter Enrique Santos Discépolo (1901–1951) das Wesen des Tango Argentino.

Diese Traurigkeit hat viele Gesichter. Da ist die verflossene Liebe, die verlorene Jugend, die zurückgelassene Heimat, ein allgemeiner Gemütszustand ungreifbarer Desillusion, der Wunsch nach Trost und Behagen, die Lust am kollektiven Traurigsein. Tango ist die Sehnsucht nach einem konturlosen Gestern. Neben Schwermut lebt der Tango aber auch von einer tiefen Sinnlichkeit, einer knisternden Erotik, die mit jedem Schritt nach außen getragen wird. Melancholie, Verführung und Verlangen liegen nah beieinander, reichen sich die Hand, zumindest in einer argentinischen Tangonacht.

Der Tango ist das Resultat eines Aufeinandertreffens verschiedener Rhythmen, Takte und Melodien in der zweiten Hälfte des 19. Jahrhunderts. Er ist der Spiegel der zu Tanz und Musik gewordenen Multikulturalität jener Zeit. In ihm verschmelzen afrikanische, europäische und lateinamerikanische Elemente miteinander, wobei er in seinen Anfängen musikalisch vor allem durch die Habanera aus Kuba, die Candombe aus Uruguay und den Tango Andaluz aus Spanien geprägt wurde.

Die beiden Río-de-la-Plata-Hauptstädte Buenos Aires und Montevideo streiten sich um die Ursprünge des Tangos, der seit 2009 zum immateriellen Kulturerbe gehört. Jeder möchte Schöpfer dieses wunderschönen Tanzes sein.

Tanz und Musik galten lange Zeit als verrucht und obszön. In seiner Anfangszeit war der Tango ein Tanz der Armen und Rechtlosen, oftmals getanzt unter Männern. Die Musik verbreitete sich in den Vororten und Bordellen der südlichen Stadtteile von Buenos Aires, die Texte waren geprägt vom *lunfardo*, dem Slang der Gauner, der in den dunkelsten Gassen der Stadt zu hören war (siehe Grund 49).

Um von der feinen Oberschicht, die sich eher in den Straßen von Paris sah als irgendwo in Argentinien, anerkannt zu werden, musste der Tango erst einmal um die halbe Welt in die französische Hauptstadt reisen. Als er in Paris bereits seinen Siegeszug angetreten hatte, kam er Anfang des 20. Jahrhunderts wie ein Bumerang zurückgeflogen und wurde schließlich auch am Río de la Plata salonfähig. Plötzlich war Geld da, um Tangotheater, Tanzlokale und Aufführungssäle zu finanzieren. Einige Stummfilme in den Kinos wurden von Tangoorchestern musikalisch untermalt.

Die 1920er-Jahre gelten als Blütezeit des Tangos. Hauptinstrument und zugleich die Seele der typischen Tango-Sextette ist das Bandoneón, eine Ziehharmonika, die von dem Krefelder Musiker Heinrich Band um 1850 erfunden wurde und seit 1910 fester Bestandteil der Tangomusik ist.

Die Jugend in Argentinien Mitte des 20. Jahrhunderts wollte vom seufzenden Vibrato eines Carlos Gardel oder Julio Sosa nichts wissen, Rock 'n' Roll und später die Beatles waren viel angesagter. Um da mithalten zu können, musste der Tango von Grund auf revolutioniert werden. Dieser Aufgabe nahm sich der 1921 in Mar del Plata geborene Astor Piazzolla an, auf den die ab 1955 verbreitete avantgardistische Strömung des »Tango Nuevo« zurückzuführen ist. Dem Bandoneón, der Erotik und der Leidensthematik blieb er treu, modifizierte den Rhythmus jedoch durch Rückgriff auf Elemente europäischer Kunstmusik, argentinischer Folklore und Jazz. Ab den 70er-Jahren fand sogar die elektronische Musik Eingang in seinen Tango, der die Musiker und das Publikum polarisierte. Junge Menschen begrüßten diese Veränderungen. Den Vertretern der alten Schule war die Musik Piazzollas als Verunstaltung des Tangos ein Dorn im Auge. Nach der Militärdiktatur gewann der Tango ab Mitte der 80er-Jahre wieder zunehmend an Beliebtheit, auch bei jüngeren Menschen. Er vermischte sich mit Elementen des *rock nacional* und der Elektromusik, aber auch die »alten Stimmen« wurden wiederbelebt, und die Milongasäle füllten sich allmählich wieder.

Auch wenn es natürlich nichts weiter als ein Klischee ist, dass alle *porteños* Tango tanzen, so ist der Tanz doch sehr präsent in Buenos Aires und ist auch bei jungen Leuten wieder beliebter.

Es gibt ihn nicht, den *einen* Ort zum Tangotanzen. Wer bei einem Tango zuschauen will, der findet ihn auch, egal wo: Von meinem Balkon aus habe ich einmal beobachtet, wie ein Tangopaar auf dem Flachdach eines mehrstöckigen Wohnhauses im Abendlicht in hingebungsvoller Umarmung tanzte. In den Straßen der Hauptstadt und auf öffentlichen Plätzen wird hauptsächlich für Touristen getanzt. Wer möchte, kann sich eine Tangoshow ansehen und sich dabei ein mehrgängiges Menü schmecken lassen. Die authentischste Tangoerfahrung ist aber mit Sicherheit eine Milonga. Viele der stuckverzierten Tanzlokale von damals öffnen auch heute noch ihre frisch renovierten vergoldeten Türen für die tanzende Umarmung der

Nacht. Daneben gibt es weniger elegante Schuppen, über denen ein Hauch des früheren Vorstadttangos schwebt, Tangonächte mit Livemusik, moderner Elektrotango, Milonga queer, Tangounterricht für Jung und Alt. Bei einer klassischen Milonga werden ein paar Tangos gespielt, gefolgt von einer kurzen Verschnaufpause mit Cumbia-Beats, Salsa oder Vals, dann darf wieder zum Tango aufgefordert werden. Wenn der Morgen über die Stadt hereinbricht, verstummen die Stimmen Gardels und Piazzollas bis zum nächsten Abend, die zufriedenen Gesichter der *milongueros* und das heruntergetropfte Wachs an den eleganten Kerzenleuchtern zeugen davon, dass die Tangonacht lang und erfüllend war.

25. Grund

Weil Argentinien urargentinische Stimmen wie die von Gardel hervorbrachte (auch wenn dieser kein Argentinier war)

Tango ist vieles in Argentinien, er ist Tanz, Milonga, Musik, Bandoneón, Lebensgefühl – und er ist Gardel. »Man begreift sofort, dass man Gardel aus einem Grammofon hören muss, mit so viel Verzerrung und Klangverlust, wie man sich nur vorstellen kann. Aus dem Grammofon ertönt seine Stimme genauso, wie das Volk, das ihn nicht persönlich hören konnte, sie kannte, und wie sie aus den Hauseingängen und den Sälen des Jahres 1924 drang.« Diese Worte entstammen der Feder Julio Cortázars, der 1953 in dem von der argentinischen Schriftstellerin Victoria Ocampo gegründeten Literaturmagazin *Sur* einen Aufsatz über Carlos Gardel veröffentlichte.

Gardel, die Ikone unter den Tangosängern schlechthin, hatte in vielerlei Hinsicht Glück: Sein Leben umgab ein großes Mysterium, das bereits mit seiner Geburt begann. Wenig weiß man über den »Zauberer«, einen seiner zahlreichen Spitznamen. Wann und wo erblickte er das Licht der Welt? 1883, 1887 oder 1890? In Frankreich? In Buenos Aires? Oder vielleicht im uruguayischen Tacuarembó, wie er selbst einige Male beteuerte? Nach einer zehnjährigen intensiven Forschung in den drei Ländern wollen die Journalisten Monique Ruffié, Juan Carlos Esteban und Georges Galopa das Rätsel gelöst haben. In ihrem 2012 erschienenen Buch *El padre de Gardel* (*Gardels Vater*) ist von einer Geburtsurkunde die Rede, die schwarz auf weiß belegt, dass der Tangosänger am 11. Dezember 1890 in einem Krankenhaus in Toulouse zur Welt gekommen ist und auf den Namen Charles Romuald Gardès hörte. Seine alleinerziehende Mutter, Berthe Gardès, machte sich ein paar Jahre später mit ihrem unehelichen Sohn auf den Weg nach Buenos Aires.

Und dennoch wird das Mysterium am Leben gehalten. Vielleicht war Berthe ja gar nicht seine richtige Mutter? Vielleicht kam er doch in Uruguay zur Welt? Vielleicht muss das Rätsel einfach aufrechterhalten werden, passt das Geheimnisvolle doch nur allzu gut zum Bild eines gefeierten Stars. Glück hatte Gardel auch, weil seine Stimme im Ausland bereits zu Lebzeiten gern gehört wurde. Erfolgreiche Auftritte in Europa und in den USA brachten ihm auch die Bewunderung der argentinischen Oberklasse ein, denn was jenseits des Atlantischen Ozeans für gut befunden wurde, das konnte nur gut sein. Auch diejenigen, die sich nicht täglich in den goldenen Salons der Stadt aufhielten, konnten sich mit Gardel identifizieren. Bevor er 1917 den von Samuel Castriota komponierten Tango *Mi noche triste* (*Meine traurige Nacht*) aufnahm, der als erstes Tango-Lied gilt, trieb sich Gardel mit den »Schurken«, den *compadritos*, in den dunklen Straßen und Bordellen rund um den Hafen herum. Durch seinen späteren Erfolg wird er vom einfachen Volk als Held verehrt, der es geschafft hatte, sich vom tiefsten Dreck der elenden Vorstadtgassen ganz nach oben in die elitäre Welt des Glitzer und Glamour zu singen.

Selbst wenn er nicht in Buenos Aires zur Welt kam, war er im Herzen doch Argentinier, dessen ist man sich zumindest in Argentinien sicher.

Und schließlich war auch sein unerwarteter und tragischer Tod – er kam am 24. Juni 1935 mit nur 44 Jahren bei einem Flugzeugunglück im kolumbianischen Medellín ums Leben – in gewisser Weise Glück. Es gehört doch irgendwie zum Image einer begehrten Kultfigur, viel zu früh aus dem Leben gerissen und damit zugleich als Mythos zum ewigen Leben verdammt zu werden. So konnte er sich in der Liste der unsterblichen argentinischen Heroen direkt neben Evita und Che Guevara einreihen. Im Gegensatz zu Evita fand er seine letzte Ruhestätte zwar nicht im eleganten Recoleta, dafür thront über seinem Grab auf dem Friedhof von Chacarita eine lebensgroße Statue. Wenn Sie ihm einen Besuch abstatten wollen, stellen Sie vorher sicher, eine Zigarette in Ihrer Tasche zu haben. Denn darüber freut sich der untote Kettenraucher ganz besonders, weswegen die Argentinier, wenn sie an seinem Grab vorbeikommen, eine Zigarette anzünden und der Gardel-Replik in die Hand stecken.

In dem Haus im Stadtteil Abasto, in dem der Tangosänger mit seiner Mutter lebte, ist heute das Gardel-Museum untergebracht (Jean Jaures-Straße 735). Es ist ein typisch bonaerensisches »Chorizohaus«: ein einstöckiges Wohnhaus mit einem seitlichen Innenhof, zu dem die in Reihe stehenden und miteinander verbundenen Zimmer führen. Man hätte den Gebäudestil zum Beispiel auch »Kettenhaus« nennen können, da die Zimmer wie die Glieder einer Kette miteinander verbunden sind. Bei den fleischverliebten Argentiniern weckten die Durchgangszimmer aber wohl die Assoziation mit *chorizo*-Würsten.

Wie dem auch sei, der Besuch im Gardelmuseum lohnt sich nicht nur, um mehr über die Tangoikone zu erfahren, sondern auch wegen der Architektur. In den pittoresken Straßen rund um das Museum wurden Gardels Lächeln und seine Tangoverse in Murals verewigt, die Hauswände wurden mit schönen *filetes* (siehe nächster Grund) kunstvoll verziert. Und wer sich das wahre Vibrato der gardellschen Stimme zu Gemüte führen will, der sollte zum Schallplattenspieler greifen und sich mit einem *Mi Buenos Aires querido* (*Mein geliebtes*

Buenos Aires), *Sus ojos se cerraron* (*Ihre Augen schlossen sich*) oder *El día que me quieras* (*Der Tag, an dem du mich liebst*) auf die Reise in die 1920er- und 30er-Jahre, der Blütezeit des Tangos, begeben.

26. Grund

Weil fröhliche Gedanken gemalt werden

»Wenn Tango ein trauriger Gedanke ist, der getanzt wird, dann ist der *filete* ein fröhlicher Gedanke, der gemalt wird.« So definiert der Künstler Ricardo Gómez den *fileteado*, eine für Buenos Aires typische Kunstform, die Anfang des 20. Jahrhunderts entstanden ist und derzeit ihren zweiten Frühling erlebt. Die farbenfrohen Malereien sind gekennzeichnet durch präzise Linien und eine symmetrische Anordnung der klassischen Motive wie etwa Blumen, Drachen, Blätter und Kugeln. Die Andeutung von Licht und Schatten erzeugt die charakteristische Dreidimensionalität der Ornamente. In der Mitte stehen meist humorvolle Sprichwörter oder philosophisch anmutende Aphorismen.

Ursprünglich dienten die kunterbunten *fileteados* zur simplen Verzierung der grauen Pferdewagen und später der Linienbusse. Anfang der 1970er-Jahre war fast jede Buslinie überladen mit ihren eigenen *fileteado*-Motiven, sodass man zwar die Nummern und Ziele der Busse nicht mehr erkennen konnte, sich aber in fahrenden Kunstwerken durch den urbanen Raum bewegte. Die heutigen Stadtbusse haben deutlich mehr Kapazität, aber weniger Charakter. Hin und wieder werden die traditionellen Liebhaberbusse, die ihren Lebensabend zum größten Teil in Werkstätten verbringen, herausgeputzt und zu einer Stadtrundfahrt ausgeführt.

Zu Beginn der Militärdiktatur 1976 wurde die *fileteado*-Malerei verboten und geriet, abgetan als minderwertige Populärkunst, zunächst in Vergessenheit. Um die Jahrtausendwende wurde sie von lokalen Künstlern wieder wachgeküsst und ziert seither Hauswände, Kleidung, Geschirr, Restaurants, Schaufenster, Möbel, Einkaufsläden und intenationale Plattencover wie *Haughty Melodic* von Mike Doughty. Auch als Tattoo-Motive erfreuen sich die *fileteados* zunehmender Beliebtheit. Die fröhliche Gedankenmalerei hat es außerdem nach Deutschland geschafft, wo im Mercedes-Benz-Museum in Stuttgart ein original »filetierter« Omnibus aus Buenos Aires bestaunt werden kann.

Wer einem *fileteador* bei seiner Arbeit über die Schulter schauen oder sich selbst einmal an der Ornamentmalerei versuchen möchte, kann das in einer der *fileteado*-Werkstätten, zum Beispiel in der Chile-Straße 886 im Stadtteil San Telmo. Eine ruhige Hand ist die Voraussetzung, um mit den sechs Zentimeter langen Pinselhaaren die vorgefertigten Motive und Linien einigermaßen sicher auszufüllen. Aber selbst wenn Sie wie ich kläglich daran scheitern und ihre Zukunft als *fileteado*-Künstler ebenso schnell vorbei ist, wie sie begonnen hat, ist der Besuch einer solchen Werkstatt doch eine abwechslungsreiche und lustige Art, in die Geschichte und Gegenwart von Buenos Aires einzutauchen und ein typisches und eigens kreiertes Andenken aus der argentinischen Hauptstadt mit nach Hause zu nehmen.

27. Grund

Weil es die Musikfestivals von Cosquín gibt

Die liebliche Berg- und Flusswelt der Provinz Córdoba lädt nicht nur Naturliebhaber zum Wandern, Radfahren und Baden ein, sondern hält auch für Musikfans ganz besondere Momente bereit.

»Aquí Cosquín!« Hier Cosquín – auf diese zwei Wörter haben die Zuschauer gewartet. Unter tosendem Applaus und ausgelassenen Schreien beginnt das größte Folklorefestival Argentiniens, natürlich wie jedes Jahr in der »Hauptstadt der Folklore«, der Kleinstadt Cosquín, rund 60 Kilometer nordwestlich von Córdoba. Das mächtige Feuerwerk wird von der »Hymne von Cosquín« musikalisch untermalt, die Massen auf der Plaza Próspero Molina singen lauthals mit.

1961 fand das Festival zum ersten Mal statt. Die Idee geht auf eine Initiative der Bürger zurück, die ihre Heimat von dem Bild loslösen wollten, das jeder Argentinier im Kopf hatte, wenn er den Namen Cosquín hörte: dem eines Kurortes für an Tuberkulose Erkrankte. Denn wo heute getanzt und gefeiert wird, reihten sich früher Heilstätten und spezielle »Tuberkulose-Hotels« aneinander, da der Ort aufgrund seines milden Klimas eine Heilung der Infektionskrankheit versprach. Für den Tourismus war das nicht gerade das beste Aushängeschild, und bedingt durch die Fortschritte in der Medizin und den allgemeinen Rückgang der Krankheit machten es sich die Einwohner zur Aufgabe, den Tourismus anzukurbeln und ihrer Heimat ein neues Image zu verleihen. Bereits das erste Folklorefestival war ein voller Erfolg, und sämtliche Assoziationen Cosquíns mit Tuberkulose sind heute nicht mehr als verstaubte Erinnerungen.

Die argentinische Folklore entwickelte sich seit der Kolonialzeit aus verschiedenen Elementen der spanischen Volksmusik und besteht aus drei Hauptzweigen: Folklore Pampeano aus der Pamparegion, Folklore Andino aus dem Nordwesten und Chamamé aus der Provinz Corrientes, der insbesondere durch mittel- und osteuropäische Musikformen wie die Polka inspiriert wurde.

Um sich von »der typischen Musik Argentiniens«, dem Tango, abzugrenzen, wurde die Folklore als die »charakteristische Musik des Landesinneren« bezeichnet, und Cosquín war die Anlaufstelle für die bedeutendsten argentinischen Folkloremusiker wie Atahualpa Yupanqui, der 1967 den ersten Preis des Festivals gewann, Ariel Ramírez oder Jorge Cafrune. Letzterer beteiligte sich aktiv an der Organisation des Festivals, indem er landesweit nach Talenten Ausschau hielt und auf die Bühne der Kleinstadt brachte. So schafften zahlreiche bis dato unbekannte Stimmen hier ihren Durchbruch. Das wohl prominenteste Beispiel ist eine Sängerin aus Tucumán, die 1965 auf das Drängen Cafrunes in Cosquín auf der Bühne stand und später international bekannt werden sollte: Mercedes Sosa, von ihrem Publikum liebevoll »La Negra« genannt, deren sozialkritische Inhalte sich gegen Diktatur und Krieg sowie für die Rechte der unterdrückten Indigenas aussprachen. Cafrune selbst stand 1978 zum letzten Mal auf der Bühne des »Festival Nacional del Folklore«. Argentinien wurde von einem grausamen Militärregime regiert, und viele Künstler waren bereits ins Exil geflohen. Cafrunes politische Lieder, insbesondere *Zamba de mi esperanza*, wurden von den Militärs als Bedrohung angesehen und waren verboten. Als das Publikum jedoch genau dieses Lied einforderte, war Cafrunes Antwort: »Auch wenn es nicht zu dem genehmigten Repertoire gehört; wenn es mein Volk verlangt, werde ich es singen.« Oberstleutnant Carlos Enrique Villanueva, der im Konzentrationslager La Perla in der Provinz Córdoba tätig war, soll daraufhin gesagt haben, dass man Cafrune »wegschaffen« müsse, und auch López Rega, ein damaliger Minister, war dieser Ansicht: »Dieser Türke (*El Turco* war Cafrunes Spitzname) verdient es nicht, in einem Bett zu sterben. Man muss mit ihm Schluss machen, ehe seine Stimme und seine verfluchte Gitarre es mit mir tun.«

Wenige Tage nach seinem Auftritt in Cosquín machte sich Cafrune zu Ehren des Freiheitskämpfers San Martín hoch zu Ross auf den Weg von Buenos Aires in dessen Geburtsort Yapeyú in der Provinz Corrientes. In einer Nacht wurde er von einem Auto angefahren, stürzte und erlag wenig später seinen Verletzungen. Der Fahrer des Pick-ups wurde freigesprochen, offiziell wurden die Geschehnisse als Unfall deklariert und zu den Akten gelegt.

Mit der Rückkehr zur Demokratie wurde das Folklorefestival wieder in großem Maße abgehalten. Fernsehteams waren vor Ort und sorgten dafür, dass es immer größer und bekannter wurde. Während des neuntägigen Festivals, das jedes Jahr Ende Januar stattfindet, herrscht Ausnahmezustand in Cosquín. Die Unterkünfte sind bereits Monate zuvor ausgebucht. Neben den abendlichen Konzerten gibt es viele Kunsthandwerksmärkte, Stände mit Gerichten aus ganz Argentinien und diverse Tanzveranstaltungen. Die schönen Strände am Fluss laden in der Mittagshitze zur Siesta und Abkühlung ein, bevor es am Abend wieder auf die Piste geht. Die Liebe zur Musik sorgt dafür, dass die Straßen der Kleinstadt auch nach dem Festival nicht in einen apathischen Schlaf fallen. Im Gegenteil, kleinere Folklorefeste werden das ganze Jahr über veranstaltet, und die urigen Kneipen laden regelmäßig zu fröhlichen *peña*-Abenden ein, wo zu traditioneller Gitarrenmusik getanzt und gesungen wird. Dass man in Cosquín gerne feiert, beweist auch das Open-Air-Rockfestival, das seit 2001 jedes Jahr im Spätsommer Tausende Fans aus dem ganzen Land anzieht und nationale wie internationale Größen auf die Bühne bringt.

28. Grund

Weil beim Karneval Ausnahmezustand herrscht

Es ist Februar, Hochsommer in Buenos Aires. Schwerfällig atmet der Asphalt. Der Ventilator summt monoton vor sich hin. Aus dem Hahn tröpfelt lustlos lauwarmes Wasser.

Heute ist kein Auto auf der sonst viel befahrenen Avenida Independencia unterwegs, Teile der Straße wurden für den Verkehr gesperrt. In den frühen Abendstunden erfüllen die ersten Trommelschläge die Straßen. Mit Trommeln und Trillerpfeifen stimmt man sich auf lange, schlaflose Nächte ein. Hitze hin oder her, die fünfte Jahreszeit muss gebührend gefeiert werden, schließlich hat man sich in den letzten Monaten die Finger wundgenäht, um die Nacht mit funkelnden Pailletten zu erhellen.

Karneval wird in Argentinien ausgelassen gefeiert und blickt auf eine lange Tradition zurück. Die Darbietungen sind in jeder Provinz unterschiedlich. Charakteristisch für den rioplatensischen Karneval sind die *murgas*, eine Mischung aus Musik, Tanz und Theater. Der Begriff *murga* bezieht sich in Buenos Aires nicht nur auf die Tänzer, Sänger und Trommler, sondern auf den Karneval allgemein. Sein Ursprung ist nicht ganz klar. Es wird vermutet, dass einige Elemente von der aus dem spanischen Cádiz stammenden *chirigota*, die mit den Einwanderern ihren Weg nach Argentinien fand, übernommen wurden und sich mit afrouruguayischer und afroargentinischer Musik mischten. Jede *murga*-Gruppierung trägt stolz ihre selbst entworfenen farbenfrohen Kostüme zur Schau, die aus Seidenfrack, Hut und Handschuhen bestehen. Einige haben zudem ein eigenes Maskottchen. Neben gesellschaftskritischen Gesangsdarbietungen und ausdrucksstarken Tänzen bekommt das Publikum satirische Theaterinszenierungen zu sehen. Denn auch bei der *murga* geht es politisch zu. War der Karneval während der letzten Militärdiktatur (1976–83) verboten, wird heute kein Blatt vor den Mund genommen. Die *murgueros* betrachten sich als die »Stimme des Volkes«.

Die Zuschauer sind nicht verkleidet und liefern sich hinter der Absperrung ausgelassen eine Schaumschlacht mit Spraydosen. Trockenen Fußes kommt hier keiner nach Hause.

230 Kilometer nördlich von Buenos Aires platzt das sonst so verschlafene Städtchen Gualeguaychú, die »Hauptstadt des Karnevals«, aus allen Nähten. Die Hotels sind bereits Monate im Voraus ausgebucht. Heiße Rhythmen, euphorischer Hüftschwung, viel nackte Haut und knallbunte, mit Federn bestickte Kostüme locken jedes Jahr rund 38.000 Zuschauer in den *Corsódromo*, eine eigens errichtete Festarena, in der verschiedene Karnevalsgruppen über den roten Teppich tanzen. Einer der Höhepunkte ist die Wahl des besten Vereins und der *reina*, der Karnevalskönigin. Anfang März ist es schlagartig vorbei mit Glanz und Glamour. Das argentinische Rio de Janeiro erwacht erst zehn Monate später wieder aus seinem Dornröschenschlaf, mit neuer Energie, neuen Choreografien und glitzernden Bikinis.

29. Grund

Weil argentinische Filme großartig sind

Die Argentinier dürfen wirklich stolz sein auf ihre vielseitige Filmlandschaft, die eine lange Tradition hat und ein wichtiger Bestandteil des kulturellen Lebens ist. Wenn die Filmvorführung der Brüder Lumière im Dezember 1895 in Paris als Geburtsstunde des Mediums Film betrachtet wird, kann sich Argentinien getrost als einen der Pioniere auf dem Gebiet der Kinematografie nennen. Als erster argentinischer Film gilt der dreiminütige Stummfilm *La bandera argentina* (*Die argentinische Flagge*) des französisch-argentinischen Regisseurs, Fotografen und Kameramanns Eugène Py aus dem Jahr 1897. Tatsächlich aber wurden bereits im November 1896 drei Kurzfilme von Federico Figner mit Aufnahmen der Avenida de Mayo, der Plaza de Mayo und des Stadtteils Palermo gezeigt. Die argentinische Flagge, die in Pys Film drei Minuten lang im Wind weht, ist jedoch *das* Symbol nationaler Einheit schlechthin und hat dadurch den Titel »erster argentinischer Film« mehr als verdient, darüber ist man sich in Argentinien weitgehend einig.

Inspiriert von diesen Kurzfilmen, begannen bald viele Künstler mit dem neuen Medium zu experimentieren, und spätestens mit der Eröffnung der ersten Kinos 1901 sowie der erfolgreichen Premiere von *Nobleza Gaucha*, der auf dem Nationalepos *El Gaucho Martín Fierro* basiert, war das Medium Film aus der Kulturlandschaft Argentiniens nicht mehr wegzudenken. Die ersten Filme griffen vor allem Thematiken aus der Geschichte des Landes und der Literatur auf. Ab den 1930er-Jahren wurde das Kino um Tonfilme bereichert. In den 50er-Jahren gehörte Argentinien mit einer Produktion von über 40 Filmen pro Jahr weltweit zu den führenden Filmindustrien. Inhaltlich deckten sie von sarkastischen Komödien bis hin zu sozialkritischen Dramen und politischen Themen alles ab. Ein besonderes Sternchen auf den Leinwänden des Landes und eine der erfolgreichsten Schauspielerinnen jener Zeit war die 1927 geborene Rosa María Juana Martínez Suárez, die unter dem Künstlernamen Mirtha Legrand bekannt geworden ist.

Nach einem Einbruch in den 60er-Jahren und insbesondere während der Zeit der letzten Militärdiktatur erwachte die Filmwelt ab Mitte der 80er-Jahre wieder zu neuem Leben. Viele argentinische Filme wurden seither für den Oscar für den besten fremdsprachigen Film nominiert, zwei haben ihn bekommen: *La historia oficial* (*Die offizielle Geschichte*, siehe dazu Grund 13) aus dem Jahr 1985 und der spannend-romantische Kriminalfilm *El secreto de sus ojos* (*In ihren Augen*) aus dem Jahr 2009. Die Hauptrolle des pensionierten Gerichtsbeamten Benjamín Esposito übernimmt einer der aktuell wichtigsten und beliebtesten Schauspieler des Landes, Ricardo Darín. Ihn müssen Sie mögen, wenn Sie sich zeitgenössische Filme aus Argentinien zu Gemüte führen möchten, denn der Schauspieler ist in jedem zweiten Streifen zu sehen. Sein großer Durchbruch gelang ihm im Jahr 2000 mit einer der Hauptrollen in der grandiosen Gangsterkomödie *Nueve Reinas* (*Nine Queens*). Dass er hervorragend fluchen kann, so wie es sich für einen waschechten Argentinier gehört, beweist er in der Komödie *Un cuento chino* (*Chinese zum Mitnehmen*). In dem auch in Deutschland erfolgreichen Episodenfilm *Relatos Salvajes* (*Wild Tales – jeder dreht mal durch*) von Damián Szifron spielt er einen gestressten Sprengmeister, der das in die Realität umsetzt, wovon jeder Argentinier mindestens einmal am Tag träumt. Was das ist, verrate ich nicht. Schauen Sie sich den Film an, die ein oder andere Lachträne werden Sie sich nicht verkneifen können.

Sich vor einer Argentinienreise ein paar argentinische Filme anzuschauen, ist mit Sicherheit eine gute und unterhaltsame Basis, um ein paar Einblicke in Kultur, Geschichte, Politik, Traditionen und Denkweisen des Landes zu erhalten.

Historias Mínimas (*Intimate Stories*) entführt Sie auf verlassenen Landstraßen ins patagonische Hinterland, *Un lugar en el mundo* zu den schroffen Hügeln und den Grasebenen der Provinz San Luis, bei

Boca Juniors 3D, the movie erleben Sie den ganz normalen Wahnsinn eines argentinischen Fußballspiels, bei *Esperando la carroza* (*Warten auf den Leichenwagen*) den einer ganz normalen argentinischen Großfamilie und bei *El Clan* den einer real existierenden kriminellen Familie, die ihren Lebensunterhalt mit Entführungen verdient.

Die Militärdiktatur ist Thema sehr vieler und sehr guter Filme. Zwei Meisterwerke, die sich mit dieser Thematik beschäftigen und tief unter die Haut gehen, sind der 1986 erschienene Spielfilm *La noche de los lápices* (*Die Nacht der Bleistifte*) und *Junta – Garage Olimpo* aus dem Jahr 1999. Ebenfalls schwer verdaulich ist der Dokumentarfilm *Memoria del saqueo* (*Chronik einer Plünderung*), der sich mit der Staatskrise von 2001 auseinandersetzt.

Die Liste an sehenswerten Filmen ist geradezu unendlich lang, und ich kann nicht allen Filmen gerecht werden, denn dann müsste dieses Buch *333 argentinische Filme, die Sie lieben werden* heißen. Egal für welchen Film Sie sich entscheiden, ein argentinischer Film, das ist immer ganz großes Kino. Wenn Sie sich nun fragen, was das Besondere oder Beste an argentinischen Filmen ist: Sie sind so was von authentisch argentinisch, argentinischer geht es kaum!

30. Grund

Weil jeder ein Künstler ist und sein darf

Wer Literatur, Soziologie, Geschichte oder andere geisteswissenschaftliche Fächer studiert, wird in Argentinien nicht mit runzelnder Stirn gefragt, was man damit später einmal macht. Vielmehr erntet man ein zustimmendes Kopfnicken und wird in eine Diskussion über Weber, Hegel oder Foucault verwickelt – egal ob im Taxi, an der Bushaltestelle, an der Universität oder im Café. Die Worte meines Dozenten in Deutschland, die er uns kurz vor dem Auslandssemester mit auf den Weg gab, brachten es auf den Punkt: »Wer nach Argentinien geht, der muss seinen Marx gut kennen.«

Kultur und Kunst haben einen hohen Stellenwert in Argentinien und sind kein exklusives Gut, sondern ein wichtiger Teil des öffentlichen Lebens. Viele kulturelle Veranstaltungen sind kostenfrei, sie sollen für jeden zugänglich sein.

Inspiration für kreatives Schaffen muss man nicht lange suchen, sie schleicht neugierig durch die Straßen wie ein streunender Hund. Wenn ich eine Schreibblockade habe, muss ich nur meine Wohnung verlassen und eine Runde um den Block gehen, schon wird mein Kopf überflutet von Ideen. So gesehen ist Buenos Aires ein riesiges Freilandmuseum, wo sich jeder nach Lust und Laune austoben kann. Im unscheinbaren Straßencafé kritzelt ein schweigsamer Mann die Poesie der Zukunft auf eine Papierserviette, in der U-Bahn sammelt der Gitarrist in seinem Hut Pesoscheine, nachdem er ein paar Rockklassiker zum Besten gegeben hat, eine Frau kniet mit ihrer Kamera vor einer Pfütze, um die Spiegelungen einzufangen. Auf der Plaza Dorrego im Stadtteil San Telmo trifft sich eine Handvoll Trommler zur Jam-Session, in den Bosques de Palermo setzen Performance-Künstler eine Idee in die Wirklichkeit um, im Amphitheater des Parque Centenario tanzt die Ballettgruppe des Theaters San Martín in den Sonnenuntergang. Und auf der Hauswand an der Ecke Juan B. Justo und Nicaragua fletscht ein riesiger Eisbär seine Zähne.

Street Art ist in Buenos Aires allgegenwärtig. Den tristen Betonmauern durch fröhliche Farben Leben einzuhauchen ist eines der Ziele der vielen nationalen und internationalen Künstler, die sich hier verewigt haben. Andere Murals tragen eine politische Botschaft nach außen, wieder andere erzählen ein Kapitel argentinischer Geschichte. In Buenos Aires ist das Bemalen von Wänden erlaubt, sofern der Besitzer damit einverstanden ist. Oft werden die Künstler sogar von den Hauseigentümern persönlich damit beauftragt, die schmucklosen Fassaden mit fantasievollen Kunstwerken zu verzieren. Dadurch ist diese urbane Kunstform nichts, was schnell und heimlich im Dunkeln entsteht, sondern eine anerkannte Art, etwas im öffentlichen Raum zu schaffen und Kunst für jeden zugänglich zu machen. Und das wird freudig angenommen. Mit etwas Glück kann man bei einem Spaziergang durch die verschiedenen Stadtviertel den Künstlern bei ihrer Arbeit zusehen und vielleicht den einen oder anderen Mate mit ihnen trinken. Wer etwas mehr über die Entstehung der Straßenkunstwerke erfahren möchte, sollte sich einem geführten Street-Art-Rundgang anschließen. Dort erfährt man viel über diese Technik, aber auch über die argentinische Geschichte und ihr Verhältnis zur Straßenkunst, und nach der Tour wird man in der Lage sein, einige Kunstwerke dem jeweiligen Künstler zuordnen zu können.

31. Grund

Weil man einmal bei einem argentinischen Fußballspiel gewesen sein muss

Die Ticketschalter öffnen drei Stunden vor dem Spiel. Ein Polizist winkt uns durch die Absperrung hindurch, ohne unsere Taschen zu kontrollieren, die Schlange am Schalter besteht aus etwa zehn Menschen. Platea oder popular? Popular, Stehplatz, wir wollen hüpfen!

Bei größeren Fußballvereinen ist es nicht so einfach, an Tickets zu kommen. Offiziell verkaufen viele die Eintrittskarten nur an Mitglieder. Wer sich ein Spiel in der Bombonera, der blau-gelben Pralinenschachtel der Boca Juniors, ansehen will, muss seine Tickets auf dem Schwarzmarkt kaufen – oder bei einer Reiseagentur, die diese wiederum vom Schwarzmarkt hat – und dabei mehr als zwei korrupte Augen zudrücken. Beim berühmten *superclásico* Boca Juniors gegen River Plate wird man gut und gerne mehrere Hundert Euro für den Eintritt los.

Wir entscheiden uns an diesem sonnigen Herbstsonntag für ein kleines Stadion mit langer Tradition, das der Argentinos Juniors im

Stadtteil La Paternal. »Da erlebst du einen fast ausgestorbenen Urtyp des Fußballs. Fußball in einer (fast) reinen Form, mit dem Stolz und der Hingabe der Fans, für die der Verein auch ihr Stadtviertel repräsentiert.« Das war der Rat des argentinischen Schwiegerpapas in spe. Er selbst ist Fan von Atlético Independiente, sein Sohn ebenfalls, denn Anhängerschaft wird in Argentinien von Generation zu Generation weitergegeben. Brennt der Vater für Club X, so hat es ihm der Sohn gleichzutun, andernfalls könnte das tiefe Narben im Vater-Sohn-Verhältnis hinterlassen.

Ich bin seinem Rat gefolgt und stehe vor dem Stadion mit dem Namen »Diego Armando Maradona«. Bis zum Spielbeginn müssen aber noch drei Stunden überbrückt werden. Wir kaufen ein kaltes Getränk im nächsten Kiosk und trinken es an einem der Tische auf dem Gehsteig, wo die »Folklore vor dem Spiel« bereits in vollem Gange ist. Eine paar Fans diskutieren über den möglichen Ausgang des Spiels, warum das letzte Tor hätte besser sein können und ob der Trainer bleiben soll oder nicht. Dann wird es politisch. Es ist Wahljahr in Argentinien, die Stimmung allgemein angespannt. Die Worte, die dabei fallen, sind nichts für empfindsame Ohren. »Dieser Hurensohn von Präsidentenarschloch wird nicht wiedergewählt. Wir werden zurückkommen, du wirst schon sehen!«, schreit der Kirchnerista dem Macrista wütend ins Gesicht. Andere Schimpfwörter, die an dieser Stelle gefallen sind, erspare ich Ihnen. »Hurensohn« war dagegen eine Nettigkeit.

Ein Mann möchte ein Bier im Kiosk kaufen. »Gibt es heute nicht. Spiel. Zu viel Polizei«, brummt der Verkäufer lustlos vor sich hin. Wenig später öffnet das Stadion seine Tore, die Luft ist geschwängert vom Geruch der *chorizo*-Würste, die auf kleinen Grills vor sich hin brutzeln. Nach Spielbeginn wird er abgelöst durch Schweiß und Marihuana.

Die *barras* sind bereits vor Ort, hängen Fahnen auf und platzieren die Trommeln für den baldigen Einsatz.

Die einen betrachten die *barras bravas*, die es in fast jedem Fußballverein gibt, zumindest in der *primera* (Erste Liga), lediglich als *hinchas* (Fans), die den Ton im Stadion angeben und die Stimmung einheizen. Die anderen bezeichnen sie als gewaltbereite Kriminelle, die Geld waschen, Drogen verkaufen und wichtige Entscheidungen innerhalb der Clubs treffen. Die Wahrheit liegt wahrscheinlich irgendwo dazwischen. Während die Ultras in Europa häufig die Opposition zur Vereinsführung bilden, sind die *barras* Teil derselben. »Es ist unmöglich, Präsident eines Clubs zu sein, ohne eine Beziehung zu den *barras* zu haben«, so der argentinische Sportjournalist Gustavo Grabia.

Die *barras* garantieren die typisch ausgelassene Stimmung und die Sicherheit in den Stadien, im Gegenzug bekommen sie Geld und Tickets für den florierenden Schwarzmarkt. Wenn es ums Geld geht, zeigt sich schnell, wer hier das Sagen hat. Ein Beispiel dafür ist Javier Cantero, der ehemalige Präsident von Independiente, der 2014 regelrecht aus dem Club geprügelt wurde, weil er sich geweigert hatte zu zahlen.

Die bekannteste *barra brava*, die auch international immer wieder für Negativschlagzeilen sorgt, ist wahrscheinlich die *Doce* von Boca Juniors. Ihr ehemaliger Anführer Rafael Di Zeo sagte einmal in einem Interview: »Wenn Gewalt eine Schule ist, dann ist die *Doce* ein Promotionsstudiengang.« Tatsächlich gibt die *Doce* internationalen Ultras und Hooligans »Nachhilfestunden«, in denen diese das Mafiahandwerk von der Pike auf lernen. Der gesamte »Kurs«, in welchem man unter anderem etwas über Erpressung, illegales Merchandising, Drogenhandel und andere Geschäfte erfährt, kostet 5000 Euro. Anstelle eines Zertifikats erhält man nach erfolgreichem Abschluss eine Gratis-CD mit den Liedern, die regelmäßig die maroden Wände der Bombonera beschallen. Nachdem River Plate bei einem Spiel 1994 das 2:0 gegen Boca erzielte, wurden zwei River-Fans tot aufgefunden. Der Kommentar der *Doce*-Mitglieder: »Wir haben den Ausgleich geschafft.« Auch das ist die *barra brava*.

So grausam geht es nun nicht immer zu, aber Fußball in Argentinien ist definitiv nicht mit europäischen Maßstäben zu vergleichen.

Der Sport hat hierzulande einen ganz anderen Stellenwert. An der Frage, zu welchem Club man gehört, können Freundschaften zerbrechen. Ein Taxifahrer, der Boca-Fan ist, würde niemals einen River-Fan zu deren Stadion fahren. Das ist eine Prinzipiensache. Als Deutschland beim Endspiel der Weltmeisterschaft 2014 gegen Argentinien gewann, wurden die Scheiben einer Bar, deren Besitzer Deutscher ist, eingeschlagen.

Einer meiner argentinischen Freunde richtet seine gesamte Lebensplanung nach den Terminen der Boca-Spiele aus. Verliert seine Mannschaft, ist tagelang nichts mit ihm anzufangen. Zweimal bereits ging ein Großteil seines Ersparten für eine Reise nach Tokio drauf, nur um Boca dort anzufeuern und sich direkt nach dem Spiel wieder in den Flieger nach Buenos Aires zu setzen.

Wenn die Fans in der Bombonera zu hüpfen beginnen, fühlt es sich in meiner zwei Kilometer entfernten Wohnung nach einem Erdbeben an. Der Heizungsbauer fragt mich noch auf der Türschwelle, von welchem Club ich Fan bin. Da meine Interessen nicht mit seinen kollidieren, macht er sich schließlich an die Arbeit, nicht ohne mir vorher stolz die hellblau-weißen Tätowierungen auf seinen Oberarmen zu zeigen, eine Hommage an seinen Club, seine Liebe, seine Leidenschaft: Atlético Tucumán.

Aufgrund der Vielzahl an Ausschreitungen dürfen seit ein paar Jahren keine Gästefans mehr in die Stadien. Die Spiele sind dadurch wesentlich ruhiger geworden, haben an Vielseitigkeit verloren und die Hälfte der Stimmung eingebüßt. Die *cantos*, die Gesänge, sind einseitig geworden, früher waren sie eine Art Rede-Antwort-Spiel zwischen den Fans der beiden Mannschaften. Das stört mich aber an besagtem Sonntagnachmittag im Herbst nicht sonderlich, denn die Stimmung ist trotzdem grandios. Bevor die Spieler das Feld betreten, singen sich die Fans mit dem »Sommerhit« der letzten Jahre warm: »Mauricio Macri, die Hure, die dich zur Welt brachte.«

Als das Spiel beginnt, sind sie nicht mehr zu halten. Mit lauten Trommelschlägen stimmen die *barras* die verschiedensten Lieder an, die Fans schreien sich die Seele aus dem Leib und hüpfen 90 Minuten lang nonstop. Fast. Als der Schiedsrichter (»dieser Hurensohn«) die Rote Karte zückt und ein Spieler fluchend das Spielfeld verlassen muss, ist mit dem Auf-und-ab-Springen, welches das ganze Stadion zum Erschüttern bringt, erst einmal Schluss. Die Fans werfen wütend ihre Hände in die Höhe. Der Regen aus Vulgärausdrücken in einer wilden Mischung aus Spanisch, Italienisch und dem Río-de-la-Plata-Slang *lunfardo*, der nun über den Schiedsrichter hereinbricht, ist bombastisch. Wo ich auch hinschaue, blicke ich in wutentbrannte Gesichter, und bereits die Jüngsten werfen mit kreativen Kraftausdrücken um sich, die sich jeglichen Übersetzungsversuchen entziehen.

Die Schreie verstummen abrupt, als ein Spieler der gegnerischen Mannschaft beinahe ein Tor erzielt. Von einem Moment auf den anderen scheint das gesamte Stadion die Luft anzuhalten. Der Torwart hält den Ball, und die *barras* stimmen ein altbekanntes Lied an: »¡Vamos bicho! Heute müssen wir gewinnen …«

Trotz leidenschaftlicher Hingabe will auch in der zweiten Halbzeit kein Tor fallen, das Spiel endet mit einem tristen 0:0. Die alles übertönenden »gooool«-Schreie (Tooooor) bleiben aus. Einige Fans verlassen das Stadion wütend, andere geknickt. Man verabschiedet sich sang- und klanglos bis zum nächsten Spiel, wo man sich mit neu gefundener Energie drei Stunden vor Spielbeginn am Kiosk trifft, um bei Cola und Zigaretten die Fehlentscheidungen der Hurensöhne des Landes – Politiker und Schiedsrichter – zu erörtern.

5. Kapitel

Gaumenfreuden

32. Grund

Weil jedes Lebensmittel ein Fest wert ist

Dass jeder Tag ein Grund zum Feiern ist, weiß man in Argentinien. Man feiert immer und überall. Deswegen rühmt sich auch fast jeder Ort mit einer eigenen *Fiesta nacional de ...*. Wirft man einen Blick auf den Jahreskalender der Feierlichkeiten, fällt auf, dass viele Feste Lebensmitteln, die in dem jeweiligen Gebiet angebaut werden, oder regionalen Spezialitäten gewidmet sind. Die Idee einer kulinarischen Reise durch das Land drängt sich förmlich auf.

Hier ein Vorschlag, wie Sie sich innerhalb eines Jahres durch Argentinien essen und nebenbei in die argentinische Kultur abseits der Touristenrouten eintauchen können. Nageln Sie mich aber bitte nicht auf die Monate fest. Diese können jedes Jahr leicht abweichen. Informieren Sie sich am besten vor Ort, wann genau die einzelnen Feste veranstaltet werden.

Das neue Jahr wird in Malargüe in der Provinz Mendoza traditionell mit einem *asado a la cruz* begrüßt. Bei dem Fleisch, das in einer scheinbar endlos langen Reihe am Kreuz über offenem Feuer gegrillt wird, handelt es sich aber nicht um das in Argentinien beliebte Rind. Denn bei der *Fiesta nacional del chivo* kommt nur das für die Gegend typische Ziegenfleisch auf den Teller.

Im Februar platzt der idyllische Küstenort Camarones in der Provinz Chubut aus allen Nähten: Berufsfischer und Hobbyangler messen sich bei der *Fiesta nacional del salmón*, die mit einem großen Lachsbuffet, Livemusik und der Krönung der Lachskönigin abgerundet wird.

Bereits seit 1972 wird der Sommer in Lamarque in der Provinz Río Negro mit der *Fiesta nacional del tomate y la producción* verabschiedet. Neben einem Tomatensoßen-Wettbewerb ist die traditionelle *tomatina*, die große Tomatenschlacht, einer der Höhepunkte des ausgelassenen Festes.

Bei der *Fiesta nacional de la pasta casera*, dem Fest der hausgemachten Pasta, in General Las Heras in der Provinz Buenos Aires werden im April die italienischen Wurzeln der Argentinier zur Schau gestellt.

Es mag vielleicht überraschend klingen, aber auch in Argentinien werden Kiwis angebaut. Zu Ehren der Frucht wird im Mai die *Fiesta nacional del kiwi* in General Juan Madariaga in der Provinz Buenos Aires zelebriert.

Die kalte Winterzeit ist auch hierzulande Kürbiszeit. Zu Gitarrenklängen und Folkloretänzen können bei der *Fiesta nacional del zapallo* in Ceres in der Provinz Santa Fe verschiedenste Kürbisgerichte verköstigt werden.

Hauptsächlich ist der von deutschen Einwanderern gegründete Ort Villa General Belgrano in der Provinz Córdoba bekannt für das jährlich stattfindende Oktoberfest. Im Juli wird in den nach bayerischem Vorbild errichteten Fachwerkhäusern allerdings Schokolade statt Bier serviert, bei der *Fiesta nacional del chocolate alpino*.

Bei der *Fiesta nacional de la pachamama de los pueblos andinos* in San Antonio de los Cobres in der Provinz Salta steht zwar kein spezielles Lebensmittel im Vordergrund, dafür wird die »Mutter Erde«, die uns mit Nahrung versorgt, gebührend und lebhaft gefeiert. Da das kleine Andendorf in einem Hochtal auf fast 3.800 Metern liegt, sollten Sie sich vor der *fiesta* einige Ruhetage zur Akklimatisation gönnen.

Die leckersten *empanadas* (gefüllte Teigtaschen) kommen aus dem Nordosten des Landes. Deswegen besucht man im September am besten die *Fiesta nacional de la empanada* in Famaillá in der Provinz Tucumán.

Argentinien ist einer der größten Soja-Exporteure weltweit. Klar, dass der Sojabohne auch ein eigenes Fest gebührt. Die *Fiesta nacional de la soja* findet im Oktober in Arequito in der Provinz Santa Fe statt.

Die Königin der *Fiesta nacional del ajo* muss sich keine Sorgen machen, von einem Vampir gebissen zu werden. Im November dreht sich in dem kleinen Ort Médanos in der Provinz Buenos Aires für drei Tage lang alles um die Wunderknolle, frei nach dem Motto »kein Gericht ohne Knoblauch«.

Argentinisch-opulent neigt sich das Jahr dem Ende zu bei der *Fiesta nacional del omelette gigante* in Pigüe, ebenfalls in der Provinz Buenos Aires: Zahlreiche Köche stellen ihr Können unter Beweis, indem sie rund 20.000 Eier in einer überdimensionalen Pfanne zu einem riesigen Omelette verarbeiten.

Na dann: *¡Buen provecho!* – Guten Appetit!

33. Grund

Weil nichts so süß den Magen verklebt wie dulce de leche

Milch, Zucker, Vanille, das reicht oft aus, um einem Argentinier ein genussvolles Lächeln ins Gesicht zu zaubern. Diesen Zutaten hat er bereits zu Milchzahnzeiten die ewige Treue geschworen. Was wäre Argentinien ohne *dulce de leche*, diese unglaublich süße Karamellcreme, die in keinem Haushalt fehlen darf und dafür sorgt, dass argentinische Zahnärzte niemals arbeitslos werden?

Dulce de leche gehört genauso auf das Frühstücksbrot wie als Nachspeise zu Pfannkuchen, Obst oder landestypischem Flan. An warmen Sommertagen sorgt es in Form von Eis für eine hervorragende Abkühlung. Den inoffiziellen Herzenstitel »beliebteste Eissorte des Jahres« macht *dulce de leche* so schnell keine andere Eissorte streitig.

Außerdem ist die Süßspeise einer der Hauptbestandteile von Keksen, Torten und anderen Backwaren wie *alfajores*. Dieses zuckersüße Gebäck fand mit den spanischen Konquistadoren seinen Weg von Andalusien über den Atlantik und hat sich in Lateinamerika schnell großer Beliebtheit erfreut. Die ersten großen lokalen Hersteller in Argentinien waren die Marken Havanna und Balcarce.

Während man in meiner Jugendzeit in Deutschland Stellung dazu beziehen musste, ob man nun Fan von Die Toten Hosen oder Die Ärzte war (beides ging nicht), stellte sich in Argentinien die Frage: Havanna oder Balcarce? Egal, wie man sich entscheidet, das Mürbeteiggebäck darf zum Mate oder Kaffee nicht fehlen, und obwohl es *alfajores* auch mit Schokoladen- und anderen Füllungen gibt, schwören die Argentinier doch auf die einzig wahre Füllung: *dulce de leche.*

Zu feierlichen Anlässen darf es auch gerne mal ein bisschen mehr von der klebrigen Karamellcreme sein (siehe hierzu Grund 38): Nach dem eigentlichen Dessert gibt es eine Brownie-Schokoladen-Torte, die außer Baiser noch mindestens fünf Schichten *dulce de leche* zu bieten hat. Wer in rauen Mengen davon gekostet hat, darf sich zufrieden über den Bauch streichen und sagen »me empalagué«. *Empalagar* heißt so viel wie »so süß, dass es schon widerlich ist«. Wenn Magen und Zähne also ausreichend verklebt sind, dann, aber wirklich nur dann, ist Schluss. Zumindest bis zum nächsten Tag.

Dulce de leche ist in ganz Süd- und Mittelamerika verbreitet, der Ursprung ist nicht klar. Zumindest nicht für die anderen Länder, die Argentinier wissen ganz genau, dass niemand anderes als sie selbst zur Erfindung einer solch himmlischen Rezeptur imstande wäre.

Unter den Ausstellungsstücken des Museo Histórico Nacional in Buenos Aires (Defensa-Straße 1600) befindet sich ein Dokument aus dem Jahr 1829, das die Geburtsstunde der Karamellcreme in Argentinien angeblich beweist. Demnach soll eine Dienerin des Politikers und späteren Diktators Juan Manuel de Rosas einen Topf mit Milch und Zucker auf der Feuerstelle vergessen haben. Nach stundenlangem Köcheln fand sie eine braune, cremige Substanz im Topf vor, die sie ihrem Hausherrn zum Matetee servierte. Die Süßspeise soll ihm so gut gemundet haben, dass er sie bei den Friedensverhandlungen mit seinem Erzfeind Juan Lavalle teilte. Ob dieser ebenso begeistert davon war oder vielleicht nur dem Zustand des *empalagado*-Seins entkommen wollte, sei dahingestellt. Fakt ist, dass beide das »Friedensabkommen von Cañuelas« unterzeichneten. *Dulce de leche* sei Dank!

Von den restlichen Ländern wird diese Geschichte als Märchen abgetan, aber das ist den Argentiniern, wie so vieles, was über sie gesagt wird, egal. Im Jahr 2003 führte das Land sogar Verhandlungen, um *dulce de leche* in die Liste des immateriellen Kulturerbes aufzunehmen. Das ließen die Uruguayer, die ebenfalls das Originalrezept für sich beanspruchen, aber nicht auf sich sitzen. Sie erhoben Einspruch, und die UNESCO legte die Verhandlungen auf Eis. So ist bis heute alles beim Alten geblieben. Egal, in welches lateinamerikanische Land Sie reisen und welche Namensvariationen der Karamellcreme Sie dort vorfinden, es wird auf jeden Fall eine Reise zum ursprünglichsten aller *dulce de leches* sein.

34. Grund

Weil es ein Wort für »nach dem Essen sitzen bleiben und den Bauch halten« gibt

Das Wort »Verdauungsspaziergang« hat an der argentinischen Tafelrunde nichts verloren. Wenn nach einem stundenlangen *asado* und zwei bis drei Nachspeisen der Bauch so sehr spannt und gegen die Kleidung drückt, dass es unangenehm ist, dann ist die Zeit reif für *sobremesa*. Das bedeutet im Prinzip nur, am Tisch sitzen zu bleiben und sich bei Kaffee, Mate oder Likör zu unterhalten.

Die *sobremesa* kann eine halbe Stunde dauern oder einen halben Tag. Wenn man ausreichend verdaut hat, kann sie durchaus schweigend in die nächste Mahlzeit übergehen. Die einzige (ungeschriebene) Regel, die dabei eingehalten werden muss, ist, sich so wenig wie möglich zu bewegen. Manchmal wird die *sobremesa* genutzt, um ernste Themen zu besprechen oder seinen Sorgen und Problemen freien Lauf zu lassen, die, einmal in der Runde ausgesprochen, doch gar nicht mehr so schlimm erscheinen. Unmittelbar nach dem üppigen Essen befindet man sich jedoch meist in einem tranceähnlichen Zustand, sodass die Themenspanne selten über das Wetter oder das letzte Fußballspiel hinausgeht. Auch diese legere Art der Konversation nach dem Essen hat einen eigenen Namen: die *charla de sobremesa*.

Gemeinsames Essen bedeutet, sich bewusst Zeit für sich und andere zu nehmen. Die *sobremesa* ist eine Verlängerung dieses entspannten Zusammenseins. Man will es sich gut gehen lassen, und der prallgefüllte *sobremesa*-Bauch zeigt, dass man keinen Hunger leiden muss und somit schon einen wichtigen Schritt in ein glückliches, von gewissem Wohlstand geprägtes Leben getan hat. Während der *sobremesa* ist man im Hier und Jetzt. Die Dinge und Aufgaben, die man später oder morgen erledigen muss, könnten weiter weg nicht sein. Die *sobremesa* wird in ganz Argentinien zelebriert, nicht täglich, dazu ist die Zeit zu knapp. Dafür wird sie aber wenigstens am Sonntag ebenso religiös eingehalten wie die Siesta. Gerade in großen Städten wie Buenos Aires, wo die Siesta häufig zu kurz kommt, gehören die *sobremesa*-Stunden zu jenen seltenen Momenten, in denen man innehält und die Hektik des Alltags hinter sich lassen kann. Da ist es nur allzu verständlich, dass man die Zeit vergisst und das kollektive Verdauen liebend gern in die Länge zieht.

35. Grund

Weil Mate die Lösung für vieles ist

Argentinier kommen, da bin ich mir sicher, mit einer Thermoskanne in der einen und einem Matebecher in der anderen Hand zur Welt. Ein Leben ohne Mate ist in Argentinien nicht vorstellbar, es würde etwas fehlen. Matetee ist mehr als ein Getränk, er gehört zur Kultur und zum argentinischen Lebensgefühl einfach dazu.

Er blickt auf eine lange Tradition zurück und war bereits vor der europäischen Kolonisierung fester Bestandteil des Alltags im heutigen Misiones und Corrientes. Der *yerba*-Matestrauch gehört zur Gattung der Stechpalme, die in den nördlichen Provinzen entlang des Paraná Flusses wild wächst und bis zu 20 Meter hoch werden kann. Die Pflanze braucht das subtropische Klima, den Regen und die Hitze. Angeblich sollen die spanischen Konquistadoren die indigene Mbyá-Guaraní-Bevölkerung rund um den Paraná dabei beobachtet haben, wie sie tief im Urwald Blätter sammelten, welche sie über dem Feuer trockneten und daraus einen geheimnisvollen Aufguss zubereiteten, der ihnen Kraft spendete. Die Kirche ließ das seltsame Teufelsgetränk zunächst verbieten, allerdings ohne Erfolg. So waren es schließlich die Jesuiten, die sich ab Anfang des 17. Jahrhunderts in der Region niederließen, Missionsstationen bauten, um die Guaraní-Indianer zum Christentum zu bekehren, und mit der Kultivierung der Matepflanze begannen. Als die Jesuiten 1776 aus Lateinamerika vertrieben wurden, nahmen sie auch das Geheimnis des Mateanbaus mit. Lange Zeit wusste man nicht, wie man die harten Samen der Pflanze zum Keimen bringen konnte. Man gab dem Mate den Beinamen »grünes Gold der Indios«, da nur die lokale Bevölkerung wusste, wo genau die Pflanze im Urwald wächst und wie man den bitteren Aufguss zubereitet. Die Ernte war mühsam, die Mateblätter begehrt. So war die Mateherstellung lange Zeit ein exklusives Gut. Erst seit Anfang des 20. Jahrhunderts wird Mate auch industriell kultiviert.

Fritz Neumann, ein Deutscher, der 1888 nach Paraguay auswanderte, lüftete dort das Geheimnis des Matesamens. So stellte er fest, dass die Pflanzen nur dort wuchsen, wo sich eine bestimmte Vogelart aufhielt, und dass die Samen durch deren Magensäure aufgelöst wurden. Seither werden die Samen der Matepflanze vor der Aussaat einige Zeit in Wasser eingeweicht. Auch in Argentinien nahmen sich größtenteils zunächst deutsche Einwanderer der Matekultivierung an, wie etwa im Nordosten der Provinz Corrientes. Der Ortsname

Colonia Liebig lässt bereits vermuten, dass die Gründerväter keine Einheimischen waren.

Mittlerweile nehmen die Mateplantagen in Argentinien eine Fläche von fast 170.000 Hektar ein. Ein Großteil der Ernte, die zwischen Mai und Oktober stattfindet, muss auch heute noch von Hand gemacht werden und ist unter der gleißenden Sonne nach wie vor ein Kraftakt.

In argentinischen Supermärkten sind die Regale voll mit verschiedenen *yerba*-Sorten, den zerkleinerten Mateblättern. Mehr oder weniger bitter, mit zusätzlichen Kräutern, Baumrinden oder mit Orangengeschmack. Außer der *yerba* braucht man zum Matetrinken auch ein Mategefäß und eine *bombilla*, wie das Trinkrohr mit dem Sieb am unteren Ende genannt wird. Im Normalfall wird als Mategefäß ein ausgehöhlter Flaschenkürbis, die Kalebasse, verwendet, die vor der ersten Nutzung erst einmal behandelt werden muss. Dafür wird sie mit bereits verwendeter *yerba* und heißem Wasser aufgefüllt und zur Quellung ein bis zwei Tage stehen gelassen. Diese Prozedur wird ein paar Mal wiederholt, um das Gefäß vollständig von den Resten des Kürbisfleisches zu reinigen.

Die Vielfalt der Matebecher reicht von einfachen, kleinen und unförmigen bis zu kunstvoll verzierten Gefäßen. Neben dem traditionellen Flaschenkürbis gibt es auch Mate aus Holz, Horn, Metall, Porzellan oder Plastik. Die aufwendigen, edlen Varianten in Gold und Silber sind in Argentinien ein beliebtes Geschenk zu besonderen Anlässen wie zum Beispiel einer Hochzeit.

Die *mateada*, das Matetrinken, ist ein gesellschaftliches Ritual. Als solches müssen ein paar Regeln eingehalten werden: Das Wasser darf niemals kochen, es sollte zwischen 70 und 80 Grad warm sein, andernfalls wird die *yerba* zu schnell ausgelaugt (davon abgesehen, dass man sich mit kochendem Wasser auch verbrennen würde). Auf argentinischen Wasserkochern gibt es deswegen nicht selten eine spezielle Einstellung, bei der sich das Gerät selbst abschaltet, sobald das Wasser auf 80 Grad erhitzt wurde. Gekennzeichnet ist diese

Einstellung mit einem Matebechersymbol. An Tankstellen und an einigen öffentlichen Plätzen stehen Heißwasserautomaten, wo man seine Thermoskanne für ein paar Pesos mit 80 Grad heißem Wasser für die nächste Materunde füllen kann.

Die Kalebasse wird zu etwa zwei Dritteln mit *yerba* gefüllt. Steckt die *bombilla* erst einmal im Matekraut, darf man sie nicht mehr bewegen oder gar herausnehmen, denn sonst könnte das Sieb verstopfen. Nun wird das Wasser aufgegossen. Der *cebador* gibt den Mate aus. In einigen Regionen, vor allem im Nordwesten, wird der erste Schluck ausgespuckt, ein Geschenk für *Pachamama*. Wenn das Wasser in der Kalebasse ausgetrunken ist, wandert sie zum *cebador* zurück, sodass dieser sie erneut mit Wasser füllen und dem Nächsten reichen kann. Niemand würde auf die Idee kommen, den Strohhalm gegen seinen eigenen auszutauschen, jeder trinkt aus derselben *bombilla*, was bei Nicht-Argentiniern oft fragwürdige bis vor Ekel verzerrte Blicke nach sich zieht. Die Reihenfolge der Trinkenden wird strikt eingehalten. Wer keinen Mate mehr möchte, sagt einfach *gracias*.

Mate kennt keine Uhrzeiten oder Orte, man trinkt ihn morgens nach dem Aufstehen, im Büro, während der Vorlesung an der Universität, nachmittags im Park, abends nach dem Essen. Kinder werden mit einer milden Teebeutel-Variante, Zucker und Milch an ihre spätere Leidenschaft herangeführt.

In den sehr warmen Regionen entlang der paraguayischen Grenze wird der Matetee gerne als *tereré* getrunken. Anstelle des heißen Wassers wird die *yerba* mit Eiswasser aufgegossen, was bei schwülen Temperaturen von über 40 Grad für eine hervorragende Erfrischung sorgt. Manchmal wird das Wasser auch mit dem Saft von Zitrusfrüchten vermischt.

Dem »Wundertrank« Mate werden alle möglichen Eigenschaften zugesprochen. So soll er die Konzentration fördern, wach halten, Stress abbauen, gesund sein, den Appetit zügeln und die Abwehrkräfte stärken. Argentinier lieben das bittere Aufgussgetränk aber nicht nur wegen dieser Eigenschaften, sondern vor allem, weil die *mateada* ein wunderbarer gesellschaftlicher Brauch ist. Mate ist eine Einladung zur Geselligkeit, eine Art, Fremde zu integrieren und Freundschaften zu pflegen. Am schönsten ist das Matetrinken, wie ich finde, in der Natur, wenn nach einem langen Ausritt oder einer Wanderung das Wasser in der *pava*, einer traditionellen Teekanne, über dem offenen Feuer erhitzt wird.

Der Matetee ist mit dem Land und seinen Bewohnern verwurzelt, er gehört zu Argentinien wie der Gaucho oder der Tango. Um die Bedeutung des Tees offiziell zu würdigen und das Getränk als Teil der argentinischen Identität zu feiern, wurde 2015 der 30. November zum *Día nacional del mate*, dem nationalen Matetag, erklärt.

36. Grund

Weil asado mehr ist als Fleisch auf dem Grill

Zu seinem 40. Geburtstag wünscht sich Hernán nur eines: ein Kilo Fleisch pro Lebensjahr. Was in Deutschland undenkbar wäre, ist in Argentinien ganz normal. Er geht zum Metzger, was für ihn gleichbedeutend ist wie für andere ein Besuch im Shoppingcenter, und bestellt hier ein *kilito* (»Kilochen«), da ein *kilito*, bis er 40 Kilogramm unterschiedlicher Sorten und Schnitte beisammen hat. Dann natürlich noch die obligatorischen, vor Fett triefenden *chorizo*-Grillwürste und andere »Leckereien« wie *molleja* (Bries), *morcilla* (Blutwurst) und *chinchulín* (Dünndarm). Dazu kauft er ein bisschen Brot. Hauptsächlich für die Kinder, versteht sich, die das Fleisch gern zwischen zwei Scheiben Weißbrot stecken. Das kommt für Hernán natürlich nicht infrage, denn von Brot wird man so schnell satt, dass der Fleischkonsum viel zu kurz kommen würde.

Auf seiner Einkaufsliste habe ich heimlich »Salat« hinzugefügt. »Stimmt, ein paar Blätter Grünzeug zwischendurch regen die Verdauung an, sodass man danach wieder Fleisch essen kann«, so der Argentinier. Salat bedeutet in Argentinien grüner Salat, Tomaten und Zwiebeln. Von ausgefallenen Dressings hält man nichts, man setzt auf Altbekanntes: Salz und ein Schuss Olivenöl.

Jedes *asado*, wie das Grillen in Argentinien genannt wird, gleicht einem kleinen Fest, egal ob mit der Familie oder mit Freunden. Und dabei darf man sich ruhig jede Menge Zeit lassen. Es geht schließlich um Geselligkeit und um Genuss.

Eingeladen sind circa 40 Fleischesser und zehn Kinder. Die zählen aber nicht, weil sie kaum etwas essen. Pro Kopf wird also, wie üblich beim *asado*, ein knappes Kilogramm Fleisch kalkuliert. Dazu hat Hernán drei kleine Salatköpfe und ein paar Tomaten gekauft. Wir tragen die Ausbeute zur *parrilla*, dem Grill, und runzeln beide besorgt die Stirn. Ich, weil ich mir Sorgen mache, dass der Salat nicht reicht. Hernán, weil er mit Sicherheit zu wenig Fleisch gekauft hat. Er will ja schließlich, dass seine Geburtstagsgäste satt werden.

Um die Mittagszeit, als die ersten Gäste eintrudeln, liegen bereits ein paar *kilitos* Fleisch auf dem Grill. Das Fleisch wird lediglich mit grobkörnigem Salz bestreut, ein bisschen frischer Rosmarin ist auch erlaubt, alles andere wäre schlichtweg eine Schande. Während das Hauptgericht stundenlang vor sich hin brutzelt, begleitet vom Geräusch des herabtropfenden Fettes, werden *chorizos* und Innereien gegessen.

Die Rollenverteilung ist klar, Frauen haben an der *parrilla* nichts zu suchen. Dort stehen die Herren der Schöpfung im Halbkreis und diskutieren, ob man den Grillrost schon etwas tiefer hängen oder lieber noch warten sollte. In Argentinien wird das Fleisch nicht angeschnitten, um zu schauen, ob es fertig ist. Das hat man im Gefühl.

Mit einem lauten »Plopp« wird eine Flasche Rotwein entkorkt, denn der gehört zum *asado* wie das Fleisch. Nach dem ersten Bissen legen alle das Besteck aus der Hand. Es ist Zeit für einen lautstarken *aplauso para el asado*r. Der Beifall für den Grillmeister ist ein Teil des Rituals.

Auf Ketchup oder Grillsoßen wird bei einem echten *asado* verzichtet. *Chimichurri*, eine Soße aus verschiedenen Kräutern, Öl und Essig, wird hingegen toleriert und großzügig auf Brot und Fleisch verteilt.

In den folgenden Stunden gibt es immer wieder ein Stückchen Fleisch, dazu reichlich Wein, seltener Salat. Und während man sich den Bauch vollschlägt, werden die Probleme und Freuden des Alltags diskutiert: Racing hat das letzte Fußballspiel verloren; die Politiker treiben das Land wieder einmal in den Ruin; die Preise steigen ins Unermessliche; Marx würde sich im Grabe umdrehen, wenn er wüsste, wie es hier zugeht; vielleicht wäre es besser, nach Italien auszuwandern, wozu hat man denn einen italienischen Pass; der Psychologe sagte, die Kinder verarbeiten das Trauma ganz gut; diesen Sommer ist es aber auch wirklich schwüler als die letzten Jahre … Mmmh, das *vacío* ist Hernán hervorragend gelungen, so ein zartes Fleisch gibt es nirgendwo sonst auf der Welt. Überhaupt ist so ein *asado*-Tag Balsam für die Seele. Und nur in Argentinien gibt es das *eine* richtige *asado*. Wir haben wirklich Glück, in so einem einzigartigen Land zu leben. Und das bisschen Krise? Das haben wir bisher immer gestemmt. ¡Viva *Argentina!*

Als die letzten Gäste schwerfällig, aber sichtlich zufrieden nach Hause torkeln, haben sich 40 Kilogramm Fleisch scheinbar in Luft aufgelöst. Zwei Salatköpfe liegen unangetastet neben einer Tüte voller Brot.

37. Grund

Weil sich im Wein die argentinische Seele entfaltet

Argentinien blickt auf eine lange Weinbautradition zurück. Die ersten Rebsorten wurden bereits im 16. Jahrhundert von spanischen Konquistadoren angebaut, die sie aus ihrer Heimat mitbrachten.

Populär und massentauglich wurde der (Tisch-) Wein vor allem durch die italienischen und spanischen Einwanderer, für die ein guter Tropfen zu einem guten Essen dazugehörte. Die für Argentinien typische Rebsorte Malbec fand Mitte des 19. Jahrhunderts ihren Weg von Frankreich nach Argentinien, glücklicherweise vor der Reblaus-Epidemie in Europa. Während die Malbec-Reben in Frankreich auf reblausresistente Wurzeln gepfropft werden mussten, stehen sie in Argentinien auf ihren ursprünglichen Wurzeln. Obwohl der Malbec das Aushängeschild des argentinischen Weinbaus ist, gibt es viele weitere Rebsorten, die sich zunehmender Beliebtheit erfreuen. Unter den Rotweinen sind das etwa Cabernet Sauvignon, Merlot, Syrah, Tempranillo, Bonarda oder Pinot Noir sowie Torrontés, Sauvignon Blanc, Chardonnay und Pinot Grigio unter den Weißweinen.

Bis zum Militärputsch von 1976 lag der Pro-Kopf-Verbrauch in Argentinien bei stolzen 90 Litern Wein pro Jahr. Zu dieser hohen Zahl trug mit Sicherheit maßgeblich der *pingüino* bei (siehe Grund 41). Lange Zeit nur auf den Inlandskonsum bedacht und ständiger politischer Instabilität ausgesetzt, versäumten es die argentinischen Weinbauern, sich auf dem Weltmarkt zu etablieren, während das Nachbarland Chile schon längst Wein in zahlreiche Länder exportierte. Mittlerweile hat sich der argentinische Wein aber auch außerhalb der Landesgrenzen viele Freunde gemacht, und einige namhafte Weingüter konkurrieren auf internationalem Spitzenniveau.

Wein wird hauptsächlich entlang der Anden in den Provinzen Salta, Catamarca, La Rioja, San Juan, Mendoza und Neuquén angebaut, wobei Mendoza das größte Weinbaugebiet ist. Hier werden rund 70 Prozent der Reben angebaut. Das milde Klima und die Höhenlage fördern die Entfaltung der typischen Malbec-Aromen – Veilchen, dunkle Früchte und Pflaumen. Durch seine Tannine ist der mendozinische Rotwein sanft, weich und rund am Gaumen.

In Mendoza, der 1551 gegründeten Hauptstadt der gleichnamigen Provinz, soll Juan Cidrón den ersten Weinberg des Landes angelegt haben. Und weil die klimatischen Bedingungen in der Gegend ideal für den Weinbau sind, reihen sich die Weinberge hier mittlerweile dicht an dicht. Der Wein steht auch im Zentrum der jedes Jahr in den Sommermonaten stattfindenden *Fiesta nacional de la vendimia,* einem der größten Weinfeste weltweit. Mit einem Weinfest, wie wir es aus Deutschland kennen, hat die *vendimia* nicht viel gemein, liegt doch eher ein Hauch von Karneval à la Rio de Janeiro in der Luft. Die wichtigsten Feierlichkeiten gibt es im März zu sehen: Die *Vía Blanca* und das *Carrusel* sind riesige Festumzüge mit fantasievollen Umzugswägen, bei denen sich die Weinköniginnen aus der gesamten Provinz präsentieren. Man ehrt damit die *Virgen de la Carrodilla,* die Patronin der Weinbauern, und alle, die in der Weinindustrie beschäftigt sind. Auf der Bühne des Amphitheaters, das wunderschön zwischen den Hügeln im riesigen Parque General San Martín liegt, geben Hunderte von Musikern, Schauspielern und Tänzern ihr Können preis.

Wenn Sie auf Ihrer Reise eine Pause von den feuchtfröhlichen Feierlichkeiten benötigen, können Sie hier auch tolle Tagesausflüge in die Umgebung machen, zum Beispiel zu den schönen Thermalbädern Cacheuta, zum Stausee Potrerillos, wo allerlei Wassersportarten ausgeübt werden können, dem Uspallata-Tal, in dem aufgrund seiner landschaftlichen Ähnlichkeit zu Tibet der Film *Sieben Jahre in Tibet* gedreht wurde, oder zur farbenfrohen »Inka-Brücke«, deren Name etwas irreführend ist, da sie durch natürliche Erosion entstanden ist und nicht von den Inkas gebaut wurde. Mendoza ist außerdem Ausgangspunkt für mehrtägige Wanderungen im Aconcagua-Nationalpark, über den der gleichnamige höchste Berg Argentiniens wacht.

Aber zurück zum Wein. Heute befinden sich rund um die Stadt viele exklusive Weingüter, die zu Besichtigungstouren und Weinverkostungen einladen. Besonders beliebt ist seit einigen Jahren das Bodega-Hopping. Man fährt dann in kleinen Gruppen mit dem Fahrrad von Weingut zu Weingut und probiert edle Rot-, Rosé- und Weißweine. Je später der Tag, desto abenteuerlicher die Fahrt.

Ich frage einen Winzer nach der Besonderheit des argentinischen Weines. Er lässt seinen Blick sehnsüchtig über die Reben hinweg zu den schneebedeckten Berggipfeln schweifen, holt tief Luft und sagt leise, als spräche er zu sich selbst: »Im purpurroten, sonnenverwöhnten Malbec entfaltet Argentinien seine Seele.«

6. Kapitel

Typisch argentinisch

Skurril, schräg, liebenswert

38. Grund

Weil Mehr mehr ist und Mäßigung im Wortschatz nichts zu suchen hat

Sätze wie »Weniger ist mehr« oder »Erst die Arbeit, dann das Vergnügen« waren bei mir längst in Fleisch und Blut übergegangen, als ich nach Argentinien kam und eines Besseren belehrt wurde. Denn hier gilt: Mehr ist mehr!

Die wiederkehrenden turbulenten Zeiten zwingen sowieso dazu, einen Gang runterzufahren, warum also die guten Zeiten mit Mäßigung verschwenden?

Aus diesem Grund verschwindet meine Freundin auch vor dem donnerstäglichen Feierabendbier mit ihrem Kulturbeutel, der einem Koffer gleicht, für mindestens eine halbe Stunde ins Bad. Während sie eine zentimeterdicke Make-up-Schicht aufträgt, stellt sie sich vor, wie sie sich eines Tages ihre Brüste vergrößern und die Nase verkleinern lässt. Sicherheitshalber trägt sie ein paar Spritzer Parfüm zu viel auf, man will ja nicht durch schlechten Geruch auffallen. Zum Abschluss fährt sie mit einem knallroten Lippenstift 15-mal über ihre Lippen, damit man sie auch in der dunklen Eckkneipe auf zehn Meter Entfernung sieht. Auf dem Weg zur Bar entdeckt sie im Schaufenster einer Drogerie die Creme, die sie schon so lange sucht. Beim Kauf einer zweiten Creme derselben Marke bekommt man 30 Prozent Rabatt. Bei solch einem Angebot muss man natürlich zuschlagen. »Déme dos«, geben Sie mir zwei. Dieser Satz steht bis heute sinnbildlich für das Kaufverhalten der Argentinier. Zurückzuführen ist er auf das als *la plata dulce* (süßes Geld) bekannte Wirtschaftsmodell des Diktators Jorge Videla. Der Peso wurde während der Zeit der letzten Militärdiktatur (1976–1983) mehrmals abgewertet, da die Inflation stetig anstieg. Um trotz der Inflation ausländisches Kapital anzulocken, folgte die Abwertung einem bestimmten Schema. Dieses Schema, die sogenannte *tablita*, wurde jedoch von Spekulanten ausgenutzt, die aus dem ständigen Hin-und-her-Wechseln zwischen der lokalen Währung und dem US-Dollar große Gewinne erzielten und ihr Geld bei ausländischen Banken anlegten. Die Auslandsverschuldung stieg massiv an, das Auslandsguthaben einiger Argentinier ebenso. Die quasi über Nacht reich gewordenen Argentinier konnten sich nun teure Reisen und jegliche Konsumgüter leisten, was sie gerne prahlerisch nach außen trugen mit ebenjenen Worten, die bis heute geblieben sind: Geben Sie mir zwei. Wenn Sie diesen Satz hören, wissen Sie zweifelsfrei, dass Sie in Argentinien sind.

Das »Mehr-ist-mehr-Gesetz« dominiert nicht nur die Make-up-Dichte auf der Haut oder den allgemeinen Kaufrausch, sondern auch das Essen. Bestellt man Nudeln im Restaurant, muss man diese unter der dicken Parmesanschicht erst einmal suchen. Zudem werden sie auch leidenschaftlich gern in Soße ertränkt.

Der Hauptbestandteil einer argentinischen Pizza? Käse, Käse, Käse. So viel Käse, das kann man sich als Europäer gar nicht vorstellen. Je nach Sorte ist manchmal auch noch der Rand prall gefüllt mit Käse. Das klingt nach Kalorienbombe, ist es auch, aber das argentinische »Mehr« schmeckt wirklich köstlich! Zwei Stücke Pizza schmecken hervorragend und machen satt. Nach dem dritten oder vierten will man sich übergeben. Mehr passt nicht in einen normalen Magen. Diego Armando Maradona und sein ehemaliger Agent Guillermo Esteban Cóppola bewiesen das Gegenteil: Gemeinsam schafften sie es, 26 Stücke Pizza, also Käse mit Pizzateig, zu verspeisen. Jenen Abend wird Miguel López, einer der Besitzer der traditionellen Pizzeria »El Cuartito«, wohl nie vergessen.

Und weil Pizza ein wunderbares Gericht ist, Fleisch aber nicht zu kurz kommen darf, kommt auf den argentinischen Teller auch gern mal ein Stück *matambre a la pizza*. Dabei wird der Pizzateig durch Fleisch ersetzt, oben drauf kommen ein paar Tomatenscheiben und vor allem eines: Käse, Käse, Käse.

39. Grund

Weil manchmal auch Argentinier zugeben müssen, dass man nicht nur im Überfluss leben kann

Dass Argentinier dem Fleisch nicht abgeneigt sind, ist bekannt, ein Klischee, das sich immer wieder bewahrheitet. In Rumi Punco, einem 2000-Seelen-Dorf im Süden von Tucumán, wurden die gesellige Fleischeslust und das Leben im Überfluss auf die Spitze getrieben, was dazu führte, dass die traditionellen Geschlechterrollen infrage gestellt und vertauscht wurden.

Was klingt wie eine Erzählung des argentinischen humoristischen Schriftstellers Roberto Fontanarrosa, ereignete sich tatsächlich so und machte vor ein paar Jahren in den Medien die Runde.

Ende 2015 sind 32 Männer aus dem Dorf für mehrmonatige Renovierungsarbeiten eingesetzt worden. Die Männer arbeiteten acht Stunden am Tag, von Montag bis Freitag, und bekamen jeden zweiten Freitag ihren Lohn. Die Tatsache, dass dieser ausgerechnet am Freitag ausgezahlt wurde, hatte weitreichende Konsequenzen. Denn die harte Arbeit verlangte nach einer gebührenden Auszeit. »Die Männer in unserem Dorf sind vergnügungssüchtig, und deswegen begannen sie ihren Arbeitstag am Freitag bereits um 6 Uhr morgens und hatten ab 14 Uhr Feierabend«, so der Gemeindevorsitzende.

Um das Wochenende zu begrüßen, feierten die Männer jede Woche die *Fiesta de los viernes*, das Freitagsfest. Typisch argentinisch ging es zu, mit Bergen von Fleisch auf der *parrilla* und massenweise Bier und Fernet mit Cola, dem Partygetränk der Argentinier (über Geschmäcker lässt sich ja bekanntlich streiten). Dazu spielten sie *truco* mit hohen Geldeinsätzen (siehe Grund 53), aßen und tranken mehr und mehr.

Die *fiestas* dauerten gut und gerne 12 Stunden oder länger, und wie das Fleisch auf der *parrilla*, wurde auch der Lohn verbraten. Die Männer hörten dennoch nicht auf und verschuldeten sich zunehmend. Sie erzählten anderen im Dorf, dass die Arbeitgeber den versprochenen Lohn nicht auszahlten, woran die Idylle des Dorfes zu zerbrechen drohte. Die Gemeinde fasste einen Entschluss, um diesem unkontrollierten Chaos ein sofortiges Ende zu bereiten: Der Zahltag wurde auf Dienstag verlegt, und die Gehälter durften ausschließlich von den Ehefrauen abgeholt und verwaltet werden. Diejenigen, die nicht verheiratet waren, konnten ihre Mütter, Schwestern, Tanten oder andere Familienangehörige schicken – einzige Bedingung war, dass es eine Frau sein musste. Nach anfänglichem Murren mussten schließlich auch die Männer erkennen, dass es so besser war, und fügten sich ihrem Schicksal.

Die Kommune veranstaltete jeden Mittwochmorgen eine *feria*, einen kleinen Markt, wo die Frauen ihre Wocheneinkäufe tätigen konnten. So konnte sichergestellt werden, dass die Gehälter nicht in unnötige Mengen an Fleisch und Alkohol investiert wurden. Die Frauen integrierten sich auch zunehmend in Arbeiten, die bisher nur von Männern erledigt wurden, und verdienten so zusätzlich ein eigenes Gehalt. Heute konkurrieren Männer und Frauen in Rumi Punco gleichermaßen um Arbeitsplätze – und das alles ganz ohne Gleichstellungsrat.

40. Grund

Weil Gastfreundschaft großgeschrieben wird

»Sentite como en casa«, fühl dich wie zu Hause, das ist in Argentinien kein einfach so dahergesagter Satz, sondern ernst gemeint. Die Argentinier sind extrem gastfreundlich und auch Fremden gegenüber meist offen. Der Gast wird im eigenen Haus behandelt wie ein König. Das Fundament der Gastfreundschaft ist Essen. Wird man in einer argentinischen Familie zum Essen eingeladen, muss man sich darauf einstellen, dass man sich danach nicht mehr bewegen kann und man mindestens zwei Kilo mehr auf den Rippen hat. Die Gastgeber kaufen die halbe Konditorei leer, die Metzgerei ebenfalls. Der beste Wein, den man auftreiben konnte, wird entkorkt, dann noch einer und noch einer. Angefangen wird mit einer *picada* (Häppchen), die meist aus Salami, Leberwurst, verschiedenen Käsesorten, Oliven, Erdnüssen, Chips und Brot besteht. Es folgt das Hauptgericht, das wiederum aus zwei Gängen bestehen kann, oft etwa selbst gemachte Ravioli und danach Fleisch mit Fleisch (seltene Variante: Salat als Beilage). Abgerundet wird das Mahl mit verschiedenen Nachspeisen und Kaffee oder Tee. Oder vielleicht doch noch ein Fläschchen Wein? Selbst wenn sich der Gastgeber danach eine Woche lang von Reis ernähren muss, weil die Einkäufe sein Budget gesprengt haben, es ist ihm egal. Lieber einen tollen Abend mit Freunden (oder Fremden) verbringen und sich den Bauch gebührend vollschlagen, als an falscher Stelle zu sparen, lautet die Devise. Die Herzlichkeit verlangt keine Gegeneinladung, sie ist selbstlos und ehrlich.

Gastfreundschaft erfährt man aber nicht nur, wenn man bei Argentiniern zum Essen eingeladen ist. Auch wer durch das Land reist, wird ihr begegnen. In manchen Regionen überschüttet man Fremde nicht sofort mit offenherziger Nettigkeit, man begutachtet den anderen zunächst mit skeptischem Blick. Manchmal muss man auch selbst den ersten Schritt machen, um Zeuge der argentinischen Gastfreundschaft zu werden. Ein Lächeln oder ein freundliches Wort kann das Eis schnell brechen. Und schon findet man sich an einem langen Tisch sitzend, vor Bergen von Essen, bekommt einen Schlafplatz angeboten und tanzt und singt mit nicht mehr ganz Fremden bis in die frühen Morgenstunden.

41. Grund

Weil der pingüino die Schuld gerne auf sich nimmt

Er war vom Aussterben bedroht, aber weintrinkende Tierschützer konnten ihn retten, sodass er heute wieder auf argentinischen Tischen anzutreffen ist und die Regale in Weinläden und Souvenirshops füllt: der *pingüino*, ein Gefäß aus Keramik in Form eines Pinguins, das in Argentinien der gewöhnlichen Weinkaraffe erfolgreich die Show stiehlt.

Bis Ende der 1980er-Jahre gab es in Argentinien keine spezielle Verpackungsverordnung, und der Wein wurde von Mendoza in bis zu 200 Liter umfassenden Behältern an die Abnehmer verschickt. Es muss nicht gesagt werden, dass es ein Ding der Unmöglichkeit ist, aus einem derartigen Behälter den Tischwein zu servieren. Aus diesem Grund wurde der Wein in Keramikkrüge unterschiedlichster Formen umgefüllt. Einer dieser Krüge hatte die Form eines Pinguins. Seine Herkunft ist nicht sicher nachgewiesen. Es wird jedoch vermutet, dass italienische Einwanderer den *pingüino* in den 1930er-Jahren nach Argentinien brachten und er sich aufgrund der Ähnlichkeit zum Frack der Kellner gegen die anderen Gefäße durchsetzen konnte. Seine Blütezeit erlebte der *pingüino* in den 1950er- und 60er-Jahren, wo er in Restaurants und Bars sowie in fast jedem Privathaushalt zu mehr Weingenuss verhalf. Das mit dem Weintrinken und dem *pingüino* ist nämlich so eine Sache. Die Argentinier sind sich sicher, dass das Gefäß in Tiergestalt selbst solch eine große Freude am Trinken hat, dass die Karaffe wie durch Zauberei schneller leer ist, als wenn man den Wein in der Flasche servieren würde. Für das menschliche Gewissen ist das gut, denn so kann man die Schuld für die vielen leeren Flaschen einfach auf den *pingüino* schieben, der heimlich mittrinkt.

Nach den 1960er Jahren geriet er eine Zeit lang in Vergessenheit, aber spätestens seit der Jahrtausendwende erlebte er eine Renaissance. Heute gibt es *pingüinos* in unterschiedlichen Größen, quietschbunten Farben, darunter auch eine goldene Luxusvariante, mit aufgemalter Krawatte oder Firmenlogo und der Möglichkeit einer individuellen Gravur. Bei Anhängern der Kirchner-Regierung ist der *pingüino Néstor* besonders beliebt, eine Hommage an den ehemaligen Präsidenten Néstor Kirchner, der aufgrund seiner patagonischen Herkunft »Pinguin« genannt wird.

So wie sich Pinguine treu sind und monogam leben, so bleibt auch der *pingüino* den Menschen treu, die ihn bei sich aufgenommen haben. Man liebt den *pingüino* insbesondere, weil er leidenschaftlich gern Wein aus seinem Schnabel spuckt und wie gesagt gerne selbst einmal ein Schlückchen klaut. Ist der Krug leer, schreit der Vogel förmlich danach, wieder aufgefüllt zu werden. Mit einem *pingüino* ist das Glas niemals leer. So kann es gerade in geselliger Runde beim *asado* schnell passieren, dass man das ein oder andere Gläschen zu viel zu sich nimmt. Aber das ist halb so wild, denn man selbst kann gar nichts dagegen machen, es ist die Schuld des *pingüino*, der den Menschen durch seine charmante Art dazu bringt, einen über den Durst zu trinken.

42. Grund

Weil man nirgendwo so viel geküsst wird wie in Argentinien

Bei meiner ersten Wohnungsbesichtigung in Buenos Aires rammte ich der Vermieterin zur Begrüßung die Hand in den Bauch. Dasselbe passierte mir bei meinem ersten Zahnarztbesuch. Der Grund: Man gibt sich in Argentinien nur selten, sehr selten, die Hand zur Begrüßung. Egal, ob man sein Gegenüber schon seit Jahren kennt oder noch nie gesehen hat, in der Regel begrüßt man sich mit einem Kuss auf die rechte Wange. Außerdem duzt man sich von Anfang an.

Willkommen in Buenos Aires! Wenn Gott Argentinier ist (Ist er! Das weiß ja jeder!), dann muss sich sein Büro am Nabel der Welt befinden – und das ist selbstverständlich die argentinische Hauptstadt. Den schönsten Blick über die »Stadt aller Argentinier« hat man vom Palacio Barolo (Gründe 63 bis 83).

Oben: Der 67 Meter hohe Obelisk ist eines der Wahrzeichen von Buenos Aires. Er wurde im Mai 1936 anlässlich des 400-jährigen Jubiläums der Stadtgründung errichtet. **Unten:** *National Geographic* kürte El Ateneo Gran Splendid zur schönsten Buchhandlung der Welt. Darauf ist man im Land der Superlative natürlich besonders stolz (Grund 68).

Oben: In der *Reserva Ecológica Costanera Sur* kann man die Seele baumeln lassen, Fahrrad fahren, Vögel beobachten und neue Energie für das aufregende Nachtleben von Buenos Aires tanken (Grund 75). **Unten:** Kunst genießt einen hohen Stellenwert in Buenos Aires. Am Wochenende treffen sich die Antonio Bernis von morgen auf den Plätzen, um an ihrer Karriere zu feilen oder einfach nur Spaß zu haben (Grund 30).

Wahrscheinlich eines der meistfotografierten Naturwunder Argentiniens: Die Iguazú-Wasserfälle ziehen jährlich fast zwei Millionen Besucher in ihren Bann. Einer der Höhepunkte ist der Blick in die 80 Meter tiefe *Garganta del Diablo*, den Teufelsschlund (Grund 93).

Oben: Gauchos sind stolz und frei, verachten die hochnäsigen Städter, lieben ihre Pferde. In Wirklichkeit ist für Romantik in den Weiten der Pampa zwar kein Platz, aber bei den *fiestas de la tradición* wird der Mythos Gaucho wieder zum Leben erweckt (Grund 87). **Unten:** Der Besuch einer Estanzia bietet eine optimale Gelegenheit, in die Kultur und Geschichte Argentiniens einzutauchen (Grund 88).

Oben: Weniger gemächlich geht es im Zentrum von Buenos Aires zu. Demonstrationen gehören zum Straßenbild der Stadt wie das Pferd zum Gaucho. **Unten:** Sie ähneln meist einer großen Straßenparty. Trommeln sind ebenso obligatorisch wie das *choripán*. Und wer gerade keine Trommel zur Hand hat, weiß sich mit Kochlöffeln und Töpfen zu helfen (Gründe 14 und 15).

Oben: Eine Begegnung mit Patagonien ist magisch. Der Wind ist der heimliche Herrscher über diese abgelegene Region. Die Idylle auf dem Bild ist trügerisch. Es braute sich ein gewaltiger Sturm zusammen, der mich in der Nacht nicht schlafen ließ. Aber das verzeiht man dem schönsten Ende der Welt nur allzu gern (Gründe 100 bis 110). **Unten:** Die Laguna Toncek kann im Rahmen einer Tageswanderung von Bariloche besucht werden – dann verpasst man allerdings die wundervollsten Sonnenaufgänge.

Der Perito-Moreno-Gletscher ist das Vorzeigebild Patagoniens schlechthin und ein wahrer Besuchermagnet. Auf schön angelegten Stegen kommt man der 70 Meter hohen Gletscherwand ganz nah. Die patagonischen Gletscher gehören weltweit zu denen, die am schnellsten zurückgehen. Eine Besonderheit des Perito-Moreno-Gletschers ist, dass sich Wachstum und Rückgang die Waage halten. Wenn die Gletscherzunge auf Land trifft, wird der Abfluss des Lago Argentino aufgestaut und formt eine Brücke, bis die Eismasse dem Wasserdruck nicht mehr standhält und einbricht – ein atemberaubendes Naturschauspiel (Grund 107).

In Argentinien muss man auf alles Mögliche gefasst sein – starke Windböen in Patagonien, Schlangen in den Regenwäldern sowie Straßenschilder, die erklären, was hier jedes Kind weiß: dass die Malvinas zu Argentinien gehören (Grund 12). Weniger politisch, aber dafür umso verführerischer ist der *pingüino*, der schuldig ist, wenn man einen über den Durst trinkt (Grund 41).

Mate ist eine Einladung zur Geselligkeit. Getrunken wird er zu jeder Gelegenheit – und zwar nicht wie in deutschen Hipsterbars im Cocktail, sondern pur in der Kalebasse mit 80 Grad heißem Wasser und einer *bombilla* für alle (Grund 35). Ein Mategefäß ist auch ein tolles Souvenir und macht eine gute Figur als Dekoration im Regal. Das dürfen Sie aber niemals zu einem Argentinier sagen!

Die 60 Quadratkilometer große Laguna Brava ist eine Perle der riojanischen Hochebene. Umgeben von majestätischen Sechs- und Siebentausendern wie dem Nevado Ojos del Salado und dem Monte Pissis schimmert der Salzsee mit dem tiefblauen Himmel um die Wette. Kein Wunder also, dass eine solch edle Landschaft auch die edelsten Pferde des Landes hervorbringt (Grund 98).

Oben: Buenos Aires und der Tango – a never-ending love story. Tango wird nicht nur getanzt und gesungen, sondern macht sich auch super an Hauswänden, gerade in einer Stadt wie Buenos Aires, wo Street Art einen ungebremsten Höhenflug erlebt (Grund 30). **Unten:** »Tango ist ein trauriger Gedanke, der getanzt wird«, wusste der argentinische Tangokomponist Discépolo. Die Traurigkeit hat viele Gesichter. Und viele Stimmen. Aber vor allem eine: die eines Carlos Gardel (Grund 25).

Oben: Neben der lebensgroßen Statue Gardels hat der Friedhof von Chacarita viele weitere sehenswerte Ecken zu bieten, wie das Bild beweist. Die Touristenmassen findet man aber nach wie vor auf dem Oberklassen-Friedhof Recoleta (Grund 73). **Unten:** Die glorreichen Zeiten der Eisenbahn sind in Argentinien zwar längst vorbei, was der Ästhetik der Bahnhöfe wie hier in Navarro aber keinen Abbruch tut (Grund 90).

Wer zu Fuß auf Erkundungstour in Buenos Aires geht, wird viele verwunschene Innenhöfe und verträumte Passagen entdecken, die einer Reise in die Vergangenheit gleichen. Dabei kommt man schnell mit Einheimischen ins Gespräch und wird mit etwas Glück Zeuge argentinischer Gastfreundschaft (Grund 69).

Es gibt ein paar Ausnahmen, die Grenzen sind nicht immer ganz klar, zumindest für mich. Die Argentinier wissen ganz genau, wer wie und warum begrüßt wird. Während ich also meinen Zahnarzt Alonso duze und mit Küsschen begrüße, strecke ich meiner Hausärztin Frau Dr. V. höflich die Hand entgegen. Beim Vorstellungsgespräch in Firma X werde ich vom Chef höchstpersönlich mit Küsschen begrüßt, in Firma Y hingegen mit einem zurückhaltenden Handschlag.

Mit Ausnahme von sehr formellen Anlässen hat sich aber das Küsschen weitgehend durchgesetzt. Die ersten und die letzten fünf Minuten am Arbeitsplatz ist man also, wie auch beim Treffen mit Freunden oder (Un-) Bekannten, mit Küssen beschäftigt. Jeder Tag bringt viele neue Küsse mit sich. Alle Kollegen im Büro werden mit dem obligatorischen Küsschen begrüßt. Da gibt es keine Ausnahmen, Frau küsst Mann, Mann küsst Frau, Frau küsst Frau, Mann küsst Mann. Das kann vor allem im Sommer bei über 30 Grad zu einer extrem feuchten Angelegenheit werden. Aber daran stören sich die Argentinier nicht, der Schweiß wird kommentarlos von Person zu Person weitergegeben.

Auch virtuelle Küsse werden großzügig verteilt. Am Ende einer E-Mail schickt man sich keine Grüße, sondern Küsse, tausend Küsse, Küsschen oder einen Riesenkuss.

Wer noch nicht genug vom Küssen hat, sollte unbedingt einmal einem argentinischen Familienfest beiwohnen. Eltern, Geschwister, Tanten, Onkel, Großeltern, Nichten, Neffen, Cousins und Cousinen – für jeden Einzelnen gibt es zur Begrüßung und zum Abschied einen Schmatzer auf die rechte Wange. An Geburtstagen wird das Spiel gern beim Gläschen Sekt um 0.00 Uhr wiederholt. Da kennen die Argentinier nichts, der Kuss ist Tradition, und außerdem soll Küssen ja auch glücklich machen.

43. Grund

Weil Argentinier ein unschlagbares Ego haben und trotzdem Meister der Selbstkritik sind

»Wie macht man das große Geld? – Kaufe einen Argentinier zu seinem eigentlichen Wert und verkaufe ihn zu dem Preis, den er wert zu sein glaubt.«

»Warum schauen Argentinier lächelnd in den Himmel, wenn es blitzt? – Weil sie glauben, Gott fotografiere sie.«

»Wie begeht ein Argentinier Selbstmord? – Er steigt auf sein Ego und springt runter.«

Diese drei Witze sind so etwas wie die Klassiker unter den Argentinier-Witzen. Sie sind ebenso bekannt wie auserzählt. Trotzdem hört man sie immer wieder. Denn Argentinier gelten in anderen Ländern Südamerikas (vielleicht sogar weltweit) als eingebildet und arrogant. Die 41 Millionen Argentinier, die nicht in der Capital Federal leben, können sich mit dieser Unterstellung nicht identifizieren. Auf dem Land hört man die gleichen Witze, »Argentinier« wird aber durch »porteños« ersetzt. Natürlich können die Menschen nicht generalisiert und in zwei Schubladen – Hauptstädter und Nicht-Hauptstädter – gesteckt werden. Nichtsdestotrotz liegt in dieser Stereotypisierung ein Fünkchen Wahrheit. Jenseits der Schnellstraße General Paz, welche die Hauptstadt von der Provinz trennt, ticken die Uhren anders. Je weiter man sich von Buenos Aires entfernt, desto deutlicher wird das. Die Abgrenzung vom »Anderen« findet nicht nur auf dem Land statt, auch die *porteños* sind schwer damit beschäftigt, nicht mit den »Provinzlern« (also dem Rest des Landes) gleichgesetzt zu werden. Das Bild, das man in anderen Ländern von den Argentiniern hat, ist hauptsächlich geprägt durch die *porteños*. »In ihrem Europawahn vergessen die eingebildeten *porteños*, dass ihre Heimat nicht jenseits des Atlantiks liegt, und übersehen außerdem, dass Europa sich nicht für sie interessiert«, versicherte mir ein Restaurantbesitzer im beschaulichen Río Mayo in der Provinz Chubut.

Die *porteños* ziehen, wenn sie Argentinier-Witze hören, schelmisch die Mundwinkel nach oben, widersprechen dem Gesagten nicht. Sie wissen um ihren Ruf bestens Bescheid. Die Witze scheinen sie nicht zu stören. Im Gegenteil, sie scheinen ihnen sogar zu gefallen. Denn so können sie zumindest sichergehen, dass in der ganzen Welt über sie gesprochen wird. Hinter dem Hochmut der *porteños* verstecken sich, so die Meinung einiger Psychologen in Buenos Aires, Selbstzweifel und innere Zerrissenheit, die aus der ständigen Suche nach ihrer Herkunft und Identität resultieren. Eine entscheidende Rolle spielen mit Sicherheit auch die vielen wirtschaftlichen Krisen. Die Argentinier haben gelernt, heikle Situationen mit Witz und Gelassenheit hinzunehmen, so gut es eben geht. Fehlentscheidungen und Fauxpas werden sofort ins Komische umgekehrt, wobei kein Blatt vor den Mund genommen wird. Denn trotz Ego-Überschuss sind Argentinier auch Meister der Selbstkritik und -ironie. Durch die sozialen Netzwerke verbreiten sich selbstkritische Witze wie ein Lauffeuer und werden in der Regel von allen freudig aufgenommen – sofern sie von einem Argentinier stammen! So hört man aus ihrem Mund neben Lobeshymnen auf sich selbst nicht selten Sätze wie: »Argentinien ist das beste Land der Welt. Wenn nur wir beschissenen Argentinier nicht wären.« Der Grat zwischen Kritik, Ironie und Selbstmitleid ist – vor allem in Argentinien – manchmal schmal.

Eine Frage, die mir Argentinier immer wieder mit weit aufgerissenen Augen und dramatisch durch die Luft fliegenden Händen stellen: »Wie kannst du nur in diesem Land leben, wo wir Argentinier doch solche Idioten sind? Das Chaos, der Müll, die Armut, das Nichteinhalten von Gesetzen, die Politiker, die wir wählen … Furchtbar!« Die einzig gültige Antwort ist, wie ich im Laufe der Jahre lernen sollte, etwas Positives über das Land zu sagen. Kritische Äußerungen bleiben allein den Argentiniern vorbehalten, es sei denn im Kreis der Familie oder Freunde, wo auch Nicht-Argentinier eine differenzierte Meinung über Land und Leute haben und aussprechen dürfen. Wer aber im Gespräch mit Fremden ernsthaft auf die Frage eingeht, eventuell sogar Vorschläge zur Verbesserung des Müllproblems macht, begibt sich auf dünnes Eis. Dabei haben die *porteños* eigentlich nichts zu befürchten, denn neben Arroganz und Selbstironie verfügen sie über eine weitere Eigenschaft, mit der sie jegliche Kritik im Keim ersticken können: Schlagfertigkeit.

Eine wirkliche Begründung, warum man als Ausländer in Argentinien lebt oder warum man immer wieder nach Argentinien reist, wird mit der Frage also eigentlich gar nicht erwartet. Ein simples »Argentinien ist ein schönes Land« aus dem Munde eines Ausländers (das ist wichtig, denn das Wort eines Nicht-Argentiniers zählt in diesem Fall mehr) reicht vollkommen aus, um wieder zu ihrem Stolz und Hochmut zurückzufinden: »Du hast recht! Argentinien ist wundervoll! Immerhin haben wir den besten Fußballspieler aller Zeiten (Maradona), den anderen besten Fußballspieler aller Zeiten (Messi), den besten Papst aller Zeiten, die breiteste (9 de Julio) und die längste Straße (Rivadavia) der Welt.« Und dann ist da ja auch noch die schöne Königin Maxima, Prinzessin der Niederlande, die – wie kann es auch anders sein – in Buenos Aires das Licht der Welt erblickte. Kein Wunder also, dass das Ego der Argentinier auf Wolke sieben eine zweite Heimat gefunden hat.

44. Grund

Weil man hier lernt, geduldig zu sein

Eine typische Szene im Supermarkt in Deutschland sieht in etwa so aus: Hinter mir höre ich ein wütendes Schnauben. Ich drehe mich um, um mich zu versichern, dass kein Pferd hinter mir steht. Die Person stapft ungeduldig von einem Bein aufs andere. »Können die in diesem Saftladen nicht mal eine zweite Kasse aufmachen? Immerhin stehen fünf Leute vor mir!« Kurz darauf wird ein Mitarbeiter über Lautsprecher an Kasse 2 gebeten. Schwups ist die Person hinter mir weg. Es ist ihre Chance, der oder die Erste zu sein. Wenn ich Arzt wäre, würde ich ihm oder ihr eine Woche Supermarkt in Argentinien verschreiben, zum Runterkommen, um sich nicht so sehr aufzuregen, denn das ist bekanntermaßen nicht gut fürs Herz.

Der Alltag im argentinischen Supermarkt sieht ungefähr so aus: Die Schlange an der Kasse wird immer länger, sie zieht sich bereits bis ganz hinten zur Fleischtheke. Ein paar Menschen nutzen die Zeit, um Nachrichten auf ihrem Smartphone zu beantworten. Andere starren mit leerem Blick vor sich hin oder unterhalten sich über das Wetter. Die junge Frau hinter mir hat ein Buch aus ihrer Handtasche gezückt. Max Weber: *Die protestantische Ethik und der Geist des Kapitalismus.* Man kann schließlich nicht nur in der Bibliothek studieren.

Es gibt drei Kassen in diesem Supermarkt. Bisher habe ich ein einziges Mal erlebt, dass eine zweite Kasse geöffnet wurde. Das war kurz vor Weihnachten. Mitten im Juli ist es jedoch noch lange hin, bis wieder Weihnachten ist. Deswegen hat heute auch nur eine Kasse geöffnet. Und morgen auch. Mit einer Seelenruhe schiebt die Kassiererin die einzelnen Produkte übers Band und schaut sich neugierig an, was die Kunden kaufen. Vielleicht lässt sie sich fürs Abendessen inspirieren? Der nächste Kunde bezahlt mit Karte. Das kann dauern. Die Frau vor mir ist Stammkundin. »Ach, wie schön, dass du wieder da bist! Wie war es im Urlaub?« Die nächsten fünf Minuten lausche ich den Urlaubserlebnissen einer Unbekannten.

Anfangs hat mich das Einkaufen im Supermarkt wahnsinnig gestresst und auf die Palme gebracht. Ich verschwendete meine Zeit damit, mich verärgert zu fragen, warum es so langsam vorwärtsgeht, ob die Leute eigentlich glauben, ich hätte nichts anderes mehr vor. Heute schätze und genieße ich diese langsame Art des Einkaufens (meistens) und möchte den Robotern an den deutschen Supermarktkassen am liebsten ein bisschen argentinische Gelassenheit schenken. Die im Supermarkt erlernte Geduld lässt sich übrigens auch wunderbar in anderen Lebenssituationen anwenden.

Als ich an der Reihe bin, hat sich die Butter längst in einen unförmigen Brei verwandelt. Ein herzliches Lächeln der Kassiererin: »Möchtest du dir ein neues Stück Butter holen?« Tut mir leid, liebe Wartenden, ihr müsst noch ein bisschen ausharren. Das scheint hier aber keinen zu stören. Denn wenn jemand wütend stampfen oder sich beschweren würde, würde die Kassiererin absichtlich einen Gang runterfahren. Das Tempo geben nicht die Einkäufer vor, und jeder weiß: Für einen Einkauf im Supermarkt muss man genügend Zeit einplanen. Sollte man einmal zu spät zu einem Termin kommen, reicht das Wort »Supermarkt« als Erklärung völlig aus, um verständnisvolle Blicke zu ernten.

45. Grund

Weil es furchtbar guttut, Wichtiges auf mañana zu verschieben

Aufschieben – ein gefürchtetes Wort in unseren Gefilden. Wer Dinge aufschiebt, wird langfristig unglücklich, hat zwangsläufig ein Problem, sollte lernen, seine Zeit besser einzuteilen, und, und, und.

Für die Argentinier hingegen ist die weitverbreitete *Aufschieberitis* keine Krankheit, sondern eine Strategie, um den Moment zu genießen und im Hier und Jetzt zu leben. So wird dem Sprichwort »Morgen ist auch noch ein Tag« viel mehr Bedeutung zugemessen als »Was du heute kannst besorgen, das verschiebe nicht auf morgen«.

Ich will damit nicht sagen, dass Argentinier faul sind oder Dinge, die tatsächlich erledigt werden müssen, ständig aufschieben. Im Gegenteil, ich habe größte Hochachtung vor ihrem Umgang mit Zeit. Viele Argentinier haben zwei oder mehr Jobs, um über die Runden zu kommen. Zwei Wochen Urlaub im Jahr sind auch nicht gerade der Traum eines gestressten Arbeiternehmers. Studierende arbeiten Vollzeit und besuchen abends, bis 0 Uhr, Vorlesungen an der Universität. Dazwischen finden die Argentinier noch Zeit für Sprachkurse, Sport, Psychoanalyse, kulturelle Veranstaltungen und andere Freizeitbeschäftigungen. Ein Argentinier würde niemals das Wort »Freizeitstress« in den Mund nehmen (das in ihrem Wortschatz auch nicht existiert), geschweige denn Freizeit in irgendeinen Zusammenhang mit Stress bringen.

Und doch hat das Wort *mañana* – morgen –, gerade wenn es um unangenehme Dinge geht, einen ganz besonderen Reiz. In den Köpfen der Argentinier ist in der Regel morgen der Tag, an dem man unglaublich viel zu tun hat.

Die Kunst des Aufschiebens besteht darin, die Spreu vom Weizen zu trennen, zu erkennen, was wirklich wichtig ist und was getrost noch einen Tag warten kann. Daran scheiden sich die deutsch-argentinischen Geister. Denn etwas aufzuschieben wird in Argentinien nicht als Problem angesehen. Man erledigt es ja trotzdem, nur eben nicht heute.

Um erfolgreich aufzuschieben, muss man zudem eine zweite Eigenschaft beherrschen: Verdrängung. Was aufgeschoben wird, muss verdrängt werden, sonst spukt es wie ein Geist im Kopf herum und beschert dem Aufschieber schlaflose Nächte. Wenn irgendwann der Tag gekommen ist, an dem es kein *mañana* mehr gibt, wird die Sache schnell und zielstrebig erledigt, ohne zu meckern. Natürlich, man hätte es auch gleich erledigen können, aber was würde man *mañana* machen, wenn man gestern schon alles erledigt hätte?

46. Grund

Weil man bei einer Verabredung Zeit hat, einen ganzen Roman zu lesen

Wenn Sie sich dabei erwischen, wie Sie versuchen, aus dem Kaffeesatz der mittlerweile vierten (VIERTEN!) leeren Tasse etwas über Ihre Zukunft herauszufinden, und Ihnen beim Blick auf die hart gewordenen Kuchenkrümel die Idee kommt, Ihren Freund damit zu steinigen, sollte er jemals auftauchen, dann sind Sie mit ziemlicher Wahrscheinlichkeit in Argentinien und warten gerade auf Ihre Verabredung. Falls es Ihnen in einer solchen Situation hilft: Sie sind nicht allein, ich kann Sie nur allzu gut verstehen. Denn Pünktlichkeit existiert in Argentinien allenfalls im Wörterbuch, und die Nennung einer Uhrzeit ist nicht mehr als eine grobe Orientierung. »20 Uhr« bedeutet lediglich, dass es sich um ein abendliches Treffen handelt, nicht aber, dass man tatsächlich um 20 Uhr am Treffpunkt erscheint. Dass die Verabredung an sich jedoch durchaus verbindlich ist, wird dem Wartenden um 20.30 Uhr per WhatsApp-Nachricht mitgeteilt: *Bin gleich da.*

Während dieses »gleich« in Deutschland durchaus wörtlich zu nehmen ist und die Person innerhalb der nächsten fünf bis zehn Minuten zur Tür hereinkommt, kann »gleich« in Argentinien vieles bedeuten: Die Person macht gerade den Wocheneinkauf im Supermarkt, geht jetzt duschen, nimmt noch schnell einen kleinen Snack zu sich, hat ihr Haus am anderen Ende der Stadt soeben verlassen, sitzt im Bus. Das Einzige, was es niemals bedeutet, ist, dass sie in der nächsten Viertelstunde am Treffpunkt erscheinen wird – denn das müsste ja nicht extra vorher angekündigt werden. Und sollte sich der Argentinier aus irgendeinem Grund tatsächlich rechtzeitig auf den Weg gemacht haben, führen mit Sicherheit externe Umstände wie etwa das Verkehrschaos oder ein Streik der U-Bahnen dazu, dass er nicht um 20 Uhr am Treffpunkt eintrifft.

Unter Argentiniern stellt das kein Problem dar, denn jeder weiß ja, dass Uhrzeiten Interpretationssache sind. Theoretisch weiß ich das nach all den Jahren in Argentinien auch, aber es will mir einfach nicht so recht gelingen, zu spät zu kommen. Wocheneinkäufe, Körperpflege, Hunger stillen – all das hab ich lange zuvor erledigt, und das Verkehrschaos führt höchstens dazu, dass ich zwölf Minuten zu spät komme, nicht zwei Stunden und 43 Minuten.

Nach vielen gescheiterten Versuchen, die Zeitwahrnehmung der Argentinier zu ändern oder bestenfalls selbst zu spät zu kommen, habe ich einen Weg gefunden, das leidige Warten mit etwas Schönem zu verknüpfen, das, so einfach diese Lösung auch ist, aus Zeitgründen im Alltag oft viel zu kurz kommt: Lesen.

Wenn Sie sich mit einem Argentinier verabreden, kann ich Ihnen daher nur Folgendes raten: Decken Sie sich vorher mit einem guten Roman oder spannenden Krimi ein, den Sie schon längst einmal lesen wollten. Während Sie auf Ihre argentinische Verabredung warten, werden Sie genug Zeit haben, das Buch zweimal von der ersten bis zur letzten Seite zu lesen und ein paar besonders schöne Passagen auswendig zu lernen.

47. Grund

Weil der beste Freund ein Vollidiot ist

Das ist noch nett ausgedrückt. An dieser Stelle muss ich eine kleine Warnung aussprechen, denn die folgenden Zeilen sind nichts für Zartbesaitete. Wenn Sie sich bei Schimpfwörtern und Flüchen wie »scheiße« oder »fahr zur Hölle« erschrocken die Hand vor den Mund halten, so rate ich Ihnen, schleunigst weiterzublättern und sich direkt dem nächsten Grund zu widmen. Sollten Sie sich dafür entscheiden, weiterzulesen, und hinterher empört das Buch zuschlagen, sagen Sie nicht, ich hätte Sie nicht gewarnt.

In den Ohren der Argentinier klingen Beleidigungen wie »Depp« oder »Idiot« nach einer sanften Liebkosung und haben ihren festen Platz in jedem Satz. »Arschloch« oder »Fettsack« können nette Begrüßungen für einen Freund sein und »Segelohr«, »Haariger« oder »Hakennase« gängige Spitznamen, die auf körperlichen Merkmalen einer Person basieren. »Negro« oder »turco« hingegen hat nicht zwingend etwas mit der Hautfarbe oder der Herkunft zu tun und kann sowohl nett als auch böse gemeint sein. Überhaupt haben Argentinier eine Vorliebe für sonderbare Spitznamen. Ich für meinen Teil reagiere mittlerweile neben meinem richtigen Namen auch auf *rubia, negri* oder *loca.*

»Verdammte Scheiße, bei der F… deiner Mutter, ich habe meinen Geldbeutel zu Hause vergessen.« Fluchen gehört zum guten Ton in Argentinien, es wird einem seit Kindheitstagen vorgelebt. Im schicken Nobelviertel Recoleta hört man die Vulgärausdrücke ebenso wie in weniger betuchten Gegenden, im Restaurant, im Taxi, in der Oper, beim Arzt, im Supermarkt, beim Familienessen. Man sollte das nicht überbewerten. Es mag zwar anfangs etwas gewöhnungsbedürftig sein, aber das Fluchen ist einfach eine andere Art, negative Emotionen loszuwerden. Und manchmal, das können Sie mir glauben, tut das verdammt gut!

Die wirkliche Bedeutung der Obszönitäten hängt vom jeweiligen Kontext ab. Mit dem sehr gebräuchlichen *hijo de puta* (Hurensohn) kann man eine Person nicht nur beleidigen, sondern auch Bewunderung ausdrücken: »Was für ein *hijo de puta*! Hast du gesehen, wie gut der Volltrottel Fußball spielen kann?« Sagt man aber: »Was für ein *hijo de puta*! Der zahlt keinen Unterhalt für seine Kinder«, ist das sehr wohl eine ernst zu nehmende Beschimpfung. Geschulte Ohren können auch einen kleinen Unterschied im »i« ausmachen: Wird es etwas länger gezogen (»was für ein *hiiijo de puta* du doch bist«), handelt es sich um keine Beleidigung. Bei einem energischen »was für ein hijo de puta du doch bist« sollte man sich hingegen Gedanken machen, in welcher Beziehung man zu seinem Gegenüber steht.

Die durchaus alltagstaugliche Beschimpfung *la puta que te parió* (wörtlich: Die Hure, die dich geboren hat) wurde so weit von ihrer ursprünglichen Bedeutung abstrahiert, dass sie auch eine Mutter zu ihrem Kind sagen könnte, ohne dass es eine Selbstbeleidigung wäre. Wem diese Beschimpfung zu harmlos ist, der kann auf eine der zum Teil äußerst fantasiereichen Verstärkungsformen zurückgreifen: die *dreifach verfluchte scheiß Hure*, die dich *tausendfach* geboren hat. Alles andere, was man so auf den Straßen von Buenos Aires hört, entzieht sich jeglichen Übersetzungsversuchen.

Eine argentinische Freundin sagte einmal zu mir: »Das Río de la Plata-Spanisch bietet ein breites Spektrum, um starke Gefühle auszudrücken.« Dem möchte ich hinzufügen: oder kleinen Gefühlen einen riesigen Expressionsraum zu schaffen. Wenn jemandem der Schlüssel aus der Hand fällt, ist es mit einem einfachen »Mist« nicht getan, es muss dann schon das weibliche Geschlechtsorgan herhalten, um seinem Unmut freien Lauf zu lassen. Überhaupt stehen sexuelle Assoziationen ganz oben auf der Beliebtheitsskala der Beleidigungen und Flüche. Der Fantasie sind keine Grenzen gesetzt, man ist jederzeit dazu eingeladen, neue Vulgarismen zu erfinden.

Es ist nicht sonderlich verwunderlich, dass den argentinischen Schimpfwörtern auch ein Lexikon gewidmet wurde: *Puto el que lee.* Im Vorwort steht dort folgender Satz, übersetzt und sinngemäß wiedergegeben:

»Es gibt nur zwei Gründe, warum eine Person in ihrem Leben keine einzige Beleidigung ausgesprochen hat: entweder ist diese Person ein verdammtes Arschloch oder ein dreifacher scheiß Hurensohn.«

Besonders gut lernt man das Fluchen, wenn man sich mit dem Thema Fußball beschäftigt. Dazu muss man nicht zwangsläufig ins Stadion (wobei das natürlich der Idealfall wäre), es reicht auch, ein Fußballspiel mit Freunden oder der Familie vor dem Fernseher anzuschauen. Suchen Sie mal auf YouTube nach *El Tano Pasman*, dann wissen Sie, was ich meine.

Wer fluchen will wie ein Einheimischer, muss die Kunst der Übertreibung beherrschen. Damit diese einen angemessenen Effekt bekommt, ist es wichtig, einen originellen Ausdruck zu verwenden oder einen altbekannten in einem neuen Bedeutungszusammenhang, sodass das Schimpfwort beim Gegenüber richtig ankommt. Die Übertreibung ist überhaupt ein wichtiger Bestandteil der argentinischen Kultur. Denn dadurch wird entweder alles unglaubwürdig, ins Lächerliche gezogen, bestätigt oder einfach zu einer ehrwürdigen Schweinerei. Es gibt keine Grauzonen. Und die Schimpfwörter bringen genau das zum Ausdruck.

48. Grund

Weil es Berufe wie Hundeausführer gibt

Während meiner ersten Reisen nach Argentinien war ich nicht gerade ein Hundefanatiker. Bei den Argentiniern stieß ich damit auf Unverständnis, denn der Hund gilt gemeinhin als bester Freund des Menschen. »Mientras más conozco a los hombres, más quiero a mi perro« (Je besser ich die Menschen kenne, desto mehr mag ich meinen Hund) ist ein Sprichwort, das man in Argentinien oft zu Ohren bekommt. Laut einer Studie der Gesellschaft für Konsumforschung besitzen rund zwei Drittel der Argentinier einen Hund. Damit haben die Argentinier international die Nase vorn.

Mir blieb nichts anderes übrig, als mich mit der Omnipräsenz der flauschigen Vierbeiner zu arrangieren. Mit der Zeit lernte ich, nicht ständig die Straßenseite zu wechseln, wenn mir ein streunender Hund entgegenkam. Und spätestens als ich Ramón kennenlernte (siehe Grund 59), war das Eis zwischen mir und der Hundewelt gebrochen. Hunde arbeiten in Argentinien aber nicht nur als Bergführer, sie schaffen auch neue Jobs. Egal ob im edlen Recoleta oder im hippen Caballito, wer einen Hund hat, will nur das Beste für ihn.

Deswegen sind die zahlreichen Frisiersalons oder Bekleidungsläden für Hunde auch gut besucht. Pudel in stilvollem Strickmantel oder Labrador mit nach Lavendelshampoo duftendem Fell – in Buenos Aires scheinen sowohl die Besitzer als auch ihre Hunde immer auf dem neuesten Stand der Mode zu sein. Während Frauchen und Herrchen ihrer Arbeit nachgehen, wird die Hege und Pflege ihrer vierbeinigen Kinder Dritten überlassen. Die sogenannten *paseaperros*, professionelle Hundeausführer, prägen das Bild der argentinischen Hauptstadt. Mehr oder weniger enthusiastisch führen sie oft bis zu 15 Hunde gleichzeitig aus (erlaubt sind zehn Hunde pro *paseaperros*, aber da wird gerne mal ein Auge zugedrückt). Die Hundeausführer können über das Internet gebucht werden, holen die Tiere direkt an der Wohnungstür ab und drehen so lange ihre Runden durch die Parks, wie es die Besitzer wünschen. In vielen Parkanlagen gibt es extra abgetrennte Bereiche, in denen sich die Hunde nach Lust und Laune austoben können.

Bei so viel Hundeliebe wundert es nicht, dass der »Tag des Hundes« in Argentinien eingeführt wurde. Dieser wird am 2. Juni gefeiert und erinnert an Chonino, einen Polizeihund, der am 2. Juni 1983 an den Folgen eines Schusswechsels starb, um sein Herrchen zu beschützen. Das Skelett und Fotos des tierischen Helden sind im Polizeimuseum von Buenos Aires (San-Martín-Straße 353) ausgestellt. Außerdem wurde im Stadtteil Palermo eine Straße nach dem treuen Schäferhund benannt. Da kann selbst Colliehündin Lassie einpacken.

49. Grund

Weil man sich auch umgekehrt versteht

Als ich für ein Auslandssemester nach Buenos Aires ging, fühlte ich mich sprachlich gut vorbereitet. Ich hatte einige Sprachkurse an der heimischen Universität und in Spanien absolviert und konnte mich relativ flüssig unterhalten.

Dann kam ich in Buenos Aires an.

Ich musste nicht erst die Vorlesung besuchen, um zu verstehen, dass das Spanisch, das rund um den Río de la Plata gesprochen wird (Großraum Buenos Aires und Uruguay), viele, viele Eigenheiten aufweist, die mich immer wieder auf die Universalsprache »Hände und Füße« umschwenken ließen. Die besonderen Merkmale in der Aussprache, die in Büchern über Argentinien immer wieder betont werden, stellten das geringste Problem dar: Das »y« und »ll« werden hier wie ein deutsches »sch« gesprochen, was dafür sorgt, dass man überall sofort als Argentinier oder Uruguayer erkannt wird. Ein weiterer Unterschied ist die Verwendung von »vos« anstelle von »tú« (du), wodurch die Verbformen in manchen Zeiten etwas anders gebildet werden. Aber das ist schnell gelernt.

Eine größere Hürde für mich war, dass zum Teil ganz andere Wörter verwendet werden als in Spanien. Als ich mich auch daran gewöhnt hatte, klopfte das nächste Monster an die Tür: *lunfardo*, ein Jargon der Río de la Plata Gegend, der in der zweiten Hälfte des 19. Jahrhunderts entstanden ist. Er ist das Resultat eines zusammengewürfelten Sprachencocktails europäischer Einwanderer, *porteños*, Gauchos und der indigenen Bevölkerung. Die feine Oberschicht wollte damit nichts zu tun haben und bezeichnete den *lunfardo* abwertend als »Gaunersprache«. Tangolyriker nahmen sich seiner an, und mit zunehmender Verbreitung und Popularität des Tangos erlebte der *lunfardo* einen Aufschwung. Durch den Tango wurde der *lunfardo*-Wortschatz erweitert, und einige bereits vorhandene spanische Wörter bekamen eine neue Bedeutung. In der 1962 gegründeten Academia del Lunfardo in Buenos Aires (Estados-Unidos-Straße 1379) wird diese sprachliche Varietät erforscht und gefördert, und aus dem gesprochenen Spanisch rund um Buenos Aires ist sie längst nicht mehr wegzudenken.

Sie wünschen ein Beispiel?

Das Verb »essen« heißt auf Spanisch *comer*. Aus den Mündern der *porteños* hört man jedoch genauso häufig das Wort *morfar*, wenn sie etwas essen möchten. Dieses Wort wird aus einem Soziolekt des Französischen (*morfer*, essen) oder des Italienischen (*morfa*, Mund) abgeleitet, so genau weiß man das nicht. In seiner reflexiven (und sehr umgangssprachlich-vulgären) Verwendung – *morfarse* – bedeutet das Verb »sich küssen« oder »Geschlechtsverkehr haben«. Je nach Sinnzusammenhang kann man damit allerdings auch eine schwierige Situation beschreiben, die man bewältigen muss, zum Beispiel »Ich musste das Gerede meines Chefs während der gesamten Geschäftsreise ertragen«. Das Deutsche »ertragen« kann hier mit *morfarse* ausgedrückt werden. Aber zurück zum Verb »essen«. Es wäre ja zu schön, wenn nur das eine *lunfardo*-Wort für »essen« existieren würde. Aber auch irgendwie viel zu langweilig, nicht wahr? Deswegen kursieren in den Straßen von Buenos Aires zahlreiche Synonyme, die aus unterschiedlichen europäischen Jargons stammen und allesamt die Aufnahme von Nahrung beschreiben: *yantar*, *lastrar*, *manducar* und *manyar*. Ein *morfón* kann im Übrigen sowohl einen Vielfraß als auch einen Fußballspieler, der den Ball nicht abgeben will, bezeichnen.

Das machte es für mich nicht gerade einfacher, denn das Spanisch, das ich auf der Straße lernte, hatte mit dem schriftlichen Ausdruck oder formellen Gesprächssituationen wenig gemeinsam. Aber auch einen Wortschatz aus etwa 5000 bis 6000 *lunfardo*-Wörtern kann man lernen, zumindest kennt man irgendwann die wichtigsten Ausdrücke. Wenn das gemeistert ist und man den Singsang sowie die wilde Gestikulation verinnerlicht hat, man also fast schon selbst ein *porteño* ist, ist es an der Zeit für ein kleines Wortspiel:

»Sollen wir noch schnell ein Wichsand im Henste essen und einen Ffeeka trinken, bevor wir zum Gotan gehen?«

Beim *vesre* (von *al revés*, umgekehrt) werden die Silben einiger Wörter vertauscht, worauf in Buenos Aires gerne scherzhaft zurückgegriffen wird. Die *mujer* (Frau) wird so zur *jermu*, die *puerta* (Tür) zur *tapuer*. Auch dort gibt es wiederum einige Ausnahmen und Irregularitäten, und es werden nur die Silben bestimmter Wörter vertauscht. Meine fantasievollen Versuche, eigene *vesre*-Varianten zu bilden, wurden stets mit einem »Nein, bei diesem Wort darf man das doch nicht!« (es fehlte nur noch ein »das weiß doch jedes Kind«) zunichte gemacht.

Die *porteños* zumindest glauben zu wissen, welche Wörter *vesre*-kompatibel sind, wobei es dabei häufiger zu Meinungsverschiedenheiten kommen kann, die dann unter Hobby-Linguisten lang und breit ausdiskutiert werden.

Was ich aus dieser ganzen Sache in Argentinien gelernt habe: Das bisschen Spanisch, *che*, das ist doch echt ein Klacks!

50. Grund

Weil Argentinier herrlich abergläubisch sind

Wenn argentinische Frauen sich an die linke Brust und Männer in den Schritt fassen, sobald die Namen bestimmter Personen fallen, braucht Sie das nicht zu verwundern oder zu verunsichern. Dadurch soll lediglich verhindert werden, dass großes Unheil über Argentinien hereinbricht oder man persönlich einen Schicksalsschlag erleidet. Denn manche Personen haben das Pech, als *mufa* auf die Welt zu kommen. Das aus dem *lunfardo* stammende Wort bezeichnet Personen, Objekte oder Institutionen, die Unglück bringen. Und davon gibt es in Argentinien eine ganze Menge. Allein schon die Nennung dieser Person oder Sache kann verheerende Folgen nach sich ziehen, dessen sind sich die Argentinier sicher. Warum das Negative durch Anfassen bestimmter Körperteile abgewehrt werden kann, weiß hingegen keiner so genau, es wird aber mit Freude praktiziert.

Ein ebenso prominentes wie drastisches Beispiel eines *mufa* ist der aus La Rioja stammende Carlos Saúl Menem, der von 1989 bis 1999 das Amt des Staatspräsidenten innehatte.

Während Argentinien zu Beginn des 20. Jahrhunderts noch zu den reichsten Ländern der Erde gehörte, war der Staat um die Jahrtausendwende hoch verschuldet, zahlungsunfähig und finanziell ruiniert. Die Wirtschaftskrise von 2001 traf die Argentinier bis ins Mark. Die Erinnerung daran sorgt noch heute für Wut, Tränen und Angst. Für den Ruin verantwortlich gemacht wird Menem, der nach der Hyperinflation der ausgehenden 1980er-Jahre auf ein radikales Privatisierungsprogramm, staatliche Sparpolitik und Freihandel setzte. Er koppelte den Peso an den US-Dollar. Buenos Aires wurde eine der teuersten Städte der Welt, die Argentinier hingegen konnten große Reisen unternehmen und massenweise Konsumgüter kaufen. Das vermeintliche Paradies hielt nicht lange an. Die Gewinne der privatisierten Betriebe flossen ins Ausland ab, Argentinien konnte seine Auslandsschulden nicht mehr begleichen. Die Arbeitslosigkeit schoss in die Höhe. Auch Menems Nachfolger Fernando De la Rúa bekam die Lage nicht in den Griff. Er veranlasste das Einfrieren aller Privatkonten. Über Nacht verloren viele Argentinier ihr gesamtes Geld. »Qué se vayan todos« – sie sollen alle abhauen, war der Slogan der blutigen Straßenschlachten und Plünderungen, nachdem De la Rúa erst den Ausnahmezustand verhängt hatte und daraufhin feststellen musste, dass das Land vor dem Ruin nicht mehr zu retten war, und in einem Hubschrauber aus dem Präsidentenpalast floh. In den folgenden zehn Tagen zählte Argentinien fünf Präsidenten, von denen keiner die wirtschaftliche Lage kontrollieren konnte, bis Eduardo Duhalde am 1. Januar 2002 das Amt antrat, den Staatsbankrott erklärte und die Peso-Dollar-Bindung aufhob. Die Folgen der Krise waren noch viele Jahre danach zu spüren.

Menem gilt als *mufa* schlechthin. Viele Argentinier fürchten sich davor, seinen Namen auszusprechen, weswegen etliche Varianten wie »Nemen« oder »Menéndez« kursieren. Andere wiederum schwören eben darauf, das »Böse« abzuwenden, indem sie sich an Brust oder Hoden fassen, wenn sie seinen Namen aussprechen oder hören. Man kann ihnen nur wünschen, dass es funktioniert.

Mit Geschichten darüber, was in Argentinien Unglück bringt und wie man es ins Gute umwandeln kann, könnte man ein ganzes Buch füllen. So sollen Anhänger des Fußballclubs Independiente nach dem Titelgewinn ihres Rivalen Racing 1967 sieben schwarze Katzen unter deren Stadion vergraben haben, um ihren Gegner zu verfluchen. Die nächsten Jahrzehnte gewann Racing keinen nennenswerten Titel mehr. Nach einer groß angelegten Suchaktion 2001 wurde schließlich auch der letzte Kadaver gefunden und ausgegraben. Und was geschah beim darauffolgenden Spiel? Racing wurde Meister.

Wenn Sie in Argentinien nicht sofort als Ausländer geoutet werden wollen, sollten Sie noch ein paar weitere Dinge beachten, die den Argentiniern bereits mit in die Wiege gelegt wurden. Hier eine kleine Auswahl:

- Essen Sie niemals eine Wassermelone zum Rotwein, denn diese Mischung ist tödlich.
- Öffnen Sie niemals einen Regenschirm in einem Gebäude, denn das bringt Unglück.
- Stellen Sie Ihre Handtasche nicht auf dem Boden ab, andernfalls werden Sie Ihr gesamtes Geld verlieren.
- Essen Sie unbedingt Gnocchi am 29. eines jeden Monats, dann widerfährt Ihnen im nächsten Monat nur Gutes.
- Gehen Sie niemals unter einer Leiter hindurch, das bringt Unglück.
- Wenn Ihnen jemand einen Salzstreuer reicht, achten Sie darauf, dass er auf dem Tisch abgestellt wurde, bevor Sie ihn in die Hand nehmen, sonst werden Sie sich mit einer geliebten Person streiten.
- Legen Sie niemals einen Hut auf einem Bett ab, das bringt Unglück.

- Wenn jemand Wein verschüttet, bringt das Unglück. Sie können das Unglück abwenden, indem Sie Ihre Stirn mit dem Wein betupfen.
- Vor Freitag dem 13. brauchen Sie sich in Argentinien nicht zu fürchten. Hier ist es Dienstag der 13., an dem alle schiefläuft.
- Außerdem sollten Sie keine wichtigen Geschäftsabschlüsse oder Ähnliches im August planen, denn das ist der Unglücksmonat schlechthin.
- Und zu guter Letzt: Seien Sie vorsichtig in alten Häusern, denn dort leben die Seelen der Toten, und man kann schließlich nie wissen, was sie mit einem vorhaben.

51. Grund

Weil sich jeder auf die Couch legt und analysieren lässt

Wie viele Psychologen auf einem Haufen sind zu viel? In *Freudlandia* lautet die Antwort ganz klar: keiner. Buenos Aires ist bekannt dafür, eine Psychologenhochburg zu sein, nicht einmal in New York soll es so viele Seelenklempner geben wie in der argentinischen Hauptstadt.

Die Psychoanalyse fand Anfang des 20. Jahrhunderts mit den europäischen Einwanderern ihren Weg in die argentinische Mittelschicht und hat seit den 1960er-Jahren zunehmend begeisterte Anhänger gefunden. Sigmund Freud und Jacques-Marie Émile Lacan, deren gesammelte Werke am Straßenkiosk erstanden werden können, gehören zur Freizeitlektüre der *porteños*. Auch heute noch sind die klassische Psychoanalyse und die sich daraus entwickelte Tiefenpsychologie die am meisten angewendeten Therapieformen.

Früher ließen sich die meisten Psychologen rund um die Plaza Güemes im Stadtteil Palermo nieder, was der Gegend den Namen »Villa Freud« einbrachte. Die Cafés »Sigi« und »Freud« mussten schließen, aber die Apotheke mit dem Namen »Sigmund Freud« gibt es bis heute. Die Zahl der Psychologen stieg seit den 1960er Jahren kontinuierlich an, sodass bald kein Platz mehr war in der kleinen Villa Freud. Der Stadtteil Belgrano wurde zum zweiten Favoriten, wobei sich mit ziemlicher Wahrscheinlichkeit in jedem Viertel im Umkreis von ein paar Hundert Metern ein Psychologe finden lässt.

Die Frage nach den genauen Zahlen ist nicht leicht zu beantworten, denn in dem Moment, in dem das Ergebnis einer abgeschlossenen Studie bekannt gegeben wird, ist es schon wieder überholt. Zu viele frischgebackene Psychologen schließen jedes Jahr erfolgreich die Universität ab. Wie viele davon jedoch tatsächlich einmal praktizieren und wie viele der zuvor praktizierenden Psychologen ihr mageres Honorar gegen einen vermeintlich sicheren Bürojob eintauschen, ist ungewiss. Es wird davon ausgegangen, dass allein in Buenos Aires ungefähr 48.000 Seelenforscher arbeiten. Aber viel interessanter als nüchternes Zahlen-Pingpong ist doch sowieso die Frage nach dem *Warum*. Macht die argentinische Hauptstadt vielleicht verrückt? Krank? Traurig? Depressiv?

Eine praktizierende Psychologin sagte mir, die Antwort darauf sei eng mit der Geschichte der Stadt verbunden. Wobei es *die eine* Antwort natürlich nicht gebe. »Das Leben hier war und ist sehr unbeständig. Das 20. Jahrhundert war geprägt von vielen Diktaturen und verabschiedete sich mit der Wirtschaftskrise. Wir haben verlernt, zu vertrauen. Wir wissen nie, was morgen über uns hereinbricht. Habe ich morgen noch Arbeit? Was ist der Peso morgen noch wert? Kann ich meine Familie morgen noch versorgen? Und wann kommt überhaupt der Bus? Diese ständige Unsicherheit hinterlässt Spuren im Seelenleben. Zugleich spielen kulturelle Werte und Bildung schon immer eine wichtige Rolle in Argentinien. Die Universidad Nacional de Córdoba wurde 1613 gegründet und ist eine der ältesten Universitäten Lateinamerikas. Wir Argentinier haben seit jeher Antworten auf alles gesucht.«

Der bekannte argentinische Fernsehpsychologe Gabriel Rolón erklärt die Frage auch damit, dass Argentinien ein Einwanderungsland ist und die Argentinier selbst nach mehreren Generationen ein gewisses Gefühl der Entwurzelung in sich tragen, das sie wie der eigene Schatten bei jedem Schritt begleitet.

Selbst wenn man keine akuten Probleme hat, trifft man seinen Psychologen regelmäßig. Dann wird einfach nur mit einer »neutralen« Person über das gesprochen, was einen gerade beschäftigt. Die meisten Menschen, die einen Psychologen aufsuchen, sind zwischen 20 und 50 Jahre alt. Aber einige Argentinier werden auch schon im Kindesalter zum Seelendoktor geschleppt. So können sie mit einer neutralen Person über ihre Probleme in der Schule und ihre Gedanken allgemein sprechen und (hoffentlich) einen neuen, ebenfalls neutralen Blick auf die Dinge gewinnen. Mögliche Probleme mit den Eltern dürfen aber erst diskutiert werden, wenn die Nesthäkchen in der Lage sind, die Rechnung selbst zu bezahlen.

Mit ihren Besuchen beim Psychologen gehen die *porteños* sehr offen um. Seelenanalyse ist nichts, was ausschließlich hinter verriegelten Türen stattfindet. Über seine Sitzungen spricht man mit Freunden, Bekannten, Arbeitskollegen, den Nachbarn, dem Taxifahrer. Therapie ist hier kein Stigma, sondern so normal wie ein Besuch im Fitnessstudio oder ein Einkauf auf dem Markt.

Wer noch nie beim Psychologen war und damit per se schon kein Argentinier sein *kann*, wird mit überraschten Blicken und Fragen überschüttet: »Aber hast du denn niemals Probleme oder einfach nur das Bedürfnis, mit jemandem zu sprechen?« Emotionaler Pragmatismus ist hier fehl am Platz. Im Leben eines *porteños* werden private Verabredungen und geschäftliche Termine so gelegt, dass man mindestens einmal pro Woche Zeit hat, sich die Sorgen und den ganz normalen Alltag von der Seele zu reden. Auch Psychologen sind meist bei einem anderen Psychologen in Behandlung. Es geht dabei nicht zwingend darum, etwas Bestimmtes aufzuarbeiten oder konkret zu lösen, für viele ist die Seelen-Couch ein Reifungsprozess und ein Weg, um sich in der Schnelllebigkeit der Welt zu verorten, Gefühle zu kategorisieren, die Lebensqualität zu verbessern und im besten Fall zu sich selbst zu finden. Obwohl die Konkurrenz in diesem Berufszweig sehr groß ist und die meisten Psychologen noch andere Jobs haben, um über die Runden zu kommen, ist aller Unstetigkeit zum Trotz zumindest eines sicher: Freud und Lacan haben auf der Seite des Atlantiks das ewige Leben gefunden. Ein Ende der Romanze zwischen den *porteños* und der Psychoanalyse ist längst nicht in Sicht. Auch morgen und übermorgen werden sie sich wieder auf die Couch legen, um dem Geheimnis ihrer unsichtbaren Narben Schritt für Schritt auf die Spur zu kommen.

52. Grund

Weil (fast) jedes Problem mit Draht gelöst werden kann

Während wir mit dem Auto durch die (sprichwörtliche und reale) Pampa fahren, verabschiedet sich die Seitenscheibe mit einem lauten Krachen ins Nirvana, in diesem Fall die Fahrertür. Der Fensterheber ist kaputt, die nächste Ortschaft 200 Kilometer entfernt. Da es nicht nur ein ausgesprochen kalter und windiger Tag ist, sondern natürlich auch noch just zu regnen anfängt, setzen wir die Reise durch das Niemandslands mit dicker Jacke, Mütze, Schal und Handschuhen fort. Nach zwei Stunden erreichen wir die vermeintliche Ortschaft – eine Ansammlung von etwa acht Häusern. Hier kann uns niemand weiterhelfen. Die nächsten 100 Kilometer überbrücken wir mir zwei Litern Matetee. Neben einer öffentlichen Toilette, über die ich äußerst dankbar bin, gibt es in diesem Dorf auch eine Werkstatt. Das Problem ist binnen zehn Minuten behoben, Geld will der nette Mann für seine Arbeit nicht annehmen. Wir »verlieren« ein paar Pesoscheine auf dem Werkstattboden und machen uns wieder auf den Weg, mit Fenster. Zehn Minuten für die Reparatur, das ist argentinische Effizienz!

Das Zauberwort dieser für Argentinien so charakteristischen Effizienz heißt *alambre* – Draht. Die geflügelten Worte *Lo atamos con alambre,* das binden wir mit Draht fest, haben es sogar ins argentinische Wörterbuch geschafft. Demnach bedeutet die Redewendung »etwas provisorisch reparieren, zusammenbinden, aufbauen«.

- Das gesamte Auto fällt auseinander? – Lo atamos con alambre.
- Der Computer oder Drucker hat den Geist aufgegeben? – Lo atamos con alambre.
- Aus der Duschbrause kommt kein Warmwasser? – Lo atamos con alambre.

In Argentinien werden mit Draht Dinge zusammengehalten, die eigentlich auseinanderfallen, und Kaputtes wird damit wieder funktionsfähig gemacht. Außerdem ist Draht eine gute Basis zur Herstellung von edlen Schmuckstücken oder fantasievollem Spielzeug. Tausende Kilometer Draht sorgen in Form von Zäunen für Ordnung im Land. Drahtzäune markieren Besitz, trennen die eigenen Ländereien von denen der Nachbarn, zeigen den Kühen, wo sie zu fressen haben und wo nicht.

Im ständigen Einsatz von Draht in alltäglichen Situationen stellen die Argentinier aber nicht nur ihre Improvisationskunst, sondern auch ihren Einfallsreichtum unter Beweis. Der Autor eines argentinischen Artikels über Draht setzt noch einen drauf: Demnach stehe Draht symbolisch für das Vorwärtsstreben der Argentinier, ihr Engagement, Probleme schnellstmöglich zu lösen. In jedem Argentinier stecke ein kleiner Ingenieur. Wenn man nicht alles habe, müsse man eben erfinderisch sein. Dass die Argentinier grundsätzlich einen Plan B, C und K haben, das haben sie in den letzten Jahrzehnten immer wieder erfolgreich gezeigt.

»Ideen zu finden, um das System zu überlisten, ist Teil der argentinischen Mentalität«, sagt Cesar Cerrudo, ein Profi-Hacker aus Argentinien, in einem Interview. Große internationale Unternehmen stellen daher gerne argentinische Hacker ein, um Schwachstellen im System zu finden.

Der argentinische Liedermacher Ignacio Aníbal Copani hat dem Draht mit seinem ironisch anmutenden Lied *Lo atamo' con alambre* ein Denkmal gesetzt: »In diesem Heiligen Land hat niemand Angst vor einem Zyklon oder wenn im Speisesaal die Decke herunterfällt. Es fehlt uns nicht an Erfindergeist, um den Wasserkocher oder das Bett präzise zu reparieren. Wir binden alles mit Draht fest.«

Das Gute an der Sache mit dem *alambre* im Alltag ist: Es funktioniert! Zumindest eine Zeit lang. Aber warum sollte man sich heute Gedanken darüber machen, was morgen eventuell unter bestimmten Umständen vielleicht kaputtgehen *könnte*? Immerhin wird es ihn auch morgen noch geben, den guten alten Draht.

53. Grund

Weil Flunkern und Tricksen ausdrücklich erwünscht ist

»Okay, ich habe die Regeln verstanden«, sage ich zuversichtlich und bereue diesen Satz fünf Minuten später bereits wieder. Regeln gibt es zwar beim *truco*, dem Kartenspiel, das jeder Argentinier zeitgleich mit dem Sprechen lernt. Und diese Regeln sind auf den ersten Blick auch gar nicht so schwer. Bis auf die eine, die Hauptregel: bluffen, täuschen, tricksen, lügen. Ja, ich habe auch schon in Deutschland Kartenspiele gespielt, bei denen man dem Gegner etwas vorgaukelt. Aber haben Sie schon einmal versucht, einen Argentinier zu täuschen? Ein Ding der Unmöglichkeit. Gäbe es eine Weltmeisterschaft im Bluffen, so können Sie sich sicher sein, die Argentinier würden jedes Mal den Pokal holen.

Der Argentinier übt diese Eigenschaft seit seiner Kindheit, wenn sie ihm nicht schon in die Wiege gelegt wurde, er perfektioniert sie über die Jahre hinweg, und beim *truco*, da kann er sie so richtig ausleben. Denn beim *truco* ist jede Wirklichkeit Schein – und Schein die Wirklichkeit.

»Pokerface« und Schweigen sind hier fehl am Platz. Das Konzept des *chamullero*, der argentinischen Labertasche, und wilde Gestikulation steigern sich ins Unermessliche. Jede noch so kleine Handbewegung ist randvoll mit Bedeutung.

Der Unterschied zwischen mir und dem Argentinier: Der Argentinier weiß jede Gestik zu deuten, ich hingegen müsste erst einmal im nicht existierenden *truco-Gestikulationsbuch* nachschlagen, was ein Kratzen mit dem Zeigefinger hinter dem linken Ohr bedeutet. Und dafür ist keine Zeit, denn man muss sofort kontern und versuchen, den Gegner in die Irre zu führen.

Ein Team besteht aus zwei Spielern, in der Regel wird das Kartenspiel zu viert gespielt. Die Teams sitzen sich gegenüber. Im Prinzip funktioniert es wie ein Stich-Spiel: Die Spieler bekommen jeweils drei Karten, und in jeder Runde gewinnt die Karte mit dem höheren Wert den Stich.

Insgesamt gibt es 40 Karten, und wer zuerst 30 Punkte erreicht, hat gewonnen. Durch bestimmte Ansagen kann der Einsatz erhöht werden, die Gegner reagieren darauf mit »ich will« oder »ich will nicht«. Außerdem können sie den bereits erhöhten Einsatz weiter erhöhen. Nun beginnt das Herzstück des *truco*, besagtes Flunkern und Täuschen. Falsch spielen ist ebenso gewünscht wie den Gegner zu verwirren. Dabei muss man ein wachsames Auge auf sein Gegenüber haben, der einem durch Zeichen mitteilen kann, welche Karten er hat. Das machen die Gegner natürlich auch. Wahrheit und Lüge lösen sich in einem undurchdringlichen Nebel auf. Dazu werfen sich die Spieler Phrasen und einzelne Wörter an den Kopf als wären sie ein Tennisball. Man muss darauf gefasst sein, dass bei der Einsatzerhöhung Synonyme oder inkorrekte Wörter eingeworfen werden: »ich mag« statt »ich will«, »tuco« statt »truco«. Darauf darf man nicht hereinfallen.

Beißt sich einer der Spieler auf die Unterlippe, so heißt das, er hat eine 3, zieht er die Augenbrauen hoch, dann hat er ein Schwerter-Ass. Oder eben gerade nicht und er will den Gegner mit diesen Zeichen täuschen. Davon abgesehen entwickeln natürlich gerade Teams, die schon lange zusammenspielen, ihre ganz eigene Sprache.

Und so wird gerne mal den lieben langen Tag geflunkert, während der Matebecher die Runde macht.

Wenn Sie nach diesem Kapitel verwirrter sind als zuvor, machen Sie sich keine Sorgen. Es bedeutet lediglich, dass Sie auf gutem Wege sind, die Regeln des argentinischen Nationalspiels zu verinnerlichen – irgendwo auf dem nebulösen Grat zwischen Schein und Sein.

54. Grund

Weil es hier immer einen Weg gibt und Gesetze Interpretationssache sind

Manche Dinge, die man sich in den Kopf gesetzt hat, erscheinen hoffnungslos und drohen an der Realität zu scheitern. In einer solchen Situation befand ich mich, als ich nach dem Studium kurzentschlossen nach Buenos Aires zog und mich darum kümmern musste, eine dauerhafte Aufenthaltsgenehmigung zu bekommen. Wer nach Argentinien einreist, bekommt automatisch ein für 90 Tage gültiges Touristenvisum. Ich war nun schon deutlich länger im Land und wollte nicht mehr alle drei Monate für einen Tag nach Uruguay ausreisen müssen. Das mit der dauerhaften Aufenthaltsgenehmigung klang auch ganz leicht, schließlich brauchte ich nur einen Arbeitsvertrag – und Arbeit hatte ich kurz zuvor gefunden. Doch ich musste schnell lernen, dass »Arbeit haben« keineswegs gleichzusetzen ist mit »einen Arbeitsvertrag haben«, was denn auch sichtbare Narben in meinem Enthusiasmus hinterließ. Ein Freund klopfte mir aufmunternd auf die Schulter: »Kopf hoch, du bist in Argentinien.

Hier ist alles möglich. Gesetze und Normen sind Interpretationssache, und manchmal muss man eben ein bisschen länger suchen und mehr Umwege in Kauf nehmen als anderswo, aber Lösungen gibt es für alles.«

Das Leben liefert uns hin und wieder unerwartete Antworten und verlangt einen langen Atem und Erfindergeist – und dafür ist argentinische Bürokratie ein Paradebeispiel.

Um seine Aufenthaltsgenehmigung zu bekommen, meldete sich ein Bekannter aus Österreich für einen einjährigen Nähkurs an. Das Unternehmen, welches den Kurs anbot, hatte ein spezielles Abkommen mit dem Migrationsamt in Buenos Aires, sodass alle nähfreudigen Ausländer für die Dauer des Kurses ein Visum bekamen. Als ich davon hörte, beschloss ich spontan, dass ich schon immer den Wunsch gehegt hatte, nähen zu lernen. So plötzlich wie der Wunsch in mir aufgekeimt war, löste er sich auch wieder in Luft auf, denn besagter Nähkurs wurde nicht mehr angeboten. Er wurde wohl von zu vielen Pseudonähenthusiasten besucht, die sich über diesen Weg ein Visum erschleichen wollten (ein Unding!).

Ich machte mich also auf die Suche nach Alternativen und stolperte über das sogenannte *Certificado de Convivencia*, welches besagt, dass Nicht-Argentinier, die mit einem Argentinier eine »feste, beständige und ehrliche Partnerschaft« eingegangen sind, eine dauerhafte Aufenthaltsgenehmigung bekommen würden. Das klang nach einer einfachen Lösung, denn den argentinischen Partner an meiner Seite hatte ich bereits gefunden.

Die folgenden 18 Monate verbrachte ich die meiste Zeit auf diversen Ämtern und Behörden. So leicht, wie ich dachte, war das in der Praxis nicht. Ein Tag auf einem argentinischen Amt sieht in etwa so aus:

Das Tagesziel ist es, ein bestimmtes Dokument mit einem Stempel zu erhalten. Wofür genau der Wisch gebraucht wird, kann einem niemand sagen. Es ist einfach ein unabdingbarer Zwischenschritt, um das eigentliche Dokument zu bekommen.

Zuerst reiht man sich in eine nicht enden wollende Schlange ein, um zu sagen, dass man da ist. Man bekommt eine Nummer, mit der man sich am nächsten Schalter anstellt. Hier eine Unterschrift, da ein Stempel. Zwischendurch wird man gebeten, irgendwo Platz zu nehmen. Nach stundenlangem Warten wird man aufgerufen, ein kritischer Blick auf den letzten Stempel, nein, das hier ist nicht der richtige Schalter. Wo dieser ist? Das kann man nicht so genau sagen, liegt außerhalb des Zuständigkeitsbereiches. Wird man schließlich fündig, so wird einem mitgeteilt, dass ein äußerst wichtiges Dokument fehlt, ohne welches man das darauffolgende nicht aushändigen darf. Das Spiel beginnt von vorn. Am Abend hat man mit etwas Glück das Tagesziel erreicht.

Als Nächstes benötigt man eine Bestätigung des Wohnsitzes in Argentinien. Diese bekommt man aber nicht ohne DNI, den argentinischen Personalausweis, den man ja zu beantragen versucht. Aber auch aus diesem Teufelskreis gibt es Wege und Zwischenlösungen. Abermals ist es nur eine Frage der Geduld und einer gut durchdachten Rhetorik, gerne auch gepaart mit ein wenig Schummelei.

Als ich diese Dokumente mit all ihren Stempeln und Vermerken eingereicht hatte, standen eine Reihe »sozialer Befragungen« auf dem Plan: Meine Freunde, mein Partner und ich wurden einzeln zu unserer Beziehung befragt. In einem anderen Interview mussten mein Partner und ich gemeinsam Rede und Antwort stehen. Dadurch sollte ausgeschlossen werden, dass es sich bei der Partnerschaft um einen reinen Visumswunsch handelte.

Als ich alle, wirklich alle Dokumente beisammen hatte, teilte man mir freundlich mit, dass es eine Gesetzesänderung gegeben hatte und dadurch einige Bescheinigungen wertlos geworden waren und durch neue ersetzt werden müssten.

Ein weiteres halbes Jahr Schlange stehen, Normen interpretieren und viele Stempel später, wurde mir der DNI fast einfach so in die Hand gedrückt. Denn zunächst bemängelte die Beamtin das Fehlen eines Belegs, drückte aber ein Auge zu, nachdem ich ihr in einem zehnminütigen Monolog mit Unschuldsmiene erklärt hatte, dass mir niemand von der Existenz eines solchen Belegs erzählt habe und ich doch stets so darauf bedacht sei, in ihrem wunderschönen Land (dem schönsten der Welt) alles richtig zu machen.

In vielen Alltagssituationen hilft der Rückgriff auf dieses typische Konzept, das jeder Argentinier im Blut hat: die *viveza criolla*. Das ist im Prinzip ein Durchmogeln, eine Manipulation seines Gegenübers zum eigenen Vorteil, je nach Situation durch geschickte Argumentation, Ablenkung, treuen Hundeblick oder Humor. In meinem Fall handelte es sich nur um ein klein wenig Honig ums Maul schmieren, ein eher kindlich-naiver Fall von *viveza criolla*. Wenn wahre Meister am Werk sind, geht es selten so unschuldig zu, die *viveza criolla* wird dann zu einem Machtinstrument, das nicht nur nervtötend ist, sondern anderen auch Schaden zufügen kann.

Mit ein bisschen Glück und einer durchdachten Strategie kann durch Rückgriff auf die *viveza criolla* jedes Gesetz zur Ausnahme werden. Diese Lebensphilosophie trägt mit Sicherheit nicht zu mehr Stabilität oder weniger Korruption bei, im Gegenteil. Das wissen natürlich auch die Argentinier. »Aber es ist so tief in uns verankert, wir können einfach nicht anders. Hecho la ley, hecho la trampa« (ist das Gesetz beschlossen, ist die Falle gemacht), erklärt mir ein Freund mit solch einem kindlich-ehrlichen Blick, dass ich nicht anders kann, als ihm zu glauben.

55. Grund

Weil eine Nacht im Stundenhotel zu den normalsten Dingen der Welt gehört

In Buenos Aires gibt es für die Liebe einen Ort jenseits des heimischen Schlafzimmers: das *telo*. Die Vorstellungen und Bilder, die das Wort »Stundenhotel« in unseren Köpfen hervorrufen, haben mit dem argentinischen Pendant wenig gemeinsam. *Telos* sind in der Stadtkultur ebenso integriert wie die Kaffeehäuser, und es gibt wahrscheinlich keinen erwachsenen *porteño*, der im Laufe seines Lebens nicht mindestens einmal ein *telo* aufgesucht hat. Das Wort ist eine Umkehrung von »Hotel«, wobei das stumme »h« wegfällt (siehe Grund 49).

Diese *albergues transitorios* (transitorische Herbergen) sind ein Ort der verbindlichen Unverbindlichkeiten, ein Zufluchtsort für Liebende, die aus den verschiedensten Motiven einen vorübergehenden Zuhause-Ersatz benötigen: Man lebt mit der Großfamilie auf engstem Raum zusammen, man ist sich sicher, die auserwählte Person nach der Nacht nie wieder sehen zu wollen, man versucht, eingerostete Liebe wiederzubeleben, die Mittagspause ist zu kurz, um nach Hause zu fahren, man will beim Fremdgehen nicht erwischt werden. Es gilt das altbekannte Sprichwort: »Del amor y de los cuernos nadie se salva.«, vor Liebe und Betrug ist keiner sicher.

Telos können stundenweise oder auch die ganze Nacht gemietet werden. Wenn es mal länger dauert als geplant, kann der Aufenthalt per Telefonanruf verlängert werden. Diskretion ist in den Stundenhotels oberstes Gebot. Die Rezeption ist meist durch verspiegelte Scheiben abgetrennt, auf dem Zahlungsbeleg erscheint ein Fantasiename à la »Max Mustermann«. Entstanden sind die Etablissements bereits in den 1930er-Jahren als Ersatz für Bordelle, nachdem diese verboten wurden. Eines der ältesten *telos* der Stadt ist das »La Cigarra« im Viertel Palermo, das einigen argentinischen Filmen als Schauplatz diente. Seit 1997 ist der Besuch im *telo* homosexuellen Paaren gestattet (davor war das zwar verboten, aber niemand hatte sich daran gehalten), und seit 2019 dürfen die Zimmer offiziell auch von mehr als zwei Personen gleichzeitig besucht werden, was argentinischen Medien zufolge freudig angenommen und umgesetzt wird.

Mittlerweile gibt es allein in Buenos Aires rund 150 Stundenhotels. Die preisliche Spannweite reicht von ein paar Euro mit Bettflöhen als Gratiszugabe bis hin zu teuren Luxusvarianten. Jacuzzi, eigener

Gartenbereich, Regenwaldsuite oder römischer Springbrunnen – um den Besuchern unvergessliche Stunden zu bescheren, sind der Fantasie keine Grenzen gesetzt. Zur Grundausstattung gehören in der Regel Präservative, verspiegelte Wände oder Decken, raffinierte Beleuchtung und ein kostenloser Pornosender im Fernsehen. Gegen Aufpreis gibt es Liebesschaukeln, Vibratoren und andere Spielereien. Wer nach so viel körperlicher Aktivität Hunger verspürt, kann beim 24-Stunden-Service Sushi oder kleine Snacks bestellen. Das Essen wird diskret in einem Raum zwischen Zimmer und Tür abgestellt.

Besonders am Wochenende verlangt die spontane Liebe nach vorheriger Planung, denn oft sind die *telos* ausgebucht, und man muss in der Empfangshalle Schlange stehen, was sich wahrscheinlich kontraproduktiv auf das eben aufgeflammte erotische Knistern auswirkt. Aus diesem Grund bieten gehobene *telos* eine vorherige Reservierung online an – fast wie in einem ganz normalen Hotel. Blöd nur, dass man meistens nicht im Voraus weiß, wann Amor wieder zuschlägt.

Optisch unterscheiden sich *telos* allerdings deutlich von Hotels. Nicht selten sind sie in Rot- oder Violetttönen beleuchtet, am Eingang deutet ein unscheinbares Schild daraufhin, dass es sich um eine *albergue transitorio* handelt. Manche *telos* verraten hingegen schon mit ihrem Namen, dass es hier ans Eingemachte geht: L'Amour, Tabú, Kiss Me, Eros, Punto G, Venus. Heutzutage helfen diverse Smartphone-Apps bei der Wahl des richtigen *telos*.

Die Happy Hour ist auch im Stundenhotel angekommen: Mit der *tarjeta erógena* bekommt man Vergünstigungen und besondere Angebote.

Auf dem Land gestaltet sich die heimliche Leidenschaft etwas komplizierter. Mitten auf dem Dorfplatz ein *telo* zu errichten, wo jeder sieht, wer ein und aus geht? Das würde wahrscheinlich einen mittelschweren Skandal nach sich ziehen. »Pueblo chico, infierno grande« – kleines Dorf, große Hölle. Da man aber selbstverständlich auch im Hinterland nicht auf erotische Stunden verzichten möchte, findet man *telos* dort außerhalb der Ortschaften und abseits größerer Straßen, nicht selten versteckt in einem kleinen Wald.

Dass die Argentinier generell in Sachen Liebe recht offen sind, zeigt die Facebook-Seite »me pasó en un telo«. Hier tauschen die beinahe 400.000 Follower munter Anekdoten aus, die ihnen in *telos* widerfahren sind.

56. Grund

Weil man nicht nur standesamtlich und kirchlich heiraten kann, sondern auch maradonianisch

Der Countdown läuft, auf der anderen Seite der Welt wird aufwärts gezählt: »Sieben, acht, neun, zehn. Frohe Weihnachten!« In der Nacht zum 30. Oktober wird in Argentinien das erste Weihnachten im Jahr gefeiert. Man feiert den Geburtstag Gottes, Diego Armando Maradonas.

Der »beste Fußballspieler aller Zeiten« (zumindest bis Lionel Messi kam und ständig versucht, ihm diesen Platz streitig zu machen) ist für viele Argentinier der lebende Beweis dafür, dass man es aus der untersten Schicht, die von allen mit Füßen getreten wird, zu Ansehen und Reichtum schaffen kann. Seine Drogenexzesse und andere Skandale verzeiht man ihm da nur allzu gern, ist doch das Scheitern das, was ein wirkliches Idol auszeichnet.

Diego kam am 30. Oktober 1960 zur Welt und wuchs in Villa Fiorito, einer Marginalsiedlung am südlichen Rand der argentinischen Hauptstadt, in ärmlichen Verhältnissen auf. Fußball war schon immer seine größte Leidenschaft, und bereits mit neun Jahren durfte er in einer legendären Jugendmannschaft und später bei Boca Juniors spielen, für die er den ersten Meistertitel holte, was ihm seinen Spitznamen *pibe de oro*, Goldjunge, einbrachte. Spätestens als er für eine immense Summe nach Barcelona und Neapel – ins verheißungsvolle

Europa, von dem die Argentinier so gerne träumen – wechselte, und 1986 für Argentinien den Weltmeistertitel holte, stand seine Divinität außer Frage. Und wo Gott ist, da braucht es auch ein Gotteshaus.

In Rosario, etwa 300 Kilometer nordwestlich von Buenos Aires, wünschte der Maradona-Anhänger Hernán Amez seinem Freund Alejandro Verón am 30. Oktober 1998 Fröhliche Weihnachten. Nach reichlichem Überlegen dämmerte es Alejandro: »Klar! Heute wurde Gott geboren. Frohe Weihnachten, mein maradonianischer Bruder.«

Was als Scherz begann, hat mittlerweile weltweit über 40.000 Anhänger und nennt sich *Iglesia Maradoniana*, maradonianische Kirche. Ob das nicht schon an Blasphemie grenzt? Keinesfalls, versichert die Glaubensgemeinschaft. Auf der Webseite der Iglesia Maradoniana heißt es: »Unsere Religion ist Fußball. Und jede Religion braucht einen Gott. Unser Gott ist Argentinier und heißt Diego Armando Maradona. Der christliche Gott ist der Gott des Verstandes, Diego ist der Gott der Herzen.« Die Göttlichkeit steckt immerhin schon in seiner Rückennummer: D10S, ein Wortspiel aus *Dios*, dem spanischen Wort für Gott, und Maradonas Rückennummer 10.

Maradonas Autobiografie *Yo soy Diego* (*Ich bin Diego*) muss als Bibel herhalten. Neben einem Glaubensbekenntnis und eigenen Zehn Geboten gibt es auch ein Diego-Unser: »Diego Unser, der du bist auf der Erde, geheiligt werde dein linker Fuß, lass deine Magie mit uns sein, lass deine Tore unvergesslich werden, hier auf Erden wie im Himmel. Beschere uns Freude am heutigen Tag und vergib all den Journalisten, wie auch wir vergeben der neapolitanischen Mafia. Lass uns den Ball nicht beschmutzen und befreie uns von Havellange.« Das Gebet schließt (wer hätte es gedacht) mit dem Wort »Diego«.

Wie es sich für eine echte Glaubensgemeinschaft gehört, wird in der maradonianischen Kirche neben Weihnachten auch Ostern gefeiert. Dabei wird des Viertelfinales der Weltmeisterschaft in Mexiko vom 22. Juni 1986 gedacht, das Argentinien mit 2:1 gegen England gewann. Das erste Tor erzielte Maradona mit der Hand, was er nach dem Spiel mit der »Hand Gottes« rechtfertigte (»Es war der Kopf

Maradonas und die Hand Gottes«). Wenige Minuten später schoss er nach einem Dribbling über das halbe Spielfeld das zweite Tor, das Jahre später von der FIFA zum WM-Tor des Jahrhunderts gekürt wurde. Na, wenn das kein Beweis seines göttlichen Wesens ist!

Und was darf in einer Kirche nicht fehlen? Den Bund des Lebens zu schließen. Bei der maradonianischen Hochzeit schwören Braut und Bräutigam, die Hände auf einem Fußball übereinandergelegt, nicht nur sich und Maradona die ewige Treue, sie versprechen auch, ihre Söhne mit Zweitnamen Diego zu taufen.

Amen – Diego.

7. Kapitel

Reise ins Tierreich

57. Grund

Weil Argentinien Dinosaurierland ist und auf dem Spielplatz der Natur zu einer Partie Boccia einlädt

Argentinien ist eine wahre Schatztruhe für Paläontologen und lässt die Herzen von Dino-Liebhabern höher schlagen. Immer wieder werden hier Knochen der Urzeitriesen gefunden oder sogar neue Arten entdeckt. Spektakuläre Funde, was die Wissenschaftler stets mit neuen Fragen konfrontiert. Für anfängliche Überraschung und Schlagzeilen sorgten vor allem zahlreiche Knochenfunde in Patagonien. Dinosaurier so weit im Süden? Das war die eigentliche Sensation. Die Langhalsdinosaurier, die hier vor über 65 Millionen Jahren in Gruppen lebten, waren vermutlich rund 40 Meter lang und 80 Tonnen schwer und ernährten sich von den Nadeln der Araukarie, der Andentanne, die bis heute in Argentinien und vor allem Chile weit verbreitet ist und zu den ältesten Baumarten der Welt gehört.

Viel Geduld und Erfahrung sind in der weiträumigen Landschaft vonnöten, um die Knochenfragmente zwischen Sand und Gestein auszumachen. Erst Anfang 2019 entdeckten Forscher eine neue Dinosaurierart in der Provinz Neuquén, der sie in Anlehnung an den Fundort Bajada Colorada den Namen Bajadasaurus pronuspinax gaben, was so viel wie »Eidechse von Bajada mit nach vorne gebogenen Stacheln« bedeutet. Wie der Name bereits verrät, hatten die Tiere gebogene Stacheln entlang der Wirbelsäule, die bis zu 152 Zentimeter lang werden konnten. Welche Funktion diese Stacheln hatten, konnte bisher nicht geklärt werden. Einige Paläontologen sind der Meinung, dass sie zur Abschreckung potentieller Gegner dienten. In den Medien war scherzhaft von einem »Irokesen aus Hörnern« die Rede.

Weiter nördlich, in der Provinz San Juan, wurden neben anderen gut erhaltenen Fossilien auch die Knochen von einer der ältesten Dinosaurierart der Welt gefunden. Etwa auf halber Strecke zwischen den beiden Provinzhauptstädten San Juan und La Rioja befinden sich der Nationalpark Talampaya und das Naturreservat Ischigualasto, das aufgrund seiner Trockenheit auch als Valle de la luna (Mondtal) bekannt ist. Der Name Ischigualasto stammt aus dem Quechua und bedeutet so viel wie »Ort des Todes«. Die bizarren Gesteinsformationen des Naturreservats sind das Resultat kontinentaler Ablagerungen von Flüssen, Seen und Sümpfen über einen längeren Zeitraum hinweg vor rund 228 Millionen Jahren.

Anfang der 1990er-Jahre entdeckte eine Gruppe lokaler Forscher hier Knochen des Eoraptor lunensis, eines der ursprünglichsten Exemplare der Dinos, die im Vergleich zu anderen seltsam anmutenden Reptilien der Region in der Unterzahl lebten und für Jurassic-Park-Action wahrscheinlich viel zu klein geraten waren. Mit einer Höhe von 30 Zentimetern reichen die Echsenbeckensaurier dem Menschen gerade einmal bis zum Knie. Originalfossilien, rekonstruierte Modelle und Skelette können im Besucherzentrum des Ischigualasto-Parks und im Naturwissenschaftlichen Museum im 273 Kilometer entfernten San Juan bestaunt werden, wo man mit etwas Glück sogar den Paläontologen bei ihrer Arbeit über die Schulter blicken kann.

Aber auch wenn Sie Ihre Berufung nicht in der Suche nach Dinoknochen finden sollten, sind der Ischigualasto und der Talampaya einen Besuch wert. Auf einer Fläche von 8000 Quadratkilometern werden Sie hier durch Erosion geschaffene skulpturartige Gesteinsgebilde und Felswände vorfinden, die wie überdimensionale Spielzeuge der Natur wirken. Die eigentümlichen Gesteinsformen machten die Namensfindung leicht, so stehen neben dem »U-Boot« auch die »Sphinx«, der »Pilz« oder der »Wurm« für Fotosessions bereit. Zu den Hauptattraktionen des Naturreservats zählt insbesondere die »cancha de bochas« (Bocciabahn), ein flaches Feld, auf dem viele rundgeschliffene Felsbrocken so angeordnet sind, als hätten sie göttliche Wesen (oder Dinosaurier?) extra so platziert, um eine Runde Boccia zu spielen.

58. Grund

Weil carpinchos die coolsten Tiere sind

Sie sind träge, rundlich und so drollig, dass man sie einfach ins Herz schließen muss: *carpinchos*, auf Deutsch Wasserschwein oder Capybara. *Carpinchos* sind in nahezu ganz Südamerika verbreitet, in Argentinien vorwiegend im feuchtwarmen Nordosten, denn sie lieben Sumpfgebiete, Tümpel, Mangrovenwälder, Flüsse und Seen. Zum Schlafen und zur Nahrungsaufnahme bevorzugen sie festen Boden unter den Schwimmhäuten, weswegen die grasbewachsenen Savannengebiete der Regionen Mesopotamia und Gran Chaco ein idealer Lebensraum für sie sind.

Ihre Verwandtschaft zu den Meerschweinchen ist deutlich erkennbar. Allerdings würde man sich ein *carpincho* wahrscheinlich eher nicht als Haustier halten, denn mit einer Länge von bis zu 134 Zentimetern, einer maximalen Schulterhöhe von 62 Zentimetern und einem Gewicht von etwa 60 Kilogramm sind sie die größten heute lebenden Nagetiere.

Carpinchos wurden (und werden) wegen ihres Fleisches und ihrer Haut gejagt, die zur Herstellung erstklassiger Lederwaren dient. In Argentinien leben sie zu einem großen Teil in Naturschutzgebieten oder Nationalparks, sodass man heute glücklicherweise nicht mehr um ihren Bestand fürchten muss, zumal sie kaum natürliche Feinde haben. Geschlechtsreife Männchen erkennt man an einer großen Talgdrüse auf dem Nasenrücken, die einen moschusartigen Geruch verströmt.

Wenn Gefahr droht, stoßen sie einen lauten Alarmruf aus und flüchten ins Wasser, denn sie sind hervorragende Schwimmer. Sie sind aber mindestens genauso hervorragende Faulenzer, weswegen sie die meiste Zeit des Tages im Schatten vor sich hin dösen oder sich in kleinen Tümpeln erfrischen. Die friedlichen Zeitgenossen sind der Inbegriff der Entspannung. Neben stundenlangen Siestas ist die Nahrungsaufnahme ihre Hauptbeschäftigung. Sie müssen ihre Nahrung aber nicht erst suchen oder gar jagen, denn sie ernähren sich hauptsächlich von Gräsern – und das nicht gerade wenig: Täglich müssen sie fünf Kilogramm Kräuter und Rasenpflanzen zu sich nehmen. Das könnte fast schon in Stress ausarten, aber die dämmerungsaktiven Nager nehmen es gelassen. Während sie damit beschäftigt sind, die Wiesen abzumähen, stoßen sie zufriedene Grunzlaute aus, welche die warmen argentinischen Nächte beschallen.

Carpincho müsste man sein!

59. Grund

Weil Hunde hier als Bergführer arbeiten

Stopp! Ich muss zunächst einmal etwas klarstellen. Lesen Sie an dieser Stelle bitte nur weiter, wenn Sie versprechen, ein Geheimnis für sich behalten zu können und meinen Freund Ramón nicht zu verraten! Denn dann müsste er zurück in die Zivilisation, und das wäre der Untergang für ihn …

Das gilt übrigens nicht nur für Ramón, sondern für all die vierbeinigen Begleiter, auf die Sie in sämtlichen argentinischen Nationalparks treffen könnten.

Pampa Linda liegt im Nationalpark Nahuel Huapi, einem Paradies für Naturliebhaber und Bergsteiger. Der kleine Ort besteht aus einem Guesthouse, einem Campingplatz, einem Bauernhof, dem Häuschen des Parkrangers, einem verwahrlosten, nie fertig gebauten Haus und einem Grenzposten. Von hier kann man über den Paso Vuriloche in etwa zwei Tagen nach Chile wandern – für Fahrzeuge ist der Weg gesperrt. Oder man wandert zu den beiden Refugios Agostino Rocca und Otto Meiling. Letzteres ist der Ausgangspunkt für Gipfelbesteigungen des Tronador. Der 3554 Meter hohe Vulkan an der Grenze von Argentinien und Chile fällt vor allem durch seine drei Gipfel auf:

einer gehört zu Argentinien, einer zu Chile, der dritte und höchste ist international. Um die Gipfel zu besteigen braucht man Klettererfahrung, gute Ausrüstung, Schwindelfreiheit, einen verlässlichen Orientierungssinn. Und eine Portion Ramón kann auch nicht schaden.

Der Mischlingshund Ramón wächst – so wird angenommen – in Colonia Suiza in der Nähe von Bariloche auf. Das Leben dort wird ihm aber bald zu langweilig, und sein Blick wandert immer wieder sehnsüchtig zur umliegenden Bergkette. Eines Tages beschließt er, seine Träume zu leben, und zieht los. Es gibt nur einen Weg, um von Colona Suiza nach Pampa Linda zu kommen: über die Berge. Wegloses, steiles Gelände, abgesehen von der Schutzhütte Laguna Negra nur Wildnis und Einsamkeit. »Eine anstrengende 5-Tages-Tour für erfahrene Wanderer mit entsprechender Ausrüstung« heißt es in einem Reiseführer.

Die Besitzerin des Campingplatzes staunt nicht schlecht, als zwei erschöpfte Wanderer mit einem vor Energie sprühenden, offensichtlich aber sehr hungrigen Hund ankommen. Der Hund sei ihnen einfach gefolgt, sie hätten nichts machen können. Ramón schaut sich um, der Campingplatz scheint ihm zu gefallen. Er beschließt zu bleiben.

Das Problem an der Sache: Pampa Linda liegt im Nationalpark, und dort sind Hunde strikt verboten. Das Gute: In Argentinien sind Gesetze Interpretationssache (siehe Grund 54). Und das Beste: Die Tochter der Campinglatzbesitzerin ist die Verlobte des Parkrangers, der seiner Zukünftigen keinen Wunsch abschlagen kann.

Viele Augen werden zugedrückt und Ramón darf bleiben. Nachdem er, wie es sich für einen echten Argentinier gehört, ein stattliches Steak genossen hat, beginnt er seine Arbeit als Bergführer. Er sucht sich seine Begleiter selbst aus und lässt sich da von niemandem reinreden. Wer versucht, ihn mit Futter oder Streicheleinheiten zu locken, hat schon verloren. ER entscheidet, wessen er sich annimmt.

Als wir das Zelt aufbauen, nähert er sich, schnuppert an uns und lässt sich zufrieden unter einem Baum in der Nähe nieder. Die Sache ist klar: Die nächsten Tage, während wir auf besseres Wetter warten, weicht Ramón nicht von unserer Seite. Er schläft vor unserem Zelt, nachts hört man ihn oft knurren, er folgt uns auf Schritt und Tritt. Außer wenn er einen Hasen sieht, dann ist er mal kurz weg.

Wir machen uns auf den Weg zum Refugio Rocca, Ramón strammen Schrittes voraus. Er ist sichtlich erfreut darüber, dass er endlich wieder in die Berge darf. Die Pausen nutzt er für ein kurzes Nickerchen. Der Pfad führt in steilen Serpentinen hinauf zum Paso de las Nubes, dem Wolkenpass, wo die Hütte liegt. Als die ersten Schneefelder in Sicht kommen, ist Ramón nicht mehr zu bremsen. Alle viere von sich gestreckt, rutscht er die Berge hinunter und springt bellend wieder hoch.

Als wir an der modernen Schutzhütte ankommen, nimmt der Wind zu. Bald regnet es in Strömen, das Thermometer fällt immer weiter. Ramón ist hier zwar bekannt, aber Hunde sind in der Hütte nicht erlaubt, und hier ist das keine Interpretationssache. Es braut sich ein Schneesturm zusammen. Ramón, die arme, treue Seele, muss im kalten Vorraum schlafen. Am nächsten Tag schneit es immer noch. Der Hund erwartet uns bereits ungeduldig, er drängt zum Abstieg.

An einer Weggabelung geht es rechts zum Tronador, geradeaus zurück nach Pampa Linda. Ramón biegt rechts ab, schaut uns mit seinen großen Augen erwartungsvoll an und zieht enttäuscht den Schwanz ein, als wir ihm klarmachen, dass wir nach Pampa Linda absteigen. Die Enttäuschung ist schnell verflogen, als er auf dem Campingplatz mit einem großen Stück Fleisch für seine Arbeit belohnt wird.

Der Parkranger erzählt uns, dass Ramón nicht so gern zum Refugio Rocca geht, das ist ihm zu langweilig. Er liebt Schnee und Abenteuer. Der Tronador ist sein Lieblingsberg, die Otto-Meiling-Hütte sein Lieblingsschlafplatz. Einmal hat er einen Kletterer sogar bis auf den Gipfel begleitet, ein Beweisfoto hängt im Restaurant. Für Ramón ist das Bergführerdasein nicht Beruf, sondern Berufung. Und das merkt man.

Hut ab vor dir, mein Freund! Du bist unter den Hunden der Erstbesteiger des Tronador! Ich hoffe, du kannst noch vielen Wanderern den Weg zeigen.

60. Grund

Weil der Kondor der König der Lüfte ist

Ich bin jedes Mal aufs Neue überwältigt, wenn ich sehe, mit welcher Eleganz die Giganten durch die Luft gleiten. Kondore fliegen über die sturmumtosten Berggipfel der Anden hinweg, als sei es das Leichteste der Welt, während ich mir auf dem Boden mit dem Wind einen Kampf ums Vorwärtskommen liefere.

Männliche Andenkondore sind schwarz und haben silberweiße Deckfedern. Die weiße Halskrause erinnert an die spanische Kleidermode aus dem 16. Jahrhundert. Aus der Nähe betrachtet ist es erst einmal vorbei mit der Eleganz. Der nackte, braun-rot geäderte Kopf mit seinem wulstigen Kamm ist nicht gerade das, was man als Inbegriff der Schönheit bezeichnen würde. Bei den Weibchen hat der Schöpfer auf derartige Accessoires verzichtet, aber wahrscheinlich würden auch sie keinen Schönheitswettbewerb gewinnen. Das haben die zu den Neuweltgeiern zählenden Tiere auch gar nicht nötig, denn Freiheit kommt vor Schönheit, und Andenkondore sind das Freiheitssymbol schlechthin.

Mit einem Gewicht von bis zu 15 Kilogramm und einer Flügelspannweite von bis zu drei Metern sind sie die größten flugfähigen Vögel der Welt. Diese stolzen Zahlen machen ihnen beim Starten und Landen zu schaffen, denn während die mächtigen Flügel zum Segeln ideal sind, ist das Schlagen ein gewaltiger Kraftakt, den sie nicht lange durchhalten können. Um mit ihren Kräften zu haushalten, nutzen sie geschickt die günstigen Aufwinde der Anden, dank derer sie eine Flughöhe von 7000 Meter erreichen und mühelos Hunderte von Kilometern am Tag zurücklegen können. Das macht ihnen so schnell kein anderer Vogel nach. Dort oben sind sie die uneingeschränkten Herrscher. Neben ihren beeindruckenden Flugkünsten haben Andenkondore auch eine wichtige Rolle für das Ökosystem, denn als Aasfresser vermindern sie die Ausbreitung von Krankheiten.

Außerhalb der Anden kann der König der Lüfte in Argentinien auch an der Küste Patagoniens und in den Sierras Pampeanas, etwa im Nationalpark Quebrada del Condorito 85 Kilometer östlich der Provinzhauptstadt Córdoba, bestaunt werden. Der sich über rund 40.000 Hektar erstreckende Nationalpark wurde 1996 speziell zum Schutz der Kondore errichtet. Die Vögel waren in der Region vom Aussterben bedroht, sodass Jungtiere dort aufgezogen und später ausgesetzt wurden. Es gibt schöne Wander- und Radwege durch die sensationelle Schlucht mit ihren idyllischen Flüssen und Bächen. Von den Aussichtspunkten können die Kondore aus nächster Nähe beobachtet werden, denn nicht selten gönnen sich die Riesenvögel dort selbst eine kleine Flugpause und genießen den Blick über die großflächige Pampa (oder ihre nächste Beute). Neben den Kondoren und allerlei Kleintieren, die ihnen als Nahrung dienen, gibt es im Park auch Pumas, Guanakos, Pampasfüchse und verschiedene Schlangenarten. Die in dieser Region verbreitete Halbmond-Lanzenotter, auf Spanisch *yarará* genannt, ist die giftigste Schlangenart Argentiniens. Bisse sind zwar sehr selten, aber es empfiehlt sich, das Schicksal nicht herauszufordern und festes Schuhwerk zu tragen, wenn Sie sich mit der Kamera bewaffnet auf die Jagd nach dem perfekten Kondorfoto begeben.

61. Grund

Weil man mit Pinguinen auf Tuchfühlung gehen kann

Wer Pinguine sehen möchte, muss dazu nicht bis in die Antarktis fahren. Entlang der Küste der südlichen Provinzen Chubut, Santa Cruz und Feuerland trifft man immer wieder auf Magellanpinguine, die in größeren oder kleineren Kolonien leben. Die größte und meistbesuchte Pinguinkolonie ist Punta Tombo, rund 170 Kilometer südlich der lebhaften Stadt Puerto Madryn.

Wenn Sie beim Tête-à-tête mit den Vögeln ungestört sein wollen, sind Sie am Cabo dos Bahías in der Nähe des malerischen Fischerdorfes Camarones besser aufgehoben. Hier tummeln sich zwischen den Pinguinen gerne auch mal Robben, Borstengürteltiere und Guanakos. Neben ausladenden Kiesstränden gibt es auf dem Weg zum Kap auch ein paar versteckte Buchten mit herrlich weichem Sandstrand und kristallklarem Wasser, das an windstillen Sommertagen eine willkommene Erfrischung bietet. Auch hier, beim Strandspaziergang, Surfen oder Baden, bekommt man mit etwas Glück den einen oder anderen Mangellanpinguin zu Gesicht. In der Küstenstadt Puerto San Julián treffe ich einen besonders neugierigen Pinguin, der selbstbewusst den Strand verlässt und durch die Straßen der Stadt flaniert, als sei es das Normalste der Welt. Pinguine auf Shoppingtour, auch das ist in Argentinien möglich.

Die bis zu 70 Zentimeter großen Tiere sind nicht scheu, sodass man sich ihnen problemlos bis auf eine Armlänge annähern kann, ohne dass sie Drohgebärden zeigen. Wenn ihnen die menschliche Anwesenheit doch einmal zu viel wird, watscheln sie in einer Seelenruhe davon. Während sie sich im Wasser elegant und schnell bewegen, wirken sie an Land etwas unbeholfen und tollpatschig. Stürze gehören zum Schaulauf an Land dazu. Da sie im Meer die Nahrung finden, die sie brauchen, verbringen sie dort auch die meiste Zeit.

Zur Aufzucht der Jungen und während der Mauser, dem Austausch ihres Federkleids, sind sie allerdings gezwungen, an Land zu gehen. Die Magellanpinguine wechseln ihre Federn im März. Es ist keine leichte Zeit für die schwarz-weiß befrackten Tiere. Da sie aufgrund der fehlenden Schutzschicht nicht ins Wasser können, müssen sie von der zuvor angefressenen Fettschicht zehren. Im März ist es tagsüber teilweise noch sehr warm. Um ihre Temperatur zu regulieren und sich durch den Wind abzukühlen, hecheln die Pinguine wie Hunde und strecken ihre Flossen weit weg von ihrem Körper. Der Parkranger erklärt mir, dass der Austausch des Gefieders mitunter sehr schmerzlich für die Tiere sein kann. So stehen sie zu Hunderten um ihre Höhlen und blicken sehnsüchtig hechelnd gen Meer. Einzelne Federn stehen kreuz und quer von ihren Körpern ab und verschaffen ihnen die wildesten Punk-Looks. Nach zwei Wochen ist der Federwechsel vollzogen. Kurze Zeit später, wenn der Winter die patagonische Küste ergreift, ziehen die Magellanpinguine in Richtung Norden. Einige schaffen es bis nach Südbrasilien, wo sie überwintern.

An der Küste Argentiniens leben ausschließlich Magellanpinguine. Wer eine andere Art bestaunen, aber nicht bis in die subantarktische Inselwelt vordringen möchte, sollte unbedingt nach Puerto Deseado in der Provinz Santa Cruz reisen. Bei gutem Wetter werden von dort aus Bootstouren zur 20 Kilometer entfernten Isla Pingüino angeboten. Das Erste, was man vom Meer aus sieht, ist der verfallene 22 Meter hohe Leuchtturm, der die Fantasie auf eine Reise durch das vergangene Jahrhundert schickt, denn der Wächter der einen Kilometer langen und einen Kilometer breiten Felsinsel wurde bereits 1903 erbaut und war bis 1983 in Betrieb.

Der Tagesausflug zur Isla Pingüino ist aber nicht wegen des pittoresken Leuchtturms einzigartig, sondern weil dort viele *pingünos de penacho amarillo*, Südliche Felsenpinguine, leben. Diese Art trifft man sonst nur auf abgelegenen Inseln wie den Malvinas oder der Isla de los Estados, nicht aber in unmittelbarer Nähe der patagonischen Küste. Mit einer Körpergröße von 45 bis 55 Zentimetern sind sie deutlich kleiner als die Magellanpinguine und gehören zu den kleinsten Pinguinen weltweit. Das auffälligste Merkmal ist ihr schmaler gelber Überaugenstreifen, dessen Federn hinter dem Auge verlängert sind und abstehen. Zum Hinterkopf hin sind diese Federn schwarz-gelb gestreift und bilden einen locker anliegenden Schopf. Aufgrund der Steilhänge auf der Insel bewegen sich die Pinguine hauptsächlich hüpfend vorwärts – das Unterhaltungsprogramm auf solch einer kleinen Insel mitten im Meer könnte besser nicht sein.

62. Grund

Weil man Wale und Robben aus nächster Nähe beobachten kann

Wie mit dem Lineal gezogen führt die Ruta Nacional 3 immer geradeaus. Nach Hunderten von Kilometern ist eine Abzweigung das höchste der Gefühle, insbesondere dann, wenn das Ziel der kreuzenden Straße Peninsula Valdés heißt. Seit meinem ersten Besuch dort werde ich dieses dämliche Grinsen nicht mehr los, sobald jemand den Namen »Valdés« in den Raum wirft.

Die Halbinsel ist über den etwa 35 Kilometer langen Isthmus Carlos Ameghino, der den Golfo San José vom Golfo Nuevo trennt, zu erreichen. Auf den ersten Blick wirkt das Innere der seit 1999 zum UNESCO-Weltnaturerbe zählenden Halbinsel wenig einladend. Eintönige Steppe, verstaubte, von der Sonne ausgebrannte Büsche und Sträucher. Aufgrund der geringen Niederschlagsmenge sucht man hier Bäume oder Flüsse, die ständig Wasser führen, vergeblich. Inmitten dieser beinahe farblosen Landschaft liegen kleine Salzseen, die mit ihrem stechenden Weiß und zarten Rosa eine angenehme Abwechslung für die Augen sind. Der größte der Salzseen bildet mit

35 Metern unter dem Meeresspiegel den tiefsten Punkt der Peninsula.

Mit Ausnahme einiger Estanzias ist Puerto Pirámides mit seinen rund 600 Einwohnern der einzige bewohnte Ort. Pirámides lebt vom Tourismus, in fast jedem Gebäude ist ein Hotel, Restaurant oder Touranbieter untergebracht. Dennoch bewahrt der kleine Ort seinen ganz eigenen Charme. Wenn man nicht gerade im argentinischen Ferienmonat Januar dort ist, hat man die herrlichen Sandstrände nicht selten für sich ganz allein.

Das Leben auf der Halbinsel richtet sich nach den Gezeiten des Meeres. Bei Flut verschwinden einige Strände vollständig, bei Ebbe laden sie zu stundenlangen Erkundungstouren ein. Wäre da nicht der patagonische Wind, würde man sich angesichts des glasklaren türkisschimmernden Wassers wahrscheinlich in der Karibik wähnen.

Das unangenehme Gesichtspeeling durch die vom peitschenden Wind aufgewirbelten Sandkörner wird schnell zur Nebensache, wenn die erste Schwanzflosse mit voller Wucht auf die Wellen schlägt. Zwischen Mai und Dezember sind die zur Familie der Glattwale gehörenden Südkaper die uneingeschränkten Stars der Halbinsel Valdés. Die bis zu 18 Meter langen Tiere nutzen die nahrungsreichen, ruhigen Gewässer des Golfo Nuevo, um ihre Kälber aufzuziehen. Da sie sich meist relativ nah am Ufer aufhalten, sind sie vom Strand aus mit dem bloßen Auge gut zu erkennen. Wer den Giganten noch näher kommen möchte, sollte sich einer Bootstour anschließen. Die Boote müssen aus Tierschutzgründen einen bestimmten Abstand zu den Walen halten, die Wale selbst kennen diese Regel aber nicht, und ihre Neugier treibt sie oft in unmittelbare Nähe. Wenn sie in einem solchen Moment ausatmen oder mit der Flosse grüßen, ist eine »Waldusche« garantiert. Die Begegnung mit den Meeresriesen hat etwas Magisches, und ihr Echo wird noch lange in der Erinnerung nachhallen.

Wer gerne selbst in die Stille des Meeres abtauchen möchte, kann das im Rahmen eines Schnorchel- oder Tauchgangs. Meist ist man dort nicht lange allein, denn die aufgeweckten Robben sind nicht nur furchtlos, sondern auch extrem verspielt, sodass es zu faszinierenden Begegnungen kommt. Auch hier gilt: Interaktion mit oder Anfassen der Tiere ist verboten – wobei sich auch die Robben nicht sonderlich um die vom Menschen gemachten Regeln scheren. Einen zaghaften Biss in die Schwimmflosse oder ein heiteres Anstupsen gibt es als Gratiszugabe.

Weniger friedlich geht es am nördlichsten Punkt der Halbinsel, der Punta Norte, einem Tummelplatz für Robben, zu. Jedes Jahr im März und April kann man mit etwas Glück Schwertwalen bei ihrer Nahrungssuche zusehen. Die tonnenschweren Säugetiere haben eine einzigartige Jagdtechnik entwickelt, die in dieser Form nur hier zu beobachten ist: Sie lassen sich bei Flut absichtlich stranden, um sich junge Robben, die in dieser Jahreszeit Schwimmunterricht erhalten, in der Brandung zu schnappen. Indem mehrere Schwertwale in einer Reihe auf den Strand zuschwimmen, schneiden sie den verzweifelten Robben den Weg ab.

Neben Walen, Pinguinen, Delfinen, Seehunden, -löwen und -elefanten hält der Golfo Nuevo jeden Abend eine weitere Attraktion für Naturliebhaber bereit, die trotz knapp 5000 Kilometer Küste eine Seltenheit in Argentinien ist: der Sonnenuntergang über dem Meer – ein fast schon kitschiger Grund für eine stille Liebeserklärung an die Halbinsel Valdés.

8. Kapitel

Buenos Aires

Der Nabel der Welt

63. Grund

Weil Gott ein Büro in Buenos Aires hat

Ich sitze beim Frühstück im beschaulichen Puerto Santa Cruz. Die Argentinier um mich herum – wohlgemerkt allesamt Einheimische – starren gebannt in den Fernseher, in dem erst die Staumeldungen, dann der Wetterbericht für die nächsten Tage gezeigt werden. Nachrichten eben. Nur mit dem kleinen Unterschied, dass sich hier, 2.320 Kilometer südlich von Buenos Aires, alles um die argentinische Hauptstadt dreht. Denn wir sehen nicht etwa die Staumeldung für Puerto Santa Cruz, wo man so etwas wie »Stau« auch gar nicht kennt, sondern für Buenos Aires.

Wenn in der Hauptstadt ein Haus brennt oder die öffentlichen Verkehrsmittel streiken, erfährt man davon im hintersten Dorf in Catamarca; ob es morgen in Buenos Aires gewittert oder nicht, wird im Wetterbericht von Río Grande genauso diskutiert wie die Erhöhung der hauptstädtischen Strompreise in Puerto Iguazú. Umgekehrt interessieren sich die Medien in Buenos Aires wenig dafür, was im restlichen Argentinien passiert, es sei denn, in Epuyén ist wieder einmal der Hantavirus ausgebrochen (damit lässt sich hervorragend das Sommerloch füllen).

Willkommen in der Stadt aller Argentinier, werden Sie auf einem riesigen Straßenschild lesen, wenn Sie nach Buenos Aires fahren, und wenn Sie die Stadt wieder verlassen: *Danke, dass Sie die Stadt aller Argentinier besucht haben.*

Alle Wege führen nach Buenos Aires, zumindest in Argentinien. Das bestätigt ein argentinisches Sprichwort, das einem immer wieder zu Ohren kommt: »Dios está en todas partes, pero atiende en Buenos Aires«. Frei übersetzt bedeutet das in etwa »Gott ist überall, aber sein Büro ist in Buenos Aires«. Wer den Schöpfer in einer seiner Sprechstunden aufsuchen möchte, muss nach Buenos Aires fahren, denn dort laufen alle Fäden zusammen.

Die 23 Provinzen sind zwar weitgehend autonom, aber dennoch gibt es Dinge, zum Beispiel die Beantragung bestimmter Dokumente, die nur in Buenos Aires erledigt werden können, so weit der Weg dorthin auch sein möge. Auch das 1986 geplante Projekt, die argentinische Hauptstadt mit all ihren Ämtern und Behörden ins patagonische Viedma zu verlagern und Buenos Aires dadurch den Wind aus den Segeln zu nehmen, zerplatzte wie eine Seifenblase an der Wirtschaftskrise und dem darauffolgenden Regierungswechsel. Es scheint, als wehre sich die Stadt mit allen Mitteln gegen eine Dezentralisierung.

Wer kann, zieht spätestens zum Studieren nach Buenos Aires, obwohl es in anderen Städten auch Universitäten gibt. Aber nirgendwo ist die Auswahl an Studiengängen so vielfältig und nirgendwo ist die Qualität der Lehrveranstaltungen so hoch (davon ist man zumindest in Buenos Aires überzeugt) wie in der »Capital Federal«. Die Arbeitslosigkeit macht zwar auch vor den Pforten des göttlichen Büros keinen Halt, doch sind die Chancen, eine anständige Anstellung zu bekommen, weitaus größer als im restlichen Land. Außerdem macht kein anderer Ort dem kulturellen Leben von Buenos Aires Konkurrenz (auch hier handelt es sich wieder um eine in Buenos Aires anerkannte Behauptung). Wer es geschafft hat, einmal in der Hauptstadt Fuß zu fassen, bleibt dort, zumindest bis zur Rente.

In den letzten Jahren wurde das Flugstreckennetz stark ausgebaut, sodass man zwischen einigen größeren Städten direkt hin- und herfliegen kann. Aber wenn es sich beim Ausgangspunkt nicht gerade um Córdoba oder Bariloche handelt, wird auf ein altbewährtes Konzept zurückgegriffen: »Dios atiende en Buenos Aires« – ein Zwischenstopp dort ist Pflicht.

Und dann sind da ja noch die *porteños* selbst, die Bewohner von Buenos Aires. Dass eine Hauptstadt niemals ein gesamtes Land repräsentiert, wird wahrscheinlich nirgendwo so deutlich wie hier. Für viele *porteños* bedeutet Argentinien »Buenos Aires und der Rest«. Eine geistige Landkarte sieht für sie in etwa so aus: Am Río de la

Plata liegt – riesig groß – *la capital*, das Herz des Landes, man hört es durch das Papier schlagen. Daran angrenzend, der *conurbano*. Dort leben jene Menschen, die das Glück haben, mit dem Zug zur Arbeit in die *capital* fahren zu können. Und der Rest? *Provincia*, *interior*, *pampa* – wie man es auch nennen mag, es ist und bleibt ein großer, weißer Farbklecks.

Als eine argentinische (genauer gesagt, eine *porteña*) Freundin und ich nach einem Tagesausflug ins 130 Kilometer entfernte Chascomús am Bahnhof von Constitución wieder *capital*-Boden unter den Füßen haben, seufzt sie sichtlich erleichtert: »Endlich wieder in Argentinien!« Die meisten *porteños* sind nicht gerade Naturfreunde, sie fühlen sich zwischen Beton deutlich wohler als in Wäldern und auf Wiesen, wo es nur so kreucht und fleucht. Wer Grün sehen will, der geht in den Park.

Aber da ist natürlich auch die andere Seite der Medaille, nämlich die Menschen, die mit dem *capital*-Getue nichts am Hut haben wollen, es aber hin und wieder *müssen*.

In einer kleinen Holzhütte im Nirgendwo, durch die der Wind ungestört hindurchpfeifen kann, trinke ich Mate mit einem alteingesessenen Gaucho. Er erzählt vom Leben in der Einsamkeit, das er gegen nichts auf der Welt tauschen möchte. Einmal musste er nach Buenos Aires fahren, um eine Erbschaft zu regeln. Er versteht nicht, warum so viele Menschen freiwillig in der Stadt leben. Für ihn ist Buenos Aires ein Gefängnis aus undurchdringlichen Mauern, die Einwohner bezeichnet er als eingebildete Schnösel, die keine Ahnung vom Leben haben. Er erinnert sich an einen großen Platz, auf dem »mindestens tausend« Menschen demonstrierten, an vollgestopfte Straßen, Smog und das Hupen der Autos. Erst als er nach etlichen Stunden Fahrt 2800 Kilometer südlich aus dem Bus gestiegen ist und vom patagonischen Wind begrüßt wurde, traute er sich wieder zu atmen. Nie wieder möchte er zurück müssen in diesen furchtbaren Großstadtdschungel. Warum er überhaupt nach Buenos Aires gefahren war, ob man diese Angelegenheit nicht im nahen El Calafate oder in der Provinzhauptstadt Río Gallegos hätte klären können, frage ich ihn. Nein, das sei leider nicht möglich gewesen, denn »Dios está en todas partes, pero atiende en Buenos Aires«.

Ein Stück weit folgt dieses Buch, und darum muss ich Sie um Verständnis bitten, der alten *porteño*-Manier und schenkt damit jener Stadt, in der Gott in seinem Büro aufgesucht werden kann, einen Großteil der Aufmerksamkeit. Es gibt dort aber auch einfach unendlich viel zu entdecken.

Ich wünsche Ihnen schöne Streifzüge durch die »Stadt aller Argentinier«.

64. Grund

Weil Buenos Aires die schönste Stadt der Welt ist

Das ist eine Lüge. Während man in anderen Städten nicht aus dem Staunen herauskommt, weil ein Gebäude schöner ist als das andere, fällt bereits auf dem Weg vom internationalen Flughafen Ezeiza ins Stadtzentrum die architektonische Willkür auf, die so charakteristisch für Buenos Aires ist. Eine wohltuende Wirkung entfaltet sich beim Betrachten der Gebäude als Gesamtbild eher selten. Hinzu kommen die kaputten Straßenfliesen, die nach dem Regen noch tagelang mit Wasser gefüllt sind, sodass es eine Kunst ist, trockenen Fußes irgendwo anzukommen, die chaotisch verwobenen Pflastersteine, über die man beim Spazierengehen stolpert, der Hundekot, der die Bürgersteige in einigen Vierteln wie ein Teppich säumt.

Die Gebäude der Stadt sind stille Zeugen des Verstreichens der Zeit und ihrer Moden. Einige erinnern mich an die Häuser, die ich als Kind fantasievoll aus Bauklötzen errichtet habe. Farben und Formen sind scheinbar wahllos über- und ineinander gesteckt. Stolze Kolonialbauten vermischen sich mit tristen, funktionalen Hochhäusern.

Ein buntes Kaleidoskop an Improvisationskunst. Was provisorisch errichtet wurde, bleibt für die Ewigkeit.

Dennoch ist die Stadt nicht hässlich. Dennoch stören die kaputten Straßenfliesen nicht wirklich. Man sieht nur allzu gerne über alles nicht Perfekte hinweg. Weil man von Buenos Aires eingenommen wird und sich nicht dagegen wehren kann. Weil gerade von diesen Schönheitsmakeln ein besonderer Reiz ausgeht, der jedoch nur schwer zu konkretisieren ist. Weil man Buenos Aires auf eine ganz eigene Art und Weise einfach lieben *muss*.

Was hat es auf sich mit dieser riesigen Stadt, deren Name wörtlich übersetzt »Gute Lüfte« bedeutet? Irgendetwas liegt tatsächlich in der Luft. Der Charme der argentinischen Hauptstadt schreit den Passanten nicht an jeder Straßenecke lauthals an, er umspielt die Straßen und Gebäude vielmehr wie ein unsichtbares Band. Er spiegelt sich im Lächeln und der Gastfreundschaft der Bewohner wider. Er ist geheimnisvoll. Und irgendwo zwischen den Hauswänden geht die Seele Sigmund Freuds spazieren.

Es ist paradox: Je mehr ich die Geschichte der Stadt studiere, je mehr Kontakt ich zu den Einheimischen habe, desto weniger verstehe ich. Ich irre blind fühlend durch ein Labyrinth aus Glas und finde den Ausgang nicht. Ich bin verwirrt und weiß nicht, wie ich all diese Gedanken und Emotionen sortieren und kategorisieren soll. Dabei ist es im Prinzip doch ganz einfach: Entweder man liebt Buenos Aires oder man hasst es. Einen Tag so, den anderen so. Das Einzige, was es nicht gibt, ist emotionale Neutralität. Die *porteños* selbst beteuern immer wieder, dass sie das Geheimnis nicht verstehen, das ihre Stadt, die sie zugleich lieben und hassen, umgibt.

Der in Uruguay geborene Schriftsteller und Tangolyriker Horacio Ferrer (1933-2014), der die meiste Zeit seines Lebens in Buenos Aires verbrachte, schrieb über die argentinische Hauptstadt: »Sie ist eine seltsame Mischung aus Liebe und Traurigkeit, etwas, das schmerzt, aber ein wohltuender Schmerz. Buenos Aires ist, daran gibt es keine Zweifel, eine Stadt, die nicht leicht zu verstehen ist.«

An manchen Tagen macht mich diese Stadt, in der es immer laut und chaotisch zugeht, fuchsteufelswild. Ich frage mich, warum ich eigentlich hier bin. Am nächsten Tag bekomme ich nicht eine, sondern 1000 Antworten. Keine konkreten. Es ist vielmehr das Flüstern eines melancholischen Tangoverses mitten im Getümmel des Zentrums, die angeschlagene Scheibe eines schmucklosen Cafés, hinter der das Leben seinen Träumen nachhängt, oder der sanfte Klang des Nieselregens auf dem Río de la Plata an einem der seltenen grauen Tage. Das großartige Gefühl beim Schlendern durch die Straßen der Stadt, das sich mit dem Ziel des Bleibens einschleicht wie ein nicht eingeladener Gast. In solchen Momenten wird der unsichtbare Charme sichtbar. Dann weiß ich, dass es keinen besseren Ort gibt.

Und in diesem Sinne ist Buenos Aires wirklich die schönste Stadt der Welt.

65. Grund

Weil sich der Blick nach oben in Buenos Aires immer lohnt

Ich habe Ihnen im vorherigen Grund von der architektonischen Willkür in Buenos Aires berichtet. Ein Spaziergang durch die argentinische Hauptstadt ist auch ein Spaziergang durch die Geschichte der Architektur. Neben einem prunkvollen Kolonialgebäude steht ein weniger charmanter Plattenbau aus den 1960er Jahren, neben einem aufwendig verzierten Jugendstilgebäude ein moderner Glasbau. Manche Gebäude sind versteckte Geheimnisse, nach denen man mit Adleraugen suchen muss, manche sind einfach nur schön anzusehen, und wieder andere beherbergen überraschende Geschichten. Es lohnt sich, mit aufmerksamen Augen durch die Straßen zu schlendern, immer wieder innezuhalten und den Kopf in den Nacken zu legen, um die reizenden Kuppeln und Dächer in Ruhe zu bestaunen.

Drei solcher Geschichten erzählenden Gebäude in den zentralen Stadtvierteln Montserrat und San Nicolas möchte ich Ihnen exemplarisch vorstellen:

Richten Sie den Blick einmal nach oben, wenn Sie auf der Avenida 9 de Julio vor dem Obelisken, einem der Wahrzeichen der Stadt, stehen. Schauen Sie genau hin, so werden Sie zwischen riesigen Werbebannern und blinkenden Leuchtreklamen das höchste Einfamilienhaus von Buenos Aires entdecken. Der spanische Einwanderer Rafael Díaz ließ hier über seinem neunstöckigen Möbelhaus ein kleines Chalet errichten, um sich zur Mittagszeit eine entspannte Siesta gönnen zu können.

Nur einen Häuserblock vom Vorplatz des Kongresses entfernt, steht das Bürogebäude Palacio Barolo (Avenida de Mayo 1370), das nach seiner Fertigstellung 1923 das höchste Bauwerk Argentiniens war. Der italienische Architekt Mario Palanti hat sich etwas besonders Raffiniertes einfallen lassen und das Gebäude Dante Alighieris *Göttlicher Komödie* nachempfunden. Die 22 Etagen stehen im Einklang mit dem Kosmos: Der Keller und das Erdgeschoss stellen mit ihren bedrohlichen Drachenskulpturen die Hölle dar, die Etagen 1 bis 14 das Fegefeuer und die Etagen 15 bis 22 den Himmel. Die neun Zugänge repräsentieren die neun Höllenkreise, die Turmspitze die Engelschöre. Die Gebäudehöhe von 100 Metern entspricht den 100 Gesängen in Dantes Werk. Besonders reizvoll ist eine Führung durch den Palacio Barolo am Abend, denn es ist der einzige öffentlich zugängliche Aussichtspunkt, von wo aus Sie das nächtliche Lichtermeer der Stadt aus der Vogelperspektive betrachten können. Der Zwillingsbruder des Palacio Barolo, der Palacio Salvo, steht am anderen Ufer des Río de la Plata, in der uruguayischen Hauptstadt Montevideo, von wo aus der Leuchtturm des argentinischen Pendants sichtbar ist.

Ein monumentaler Blickfang ist auch das 1914 errichtete Jugendstilgebäude Otto Wulff an der Ecke der Avenida Belgrano und Perú. Von den lieblosen Glasfassaden der umstehenden Häuser und dem

Starbucks Café im Erdgeschoss, das so gar nicht ins architektonische Gesamtbild passen will, einmal abgesehen, sollte man sich Zeit nehmen, das Gebäude auf sich wirken zu lassen und die vielen versteckten Ornamente, Figuren und Tiere zu entdecken. Der deutsche Unternehmer Otto Wulff und der österreichisch-ungarische Konsul Nikola Mihanović beauftragten den dänischen Architekten Morten Rönnow mit der Planung des Gebäudes, in dem die Auslandsvertretung der Österreichisch-Ungarischen Monarchie untergebracht werden sollte. Nach dem Ende des Ersten Weltkrieges stand es einige Zeit leer, später wurden Büros untergebracht.

Wie der griechische Titan Atlas das Himmelsgewölbe stützt, so dienen dem 60 Meter hohen Gebäude acht kolossale Atlanten als Stütze, die jeweils ein Handwerksgewerbe repräsentieren. Neben einem Maurer, Schreiner und Maler ist auch ein Architekt dargestellt, in diesem Fall eine Ehrung des Architekten Rönnow seiner selbst. Die beiden Kuppeln, an deren Spitze eine Sonne und eine Krone angebracht wurden, sind eine Hommage an die österreichisch-ungarische Doppelmonarchie: Sie stehen sinnbildlich für Kaiser Franz Joseph I. und Kaiserin Elisabeth von Österreich.

Die Liste der ikonischen Bauten in Buenos Aires ist endlos, begeben Sie sich einfach selbst auf Entdeckungstour, und seien Sie stets wachsam, welche Geschichten Ihnen die auf den ersten Blick oft unscheinbaren Fassaden ins Ohr flüstern.

66. Grund

Weil es nirgendwo sonst einen rosafarbenen Präsidentenpalast gibt

Die europäische Eroberung der La-Plata-Region begann mit dem spanisch-portugiesischen Seefahrer Juan Díaz de Solís, der 1516 auf der Suche nach einem Wasserweg nach Asien in den Río de la Plata schipperte und ihn aufgrund seiner enormen Breite – 219 Kilometer in seiner Mündung – irrtümlicherweise für das Meer hielt. So gab er ihm auch den Namen »Mar dulce«, süßes Meer. 1536 gründete der spanische Konquistador Pedro de Mendoza an seinem Ufer ein Fort, dem er zu Ehren der Schutzpatronin der Seeleute den etwas längeren Namen Puerto de Nuestra Señora de Santa María del Buen Ayre gab – das heutige Buenos Aires. Nahrungsmittelknappheit, Krankheiten und die Angriffe der indigenen Bevölkerung, der Querandíes, zwangen ihn und seine Männer jedoch bald zum Rückzug. Die Europäer gaben nicht auf, vom »Silberland« zu träumen, und so wurde die Stadt Buenos Aires 1580 durch den Spanier Juan de Garay zum zweiten Mal gegründet.

1594 errichtete der Gouverneur Fernando Ortiz de Zárate am damaligen Ufer des Río de la Plata die Festung Don Juan Baltazar de Austria. Diese wurde 1850 zugunsten des Baus eines der ikonischsten Gebäudes der Stadt wieder abgerissen: des Präsidentenpalastes Casa Rosada. Das Gebäude ist nicht nur wegen seines schönen Kolonialstils ein Blickfang, sondern vor allem wegen seines rosafarbenen Anstrichs, den Domingo Faustino Sarmiento, Präsident Argentiniens von 1868 bis 1874, veranlasste. Um diese doch eher ungewöhnliche Farbe kursieren zwei Theorien: Die einen sind der Ansicht, die Farbe sei das Ergebnis eines Kompromisses der im argentinischen Bürgerkrieg rivalisierenden Föderalisten und Unitarier, von welchen Erstere die Farbe Rot und Letztere die Farbe Weiß (und Hellbau) als Symbol gewählt hatten. Andere beteuern, dass die Farbe auf eine damals gängige Praxis des Streichens von Gebäuden zurückzuführen ist, bei dem eine Mischung aus Kalk und Rinderblut verwendet wurde. Welcher Meinung schließen Sie sich an?

Die Casa Rosada ist heute nicht mehr Wohnsitz, aber weiterhin Arbeitsplatz des Präsidenten, der im schicken Vorort Olivos lebt. Ist unter der großen argentinischen Staatsflagge eine kleinere aufgezogen, so bedeutet das, dass sich der Präsident im Gebäude befindet.

Im Rahmen eines geführten kostenlosen Rundgangs kann das prunkvolle Innere des Präsidentenpalasts besichtigt werden. Neben einem kleinen Museum, edlen Salons und einem luxuriösen Innenhof ist insbesondere der geschichtsträchtige Balkon sehenswert, der bei Argentiniern Gefühle unterschiedlichster Art hervorruft.

Am 17. Oktober 1945, dem peronistischen *Día de la Lealtad* (Tag der Loyalität), hielt der spätere Präsident Juan Domingo Perón auf diesem Balkon eine Ansprache zu den Menschen auf der vorgelagerten Plaza de Mayo, die von euphorischen »Viva Perón«-Rufen überflutet wurde. Seine Frau Evita nutzte den Balkon Anfang der 1950er-Jahre als Showbühne für ihre emotionalen Reden. Seither traten die Staatspräsidenten immer wieder auf den Balkon, um das Wort an die Menschen zu richten. Außer Fernando de la Rúa, dem der Balkonauftritt verwehrt blieb, da er im Hubschrauber vor der wütenden Masse floh (siehe Grund 50). Der ehemalige Fußballstar Diego Armando Maradona hielt nach der Weltmeisterschaft von 1986 auf diesem Balkon triumphierend den Pokal in die Höhe. Und schließlich hallt auch das Echo der Stimme Madonnas auf dem Balkon wider, die hier während der Dreharbeiten für ihren Film *Evita* den Ohrwurm *Don't Cry for Me Argentina* zum Besten gab, sehr zur Missgunst vieler Argentinier.

Besonders schön anzusehen sind die Casa Rosada, die Plaza de Mayo und die umliegenden Gebäude auch in der Dämmerung oder nachts. Zwar wird der Präsidentenpalast seit einigen Monaten nicht mehr in grellem Neonpink angestrahlt, doch die sanfte Beleuchtung auf dem Hauptplatz der Stadt lässt nochmals einen ganz anderen Blickpunkt auf den Monumentalbau und die dahinterliegenden Wolkenkratzer von Puerto Madero zu. Wenn Sie von hier aus in Richtung der angrenzenden Avenida Diagonal Norte gehen, haben Sie außerdem eine tolle Perspektive auf den nächtlich illuminierten Obelisken.

67. Grund

Weil in Buenos Aires eines der besten Opernhäuser der Welt steht

Was wäre eine Reise nach Buenos Aires, ohne der »Krone der Stadt« einen Besuch abzustatten? Im prunkvollen Teatro Colón schüttelten sich nicht nur Angela Merkel und Mauricio Macri während des G20-Gipfels 2018 die Hand. Sobald die umliegenden Gebäude große Schatten auf die Avenida 9 de Julio werfen, versammelt sich hier auch die feine Abendgesellschaft, um in eleganten Cocktailkleidern und schicken Anzügen Wagner, Mozart oder Tschaikowsky zu lauschen.

In der Pause fließt der Champagner im Salón Dorado, es geht nun darum, gesehen zu werden und seine elaborierte Meinung über die heutige Inszenierung kundzutun. Dazwischen balancieren zuvorkommende Ober in schwarz-weißen Fracks zielsicher aufwendig verzierte Silbertabletts mit köstlichen Häppchen. In der deutlich schlichteren Cafeteria gönnen sich schlichte Jeans- und T-Shirt-Träger schlichte Schinken-Käse-Brötchen. Mit Ausnahme einiger spezieller Vorführungen gibt es keinen Dresscode im Teatro Colón, das vor allem aufgrund seiner hervorragenden Akustik zu den besten Opernhäusern der Welt zählt. Es soll möglichst jeder, unabhängig seines Budgets, in den Genuss der Musik kommen können. Deswegen kostet der Eintritt ins Paradies, wie der oberste Rang genannt wird, auch nur wenige Pesos. Noch erschwinglicher sind die zahlreichen Stehplätze. Wer kein Problem damit hat, ein paar Stunden lang zu stehen, kann sich die besten Opern, Konzerte oder Ballettaufführungen zum Teil für weniger als fünf Euro ansehen. Das war nicht immer so.

1890 wurde der Grundstein des Colón-Theaters gelegt. Es war die Zeit, in der Millionen Europäer nach Argentinien auswanderten. In der neuen Heimat wurde alles Europäische mit offenen Armen empfangen, immerhin galt Buenos Aires als »Paris Südamerikas«.

Und was konnte diese kulturellen Werte und Zugehörigkeit besser nach außen tragen als ein opulentes Opernhaus? Die Eröffnung sollte zwei Jahre nach Baubeginn zum 400-jährigen Jubiläum der »Entdeckung Amerikas« erfolgen. Daraus wurde aber nichts. Erst verstarb der Architekt Francesco Tamburini, dann wurde das Geld knapp, dann verstarb Tamburinis Nachfolger, Victor Maena.

Die Architekten Angelo Ferrari und Jules Dormal nahmen einige Änderungen an den ursprünglichen Bauplänen vor, und schließlich wurde das Teatro Colón am 25. Mai 1908 mit Giuseppe Verdis Oper *Aida* eingeweiht.

Der eklektische Stil kombiniert verschiedene europäische Elemente des 19. Jahrhunderts, darunter sind besonders italienische, französische und deutsche Einflüsse erkennbar. Der Marmor im Foyer wurde extra aus Verona und Siena nach Buenos Aires gebracht.

Der hufeisenförmige Zuschauerraum umfasst knapp 2.500 Sitz- und 500 Stehplätze. Die Sitze verteilen sich über das Parkett, drei Reihen übereinanderliegender Logen und drei Reihen Galerien sowie der obersten Reihe, dem Paradies. Es gibt spezielle Logen wie etwa die Präsidenten- und Witwenloge. Das gesamte Interieur ist mit Bronze- und Elfenbeinelementen, Brokatvorhängen und Goldstuck versehen. Die Akustik ist auch auf den oberen Rängen exzellent, was an der hölzernen Konstruktion des Saals liegt, die in das steinerne Korsett des Gebäudes eingehängt ist. Zugunsten der Akustik wurde selbst auf Türrahmen verzichtet. Die Logeneingänge sind mit schweren Vorhängen verschlossen. Die originale Kuppel bemalte der französische Künstler Marcel Jambon in seinem Atelier in Paris, von wo aus sie nach Buenos Aires verschifft wurde. Allerdings fielen die Fresken einem Wasserschaden in den 1930er-Jahren zum Opfer. In den 60er-Jahren beauftragte die Stadt den Argentinier Raúl Soldi damit, die Glaskuppel erneut auszumalen.

Im goldenen Saal, dem Salón Dorado, traf sich bis Mitte des 20. Jahrhunderts die argentinische Oberklasse. Bei diesen exklusiven Treffen wurde ausschließlich Französisch gesprochen, man versuchte, sich von allem »Argentinischen« abzugrenzen. Wollte man zur Elite gehören, musste man erst einmal sein Französisch unter Beweis stellen. Wer dieser »Sprache aller Sprachen« nicht mächtig war, fand sich bald vor verschlossenen Türen in den Straßen von Buenos Aires wieder. Der Peronismus setzte dieser Exklusivität ein Ende, sehr zur Missgunst der gut betuchten Gesellschaft.

Seither hat das Teatro Colón viele Berühmtheiten auf seiner Bühne gesehen: Der Dirigent Wilhelm Furtwängler bezeichnete das Colón als das beste Opernhaus der Welt.

Seit seinem ersten Konzert im Alter von acht Jahren 1950 trat Daniel Barenboim bis heute etliche Male im Teatro Colón auf. Igor Strawinsky, Enrico Caruso, Luciano Pavarotti, Camille Saint-Saëns, Richard Strauss, Herbert von Karajan, Leonard Bernstein, Arthur Honegger, Arturo Toscanini, Arthur Rubinstein, Martha Argerich, Vaclav Nijinski, Rudolf Nurejew – die Liste bekannter Musiker, Dirigenten und Tänzer, die hier auftraten, ist lang und kann unendlich fortgesetzt werden.

Wer möchte, kann sich einer geführten Tour durch das Opernhaus anschließen und Einblicke in die Räumlichkeiten erhalten, die während der Konzerte verschlossen sind. Mit etwas Glück kommen Sie dabei auch in den Genuss, einem Orchester beim Proben zuzuhören und die Akustik zu genießen.

68. Grund

Weil ein ehemaliges Theater eine der besten Anlaufstellen für Leseratten ist

In der U-Bahn, im Wartezimmer, im Café, im Supermarkt – in Buenos Aires wird überall gelesen. Die Lesefreudigkeit der *porteños* spiegelt sich auch in der Anzahl der Buchläden wider. Wie viele es tatsächlich sind, ist schwer zu sagen, da ständig neue eröffnen, andere schließen. Zudem gibt es auch zahlreiche Buchstände unter freiem Himmel. An den U-Bahn-Stationen und Straßenkiosken werden die Werke der größten internationalen Schriftsteller zu günstigen Preisen feilgeboten. Das Angebot ist groß, die Nachfrage ebenfalls. So unterschiedlich die verschiedenen Buchläden und ihr Repertoire auch sein mögen, sie sind alle Orte des Verweilens und Wohlfühlens. Man wird eingeladen, stundenlang durch die Bücherregale zu stöbern und zu lesen, selbst wenn man am Ende kein Buch kauft. Insbesondere in kleineren Buchläden kann man den Buchhändler oft in interessante Gespräche über die Welt der Literatur verwickeln, sodass man sich manchmal selbst wie eine Romanfigur fühlt.

El Gran Ateneo Splendid (Avenida Santa Fe 1860) ist zwar nicht unbedingt der Buchladen mit der besten Auswahl für spezifische Wünsche oder für stundenlange Gespräche mit den Buchhändlern, architektonisch aber mit Sicherheit der eindrucksvollste von Buenos Aires. Wo heute Bücher verkauft und gelesen werden, befand sich früher eines der modernsten und prunkvollsten Theater der Stadt, in dem rund 500 Zuschauer Platz fanden.

Der Österreicher Max Glücksmann kaufte das Gebäude 1919 und restaurierte es. Hier hatte der erste Tonfilm von Argentinien seine Premiere, für Balletttänzer sowie namhafte Tango- und Opernsänger war es eine Ehre, auf der Bühne des »Gran Splendid« stehen zu dürfen. Glücksmanns besonderer Stolz war die pompöse Kuppel, auf welcher der italienische Künstler Nazareno Orlandi das Ende des Ersten Weltkrieges in Form eines romantischen Gemäldes versinnbildlichte.

Seit die Kette »El Ateneo« das Gebäude im Jahr 2000 mietete und zum Buchladen umbaute, trifft man in den Logen auf Leseratten, die es sich in den Sesseln gemütlich machen. Auf der Bühne ist ein Café untergebracht und auf dem Parkett stehen die thematisch sortierten Bücherregale. Viele Details des ehemaligen Theaters wie etwa der rote Samtvorhang, die goldenen Geländer oder die aufwendigen Verzierungen sind erhalten geblieben, und hoch über den Büchern wacht auch heute noch der in Öl gemalte Weltfrieden, was das Lektüreerlebnis zu etwas ganz Besonderem werden lässt. Wer es etwas intimer und weniger kolossal bevorzugt, findet beim Spaziergang durch Buenos Aires bestimmt seinen ganz persönlichen Lieblingsbuchladen.

69. Grund

Weil Buenos Aires die Stadt der versteckten Innenhöfe und Passagen ist

Ziellos links abbiegen und überrascht feststellen, welche unerwarteten Schmuckstücke sich in einer nicht besonders schönen, viel befahrenen Straße verbergen.

Sich mit offenen Augen treiben lassen ist mit Sicherheit eine der schönsten Arten, Buenos Aires zu entdecken. Verwunschene, namenlose Innenhöfe verstecken sich hinter jedem dritten Hauseingang. Verträumte Passagen mit Pflastersteinen oder marmornen Fliesen erzählen flüsternd die Geschichte der Stadt. Konzentriert man sich bei seiner Erkundungstour auf das, was hinter den Fassaden liegt, so gleicht sie einem Spaziergang durch ein Märchen. Elegant wie einer der ältesten Herrenfriseursalons der Stadt, versteckt in einer schicken Passage im turbulenten Zentrum, wo der Eingang vergoldet ist und die Friseure gekleidet sind, als besuchten sie die Oper. Modern mit vegetarischen Food Trucks und kleinen Gemüsebeeten in einem ehemaligen Bahnhof im Viertel Caballito, wo früher Milchproduzenten auf die Ankunft der Ware warteten. Oder marode, von Spinnennetzen durchzogen, den Charme der Vergangenheit versprühend, wie die namenlosen Hinterhöfe und Passagen, die in jedem Stadtteil massenweise vorhanden sind. Für jedes Auge gibt es den passenden Innenhof.

Die alten Gemäuer sind mit Efeu überzogen, an den Innenhof grenzt ein kleiner Antiquitätenmarkt. Eine ältere Dame stellt den

Auf über 4.000 Metern über dem Meeresspiegel sucht man vergeblich nach üppiger Vegetation. Trotzdem gehört die Puna-Hochebene zu den faszinierendsten Landschaften Argentiniens (Gründe 96 bis 99).

Oben: *Carpinchos* sind friedliche Zeitgenossen. Den Tag verbringen sie mit Fressen, Schlafen oder einem kühlen Bad (Grund 58). **Unten:** Der Nationalpark Esteros del Iberá ist ein Paradies für Naturliebhaber. Die *yacarés* liegen wie auf dem Präsentierteller und haben nichts gegen ein Fotoshooting einzuwenden (Grund 92).

Oben: Guanakos sind in den Anden, an der Küste und in der Steppe häufiger anzutreffen als Menschen. Sie leben in Herden und sind schwer zu zähmen – sehr zum Bedauern zahlungsfreudiger Guanakofell-Liebhaber. Zwischen Oktober und Januar kommen die Jungtiere, die *chulengos*, zur Welt. **Unten:** Pinguine, Wale, Robben: Die argentinische Küste hat für Tierliebhaber viel zu bieten (Gründe 61 und 62).

Nirgendwo sonst wird der Kontrast zwischen Stadt und Land so deutlich wie in Argentinien. Nur wenige Reisende nehmen sich Zeit, die stillen Dörfer zu entdecken, dabei sind sie ideal zum Entspannen. Die Menschen sind herzlich und suchen das Gespräch, und dass man auch hier wunderbar feiern kann, davon zeugen die vielen *fiestas nacionales* (Grund 32).

Oben: Dass Argentinier Fleisch lieben, ist kein großes Geheimnis. Zu besonderen Anlässen wird das asado am Kreuz über dem offenen Feuer zubereitet (Grund 36). **Unten:** Aber man braucht in Argentinien keinen besonderen Anlass, um sich sein Steak schmecken zu lassen. Sonntags wird der kleine Hausgrill einfach auf die Straße gestellt, Nachbarn und Freunde gesellen sich spontan dazu.

Oben: Fleischberge und andere Leckereien gibt es auf der feria de Mataderos, einem schönen Kunsthandwerksmarkt (Grund 82). **Unten:** Süß, süßer, *dulce de leche*: Argentinier haben es beim Essen gerne üppig und halten nicht viel von Mäßigung. Hierzulande weiß man im Gegensatz zum restlichen Lateinamerika übrigens auch, wo *dulce de leche* erfunden wurde. Natürlich in Argentinien (Gründe 33 und 38)!

Oben: Das weiße Kopftuch wurde zum Symbol der *Madres* und *Abuelas* der Plaza de Mayo. Man trifft sie jeden Donnerstag auf dem Hauptplatz von Buenos Aires (Grund 13). **Unten:** Pablo Novak freut sich immer, wenn er Besuch bekommt. Das Geisterdorf Epecuén versprüht einen morbiden Charme und ist für Fotografen ein El Dorado (Grund 89).

Oben: »Haltet die Welt an, ich will aussteigen!« Auch Mafalda und ihre Freunde freuen sich über Besuch. Besonders am Wochenende muss man lange Schlange stehen, um sich mit der bekannten Comic-Heldin ablichten zu lassen (Grund 19). **Unten:** In Argentinien schießen Volksheilige wie Pilze aus dem Boden. Die Fahnen der Schreine für den Heiligen Gaucho sind schon von Weitem zu erkennen (Grund 20).

Oben: Der Tren Patagónico fährt einmal in der Woche von der Atlantikküste in die Anden. Bei gemächlichen 40 Kilometern pro Stunde kann man die vorbeiziehende Landschaft ausgiebig genießen (86. Grund).
Unten: Beeindruckende Höhlenmalereien: Die Cueva de la Manos ist eines der ältesten Kulturzeugnisse Südamerikas (Grund 103).

Oben: Sonnenuntergang am Río de la Plata. Diesen Blick auf die Wolkenkratzer von Buenos Aires genießt man vom uruguayischen Colonia del Sacramento. **Unten:** Hellblau-weißer Nationalstolz: Die Flagge wird nicht nur zu feierlichen Anlässen gehisst. Die hübsche Farbkombination mit der Sonne im Zentrum verpasst auch Bäumen und Häusern einen speziellen argentinischen Touch, wie hier im Fischerdorf Camarones.

Im goldenen Salon des Teatro Colón traf sich Anfang des 20. Jahrhunderts alles, was Rang und Namen hatte. Das im Mai 1908 eingeweihte Opernhaus gilt wegen seiner hervorragenden Akustik als eines der besten der Welt (Grund 67).

Oben: Im Nationalpark Los Alerces kann man nicht nur fischen und wandern, sondern auch die bis zu 50 Meter hohen Patagonien-Zypressen bestaunen. **Unten:** Wer gerne einsamen Gegenden ausgesetzt ist, sollte den Nationalpark Perito Moreno besuchen. Wenn nachts die Sterne über den gemütlichen Holzhütten funkeln, ist Gänsehaut nicht nur wegen der eisigen Kälte garantiert (Grund 106).

Oben: Die 5.194 Kilometer lange Ruta 40 ist die argentinische Antwort auf die US-amerikanische Route 66. Wer hier unterwegs ist, durchquert elf Provinzen und erlebt die schönsten Sehenswürdigkeiten hautnah (Grund 104). **Unten:** Der wilde Nordwesten: In vielen Kurven schlängelt sich die Cuesta de Lipán dem Himmel entgegen. Auf dem höchsten Punkt (4.170 m ü. M.) ist die Luft dünn, aber die Aussicht grandios (Grund 97).

Oben: In der endlosen Steppe Patagoniens bekommt der Begriff »Einsamkeit« eine völlig neue Bedeutung. Auf abgelegenen Straßen ist man stundenlang unterwegs, ohne eine Menschenseele zu sehen (Gründe 103 bis 106). **Unten:** *¡Qué quilombo!* Was für ein Chaos – ein Satz, den man in der 13-Millionen-Metropole Buenos Aires ständig zu hören bekommt. Da wird selbst Busfahren zum Abenteuer (Gründe 78 und 79).

Patagonien von seiner schönsten Seite: Nicht selten muss man sich auf tagelanges Warten einstellen, um nur einen kleinen Teil des imposanten Fitz-Roy-Massivs zu sehen. An den spitzen Granitnadeln des Cerro Torre und Cerro Fitz Roy zerplatzten und erfüllten sich sämtliche Bergsteigerträume (Gründe 108).

Krug ab, mit dem sie die Topfpflanzen gegossen hatte. Von Weitem blickt sie mir in die Augen, nickt bestimmt und kommt auf mich zu. Sie ist klein, geht vornübergebeugt und mit einer Ruhe, die man nur dann erreichen kann, wenn Zeit kein Rolle spielt. Sie ist adrett gekleidet. Rot angemalte Lippen begrüßen mich auf die für Buenos Aires so typische humorvolle Art. »Du bist sicher hier, um Antiquitäten zu bestaunen, oder?« Dabei zeigt sie augenzwinkernd auf sich selbst.

Sie führt mich zu einem Tisch und bittet mich, auf dem danebenstehenden Schaukelstuhl Platz zu nehmen. Der Schaukelstuhl scheint sich beim bloßen Anschauen in Staub aufzulösen. An diesem Tisch verkauft sie dreimal in der Woche selbst gezeichnete Postkarten, die sie mir stolz zeigt. Ich solle sie mir in Ruhe ansehen, kaufen müsse ich nichts. »Ich habe diese Woche schon zwei Postkarten verkauft und mein Soll damit erfüllt.« Unter jedem Bild ist ein Zweizeiler geschrieben. Weise Worte von wichtigen Menschen, wie sie mir erklärt. Es finden sich unter anderem Zitate von Oscar Wilde, Jorge Luis Borges oder etwa von ihr selbst. Sie liest mir vor und ich kommentiere das Gehörte. Wir verlieren uns in einem Buenos Aires, das so nicht mehr existiert. Schweifen ab, reisen mit den Zitaten um die Welt und durch die Zeit.

Sie lächelt mich an und sagt, ich sei eine intelligente Frau. »Ich merke, wenn jemand intelligent ist, denn ich selbst bin es auch.« Sie hält mir einen Vortrag über die Bedeutung von Intelligenz. Nur mit Intelligenz komme man im Leben weiter. Zum Glück seien die meisten Frauen intelligent. Wir hätten beide sehr viel Glück, Frauen zu sein. Sie erzählt mir Anekdoten aus ihrem Leben. Am wichtigsten ist für sie Selbstbestimmung. So wählte sie vor vielen Jahren einen Mann aus – dem Wort »auswählen« verleiht sie besonderen Nachdruck. Er wollte nicht sofort, sie kämpfte um ihn. Sie heirateten, bekamen vier Kinder und waren lange Zeit glücklich. Sie hatten alles, was zum Leben gehört. Außer Scheidung. Die kam dann aber ein paar Jahre später, weil sie es so bestimmte. »Man muss sich im Leben auch mal scheiden lassen.« Ihr Fazit: Wenn man eine Frau und dazu noch intelligent ist, bekommt man alles, A-L-L-E-S, wenn man nur wirklich will. Darin liegt also die Intelligenz einer jeden Frau – dass sich die Welt nach ihrem Willen richtet.

Im Gespräch mit der Frau, auf diesem alten Schaukelstuhl zwischen Antiquitätenbergen habe ich selbst ganz die Zeit vergessen. Ich bin mit ihr und den Worten von Borges abgetaucht, und die Welt stand still für eine Stunde. Besser hätte das Wochenende nicht eingeläutet werden können. Als ich mich im hektischen Feierabendtreiben der Fußgängerzone wiederfinde, erscheint mir die Stadt noch lauter und chaotischer als sonst. Für einen kurzen Moment jedoch gehe ich entspannt lächelnd und mit gemächlichen Schritten durch diese verrückte Welt.

Es ist etwas Besonderes, angenehm Rätselhaftes, das die Innenhöfe und Passagen von Buenos Aires ausstrahlen. Es sind Momente der Stille, in der die Sekunden und Minuten gedrosselt werden, mitten in einer Millionenstadt, in der das Leben tobt. Probieren Sie es aus, wenn Sie die argentinische Hauptstadt besuchen!

70. Grund

Weil es die Sternenapotheke gibt

Das dunkle, schwere Holz der hohen Wandregale erweckt die Vergangenheit zu neuem Leben. Es wirkt fast so, als hätte sich hier seit 1834 nichts verändert – wenn da nicht die mannigfaltige, moderne Produktwelt den Blick auf sich ziehen würde. Shampooflaschen, Enthaarungsgel, Pflaster, Hustenbonbons, Kopfschmerztabletten und Sonnencreme, ordentlich nach Marken und Größen sortiert. Ein auffälliges Schild auf dem hölzernen Tresen empfiehlt die einzig wahren Kapseln für die perfekte Bikinifigur, nur heute 30 Pesos reduziert. Eine Frau in weißem Kittel kommt mit einem Medikament in den Händen aus dem »Laboratorio Homeopático« und erklärt dem Kunden die richtige Dosierung. Die anderen Menschen, die sich in dem Raum befinden, haben keine Wehwehchen, sie wollen nichts kaufen, sondern lediglich die schönen Deckenmalereien, die hölzernen Ornamente, die alte Kasse und das venezianische Bodenmosaik mit der Kamera festhalten.

An der Straßenecke Defensa und Alsina, nur wenige Meter von der Basilika San Francisco entfernt, befindet sich die Farmacia de la Estrella, die älteste Apotheke von Buenos Aires. Sie ist bis heute noch in Betrieb, zugleich gehört sie seit 1970 auch zum städtischen Museum, das im selben Gebäude untergebracht ist. Bernardino Rivadavia, der erste Präsident der unabhängigen La-Plata-Provinzen, ließ die Apotheke 1834 erbauen und beauftragte den italienischen Biochemiker und Botaniker Pablo Ferrari damit, hier zum Wohlergehen der Gesellschaft sein Wissen anzuwenden. Vier Jahre später kaufte der Schweizer Silvestre Demarchi das Gebäude auf und erweiterte Ferraris Medikamentenrepertoire um Drogerieartikel.

Die Apotheke wurde bald zur bekanntesten und bedeutendsten des Landes und machte somit ihrem Namen *estrella*, Stern, alle Ehre. Hier wurden aber nicht nur Rezepturen für die Medizin der Zukunft ausprobiert. Wenn die Besitzer abends die Türen schlossen und nur noch eine kleine schummrige Nachttischlampe brannte, wurden im Hinterzimmer und im Keller der Sternenapotheke Medikamente an Politiker wie Bartolomé Mitre, Julio Argentino Roca, Carlos Pellegrini und Hipólito Yrigoyen verkauft. Und auch heute kümmern sich die 14 Mitarbeiter darum, dass es den wichtigen Politikern im nahe gelegenen Präsidentenpalast Casa Rosada nicht an den nötigen Medikamenten fehlt.

Ein Großteil der noch originalen stuckverzierten Möbel wurde in Europa angefertigt und mit dem Schiff nach Buenos Aires gebracht. »Zum Schutz der Möbel dimmen wir das Licht und versuchen nicht allzu häufig die Klimaanlage oder Heizung anzumachen. Deswegen ist es hier drinnen im Sommer sehr heiß und im Winter kalt«, erklärt der aktuelle Besitzer der Sternenapotheke, Alejandro Cardelli, dessen Vater und Großvater ebenfalls Apotheker waren. Ein großes Problem stellt die Feuchtigkeit dar. Vor ein paar Jahren wurde ein Teil der Apotheke restauriert, das Geld reichte jedoch nicht für das gesamte Gebäude. Und eigentlich bräuchte auch die Fassade einen neuen Anstrich.

Dennoch, man müsse hier nichts kaufen. Alejandro betont, dass er sich freue, wenn die Besucher dieses Juwel zu schätzen wissen – »und das tun sie, davon zeugen die vielen Touristen und Einheimischen, die täglich ihren Weg hierher finden«, sagt er zufrieden lächelnd. Besonders beeindruckend sind die Deckenmalereien aus dem Jahr 1900, denen ihr Schöpfer, der italienische Künstler Carlos Barberis, den Namen »Triumph der Medizin gegen die Krankheit« gab. Die Farmacia de la Estrella öffnet täglich ihre schweren Holztüren für Kranke und Gesunde, Montag bis Freitag von 8 bis 20 Uhr, samstags von 9 bis 13 Uhr und sonntags – denn da kommen die meisten Touristen – von 9 bis 15 Uhr. Der Besuch lässt sich aufgrund ihrer Nähe zur zentralen Plaza de Mayo hervorragend in eine klassische Sightseeingtour integrieren, und ein Bild von einer fast 190 Jahre alten Apotheke, die selbst wie ein Ausstellungsstück wirkt, macht sich in jedem Buenos-Aires-Fotoalbum gut.

71. Grund

Weil es das Kitschmuseum gibt

Es gibt in Buenos Aires ein Museum, das relativ unbekannt ist und das ich das Kitschmuseum nenne.

Steht man in der unscheinbaren Straße nahe der belebten Avenida 9 de Julio vor der schmalen Fassade, deren Eingang an eine Kirche erinnert, scheint es geradezu unwirklich und unvorstellbar, dass sich in diesem Gebäude ein grandios kitschiges Museum befindet, das den Besucher mitnimmt auf eine Reise in die bonaerensische Kunstwelt der 1960er- und 70er-Jahre. Ein 1.500 Quadratmeter großes Museum, in dem die Geschichte des Tangos erzählt wird und in dem die verrücktesten und fragwürdigsten Ausstellungsstücke zu finden sind. Jeder der 33 Räume ist in einem eigenen Farbton gehalten und folgt einer eigenen Thematik, jeder ist musikalisch untermalt.

Beim Betreten des Museums La Botica del Ángel ist man wahrscheinlich zunächst einmal erschlagen von der Fülle an Farben, Motiven und Details. Alles scheint chaotisch und willkürlich angeordnet. Die Frage, wo man anfangen soll, drängt sich auf. Am besten, man besucht das Museum im Rahmen eines geführten Rundgangs, denn so verliert man sich nicht in diesem Labyrinth aus Kitsch, und nur so können alle Räumlichkeiten besichtigt werden.

Das Museum wurde 1966 auf die Initiative des argentinischen Fernsehmoderators, Kostümdesigners, Schauspielers und Plastikkünstlers Eduardo Bergara Leumann als alternatives Theater mit einem kleinen Ausstellungsraum gegründet. Damals befand es sich noch in der Lima-Straße, wurde jedoch wie viele andere Gebäude im Jahr 1980 wegen des Baus der Avenida 9 de Julio abgerissen.

Das störte den exzentrischen Bergara jedoch nicht sonderlich, da in dem alten Gebäude seiner Meinung nach sowieso zu wenig Platz für seine große Vision vorhanden war. Der Umzug war mindestens genauso skurril wie das Museum an sich: Eine Engelsstatue wurde in einem Fahrzeug ohne Dach (quasi so etwas wie ein selbst gebasteltes Cabriolet) zum neuen Standort transportiert, begleitet von einer mit Fackeln bewaffneten Künstlerkarawane. Normal kann ja jeder, hatte sich Bergara in alter *porteño*-Tradition wahrscheinlich gedacht. Mit einer pompösen Eröffnungsfeier wurde die neue Botica del Ángel in Luis Sáenz Peña 543, wo sich das Museum bis heute befindet, eingeweiht.

Zu den Ausstellungsstücken gehören unter anderem Werke bedeutender argentinischer Künstler wie Antonio Berni, Josefina Robirosa, Guillermo Roux, Raúl Soldi oder Edgardo Giménez, aber auch Schriftstücke von Victoria Ocampo oder María Elena Walsh und allerlei Habseligkeiten von Eva Perón. Ein imposanter Theatersaal ist Carlos Gardel gewidmet. Dort findet sich neben Tangoversen, Kleidungsstücken und Fotos auch ein Scheck mit der Unterschrift der Tangoikone. Weiter geht es in eine farbenfrohe Küche, eine Hommage an Petrona Carrizo de Gandulfo, die sich unter dem Pseudonym Doña Petrona als erste argentinische Fernsehköchin einen Namen gemacht hatte. Dann sind da noch die französische Terrasse, der Zirkusraum und das Badezimmer, das keinem anderen als Shakespeare gewidmet ist und in dem über einer Toilettenschüssel die Worte »das beste Theater ist der Hintern« stehen.

Man verliert in diesem wilden Durcheinander aus Fülle und Farben nicht nur schnell den Überblick, sondern auch das Gefühl für Raum und Zeit. Wo noch ein kleines bisschen Platz war in den ohnehin schon vollgepackten Räumen, stellte Bergara Engelsskulpturen auf, um so seiner Leidenschaft für die himmlischen Wesen Ausdruck zu verleihen.

Bergara starb 2008 und vermachte die Botica del Ángel, seinen ganzen Stolz, der katholischen Privatuniversität Universidad del Salvador. »Das Museum ist ein einziges Kunstwerk. Wir haben alles so belassen, wie wir es vorgefunden haben. Hier auch nur eine Statue umzustellen, wäre so, wie wenn man einem Gemälde von Picasso ein paar Striche hinzufügen würde«, erklärt Bergaras ehemaliger persönlicher Assistent José Luis Larrauri, der heute verantwortlich für die Botica ist.

72. Grund

Weil jedes Stadtviertel sein eigenes Gesicht hat

Betrachtet man Buenos Aires aus der Vogelperspektive, sticht bei genauem Hinsehen besonders ein Stadtteil ins Auge, der sich offensichtlich nicht der allgemeinen Schachbrettanordnung unterwerfen will: Parque Chas, das gefürchtete Labyrinth, welches angeblich selbst Taxifahrer, die sich in der Stadt bestens auskennen, wenn möglich umfahren. Wo die Straße Bauness auf die Straße Bauness trifft, kommt man mit der sonst so gebräuchlichen Nennung zweier Straßenecken als Treffpunkt (»treffen wir uns an der Ecke Perú und Humberto 1°«) nicht weit. Im Zentrum des kleinsten Viertels der argentinischen Hauptstadt treffen die Straßen Avenida General Benjamín Victorica, Gándara und Ávalos in einem Kreisverkehr aufeinander. Alle anderen Straßen, welche die Namen europäischer Städte tragen, sind konzentrisch zu diesem Kreisverkehr angelegt. Diese spinnennetzartigen Straßen werden gern von Künstlern als Schauplatz des realen oder metaphorischen Verlorenseins herangezogen, so etwa in Tomás Eloy Martínez' Roman *Der Tangosänger* oder dem animierten Kurzfilm *Una esquina imposible – a magical corner* von Ariel Klein.

Weniger mystisch geht es im Stadtteil Puerto Madero, dem glänzenden Prototyp der Modernität, zu. Der ehemalige Hafen blickt auf eine interessante Geschichte zurück: 1882 wurde der Architekt Eduardo Madero damit beauftragt, einen neuen Hafen für die Stadt zu entwerfen, da die Schiffe wegen der geringen Wassertiefe des Río de la Plata nicht anlegen konnten. 15 Jahre später war der Bau des Hafens beendet. Allerdings stand während dieser Zeit auch die Entwicklung des Schiffbaus nicht still. Immer größere Schiffe wurden gebaut, und gerade einmal zehn Jahre nach seiner Einweihung war der Puerto Madero veraltet und überholt. Große Schiffe konnten dort nicht anlegen. Also wurde Luis Huergo mit dem Bau des Puerto Nuevo (Neuer Hafen) nördlich vom Puerto Madero beauftragt. Dieser Hafen wurde 1911 fertiggestellt und wird bis heute genutzt. Puerto Madero geriet in Vergessenheit und verfiel zunehmend. Erst in den 1990er- und 2000er-Jahren wurde der ehemalige Hafen urbanisiert. Es entstanden Bürogebäude, Hotels, Restaurants, Parkanlagen und Wohnungen – für die, die sich die Miete dort leisten können. An der Neugestaltung waren einige international bekannte Architekten beteiligt.

Heute ist der ehemalige Hafen ein exklusives Wohn-, Gastronomie- und Geschäftsviertel. Alan Faena, der »Mann in Weiß«, propagiert diese fröhliche Welt der geschminkten Möglichkeiten. »Ich gehe nur selten nach Buenos Aires. Hier in Puerto Madero regeln wir alle Einkäufe über das Internet«, verrät er der argentinischen Tageszeitung *Clarín* in einem Interview. Der Geschäftsmann hat maßgeblich dazu beigetragen, Puerto Madero wieder aufzubauen und zu dem zu machen, was es heute ist. Unter anderem ließ er zusammen mit dem französischen Architekten Phillippe Starck einen ehemaligen Getreidespeicher in einen luxuriösen Hotelkomplex umbauen: Faena – eine »urbane Oase«.

Puerto Madero mit seinen verspiegelten Wolkenkratzern, dessen Straßen allesamt nach Frauen benannt sind, ist die Neuerfindung von Buenos Aires. So nah und gleichzeitig so fern. Besonders zum Spazierengehen oder Ruhefinden ist das Viertel schön. Die Cafés entlang der umgebauten Docks laden zu einer entspannten Pause ein. Auch Radfahren ist in Puerto Madero um einiges angenehmer als im Trubel des Zentrums oder auf den schmalen Straßen des benachbarten San Telmo.

Hip, zeitlos, alternativ, laut, künstlerisch, authentisch, wandelbar. Das sind nur ein paar der vielen Adjektive, die mir in den Sinn kommen, wenn ich an San Telmo denke. San Telmo ist voller Kitsch und Trödel. Silberbesteck und altes Porzellan, gebrauchte Hüte, Steigbügel, eine verrostete Zapfsäule, fliegende Zauberfeen und Kobolde findet man in den Antiquitätenläden zuhauf. An jeder zweiten Straßenecke gibt es verstaubte Buchläden, die selbst einem Roman entsprungen zu sein scheinen. So manche Katze fand hier ihr Zuhause und rekelt sich zufrieden über den gesammelten Werken Julio Cortázars. Dann sind da diese nostalgischen Straßencafés und Innenhöfe. Von irgendwo ertönt der Hauch eines Tangos. Ich selbst werde zu Kitsch in San Telmo.

Sonntags ist Flohmarkttag, dann wird die Straße Defensa zwischen der Plaza de Mayo und der Avenida San Juan zum Tummelplatz für Suchende und Findende, Käufer und Verkäufer, Flaneure, Musiker und Tänzer, Künstler und Querdenker. Touristen und Einheimische genießen gleichermaßen das vielseitige Angebot an Ramsch und Nützlichem, Kunst, Antiquitäten, Tangovorführungen, Livemusik und kulinarischen Köstlichkeiten. Die *feria* von San Telmo ist immer wieder ein schönes Erlebnis, bei dem man so einige Skurrilitäten zu Gesicht bekommt.

Das ist nur ein kleiner Einblick in drei Stadtteile, die unterschiedlicher nicht sein könnten. Jedes der 48 Viertel versprüht seinen ganz eigenen Charme, überall gibt es reizende und weniger schöne Ecken und Geschichten, die darauf warten, gehört zu werden. In Buenos Aires prallen Gegensätze unvermittelt aufeinander. Jedes Viertel ist eine eigene Stadt für sich und trotzdem nicht ohne die anderen denkbar.

73. Grundd

Weil die Stadt der Toten unglaubliche Geschichten erzählt

Der Cementerio de la Recoleta wurde am 17. November 1822 eröffnet und war der erste öffentliche Friedhof von Buenos Aires. Er liegt im gleichnamigen Stadtviertel, das heute eine der teuersten Wohngegenden der Stadt ist. Anfang des 19. Jahrhunderts gehörte das Gebiet nicht zur Hauptstadt. Außer dem Friedhof gab es dort lediglich ein Kloster. Alles jenseits der Friedhofsmauern (heute die großzügig angelegte Parkanlage Tres de Febrero) war im Besitz des Politikers Juan Manuel de Rosas, der hier in einem pompösen Gutshaus residierte. Die Ersten, die auf dem Friedhof in einfachen Gräbern beigesetzt wurden, waren der ehemalige Sklave Juan Benito und María Dolores Maciel, ein junges Mädchen aus Buenos Aires. Das kann man sich bei einem Besuch heutzutage angesichts der prunkvollen Mausoleen nur schwer vorstellen. In den 1870er-Jahren verließen viele *porteños* der Oberklasse infolge einer Gelbfieber-Epidemie die südlicheren Stadtteile und ließen sich in Recoleta nieder. So wurde die Gegend nicht nur in das Hauptstadtareal integriert, sie entwickelte sich auch zu einem erstklassigen Viertel. Klar, dass ein Friedhof für die ärmere Bevölkerung dort nichts zu suchen hatte. Auf den einstimmigen Wunsch der Bewohner Recoletas wurden die Gräber auf den neu gebauten Friedhof Chacarita im Westen der Stadt verlegt (der im Übrigen nicht weniger sehenswert ist). Der Cementerio de la Recoleta wurde komplett umgestaltet und ist seither die letzte Ruhestätte für angesehene Familien und alles, was Rang und Namen hat und über ausreichend finanzielle Mittel verfügt: Präsidenten und Politiker, Schriftsteller, Künstler, Wissenschaftler, Profisportler.

Ein vergleichsweise bescheidenes, aber doch das meistbesuchte Grab, um welches sich stets eine Schar fotografierender Touristen aus aller Welt tummelt, ist das der Familie Duarte. Dort wurde im Jahr 1976 auch der Leichnam Evitas beigesetzt, nachdem die Volksheilige post mortem von der Militärregierung »entführt«, nach Europa ausgeflogen und erst nach einer knapp zwei Jahrzehnte dauernden Odyssee wieder nach Argentinien zurückgebracht wurde.

Der Friedhof von Recoleta ist eine »Stadt in der Stadt«. Das Labyrinth aus majestätischen Grabstätten, bewacht von unzähligen halbwilden Katzen, legt einen wichtigen Teil der argentinischen Geschichte offen. Ebenso interessant, bisweilen märchenhaft, sind die Geschichten der Gräber von unbekannteren Menschen und Familien.

Das breitgefächerte Repertoire umfasst unter anderem schauerhafte Geschichten, wie die von Rufina Cambaceres: An ihrem 19. Geburtstag erfuhr Rufina, Mädchen aus gutem Hause, dass ihre Mutter ein Verhältnis mit ihrem Verlobten gehabt haben soll, woraufhin sie zusammenbrach. Drei Ärzte bestätigten ihren Tod, und wie es sich für die Aristokratie Anfang des 20. Jahrhunderts gehörte, wurde sie in einer prächtigen Grabstätte in Recoleta beigesetzt. Ein paar Tage später fand der Friedhofswärter den Grabdeckel beschädigt vor. Der Sarg wurde geöffnet, und dort lag die tote Rufina mit wundgekratzten Händen. Die Geschichte, dass sie zum Zeitpunkt der Beisetzung gar nicht tot war und verzweifelt versuchte, sich aus dem Sarg zu befreien, bis sie schließlich qualvoll erstickte, verbreitete sich wie ein Lauffeuer und wird bis heute am Leben gehalten.

Der Friedhof erzählt aber auch weniger düstere Anekdoten, wie die einer Frau, die ein beeindruckendes Mausoleum für ihren verstorbenen Mann bauen ließ – nicht aber wie man vielleicht erwarten würde aus Liebe, im Gegenteil: 1831 floh der Politiker Salvador María del Carril für einige Jahre ins Exil nach Uruguay, wo er die 16 Jahre jüngere Tiburcia Domínguez kennenlernte und heiratete. Sie lebten in einfachen Verhältnissen und führten eine glückliche Ehe. Zurück in Argentinien, trat Carril ein Erbe an, und seine finanzielle Lage verbesserte sich. Tiburcia entdeckte ihre Leidenschaft für ausgiebige Shoppingtouren und lebte auf großem Fuß. Sie selbst besaß zwar kein Geld, doch ihr Ehemann war in ganz Buenos Aires bekannt, sodass sie ihre Errungenschaften problemlos auf seinen Namen anschreiben lassen konnte. Da ihre Ausgaben drohten, den Gatten erneut in den finanziellen Ruin zu treiben, sie aber nicht aufhören wollte, in Saus und Braus zu leben, publizierte er kurzerhand eine Anzeige in allen Zeitungen von Buenos Aires. Darin gab er bekannt, dass er nicht länger für die unnötigen Ausgaben seiner Frau aufkomme und die »Bezahlung auf Rechnung« für seine Frau nirgendwo mehr akzeptiert werden dürfe. Damit war den Shoppingausflügen ein für alle Mal ein Ende gesetzt.

Tiburcia fühlte sich so gedemütigt, dass sie nie wieder ein Wort mit ihrem Mann sprach. Nach 20 Jahren des Schweigens starb Carril, und Tiburcia ließ zur Überraschung aller ein opulentes Mausoleum auf dem Friedhof in Recoleta errichten, über dem eine marmorne Statue ihres Mannes thront. 15 Jahre später starb auch Tiburcia. In ihrem Testament schrieb sie, dass die Wut auf ihren Mann den Tod überdauerte. Ihr letzter Wille: Sie möchte unter keinen Umständen in dieselbe Richtung schauen wie ihr Mann. Sie möchte ihm, wie im Leben auch, den Rücken zukehren. Das erklärt, warum die Statuen der beiden Eheleute in entgegengesetzte Richtungen blicken. Tiburcia zeigt ihrem Mann die kalte Schulter – bis in alle Ewigkeit.

74. Grund

Weil es mitten in der Stadt einen 20 Meter hohen Gummibaum und eine 20 Tonnen schwere Blume gibt

Er ist einer der vielen Einwanderer, der nach Buenos Aires kam, um für immer hier zu bleiben und Wurzeln zu schlagen. Jeder, der an ihm vorbeikommt, bleibt stehen, um ihn zu fotografieren – leider passt er meist nicht auf die Bildschirme der Smartphones, er ist einfach zu groß. Er ist sogar so groß und schwer, dass er von einem der stärksten Männer getragen werden muss.

Bei diesem wundersamen Einwanderer handelt es sich um den ältesten dokumentierten Baum der Stadt, einen Gummibaum aus Indien. Ein Mönch soll ihn 1781 von einer Reise mitgebracht und in der Nähe der Plaza Francia im Stadtteil Recoleta gepflanzt haben. Wo heute Ingwerlimonade in den umliegenden Straßencafés oder Mate auf den Parkbänken getrunken wird, befanden sich Ende des 18. Jahrhunderts Felder, Wiesen und Estanzias. Ein idealer Ort, um sich tief mit der Erde zu verwurzeln. Der Baum ist 20 Meter hoch, das stolze Blätterdach soll einen Durchmesser von 50 Metern haben, die dicken Äste werden von Stahlpfeilern gestützt. Neben diesen tristen Stahlpfeilern versteckt sich unter dem Gewirr aus Blättern und Ästen auch der griechische Titan Atlas, der einen Ast so dick wie ein Stamm auf seinen Schultern trägt. Für die 250 Kilogramm schwere Skulptur verwendete der uruguayische Künstler Joaquín Arbiza Brianza vorwiegend Schrottteile alter Autos.

Dass der Gummibaum gerade in den warmen Sommermonaten ein hervorragender Schattenspender ist, wissen auch die Straßenmusiker und Tangotänzer, die unter seinen Ästen für ein gutes Unterhaltungsprogramm sorgen. In den Parkanlagen rund um die Plaza Francia, wo am Wochenende ein schöner Kunsthandwerksmarkt zum Flanieren einlädt, gibt es viele weitere Sehenswürdigkeiten, darunter den im vorherigen Grund beschriebenen Friedhof La Recoleta, die Basilika Nuestra Señora del Pilar, das Centro Cultural de Recoleta, den Palais de Glace – eine ehemalige Eislaufanlage, in der heute ein Kunstausstellungsraum untergebracht ist –, das Museum der Schönen Künste und die Floralis Genérica, eine über 20 Meter hohe Blume aus Stahl und Aluminium. Der 2010 verstorbene argentinische Architekt Eduardo Catalano hatte die Idee, der Stadt ein neues Wahrzeichen zu schenken, und ließ sich dafür etwas Besonderes einfallen, denn die Blume ist beweglich. Jeden Morgen breitet sie ihre stählernen Blütenblätter aus und schließt sie abends wieder. Es sei denn, das Wetter ist schlecht, dann bleibt der in einem Wasserbecken stehende, fast 20 Tonnen schwere Aluminium-Koloss auch tagsüber automatisch verschlossen. Die Floralis Genérica verhält sich also fast so wie eine echte Blume, gepaart mit einer kleinen Prise *porteño*-Größenwahn.

75. Grund

Weil man mitten in der Stadt Schlangen, Vögel und Schildkröten in ihrem natürlichen Lebensraum beobachten kann

Inmitten der lauten Hauptstadt, nur zwei Kilometer von der Plaza de Mayo entfernt, liegt eine Oase der Stille. In der an Puerto Madero angrenzenden Reserva Ecológica Costanera Sur, einem 350 Hektar großen Naturschutzgebiet, kann man wunderbar die Seele baumeln lassen, Fahrrad fahren, Vögel beobachten und einen Panoramablick auf den endlos scheinenden Río de la Plata genießen.

Der Fluss reichte früher bis an die Promenade Costanera Sur, wo heute Skulpturen argentinischer Sportler wie Gabriela Beatriz Sabatini bestaunt werden können und sich die Fastfood-Stände dicht aneinanderreihen. 1918 wurde hier das erste öffentliche Flussschwimmbad eingeweiht, das den Städtern an heißen Januartagen eine wohltuende Abkühlung bescherte.

Die zunehmende Wasserverschmutzung und der Verfall des alten Hafens (siehe Grund 72) führten 1950 zur Schließung des Schwimmbads und zum allgemeinen Badeverbot im Río de la Plata in Buenos Aires. In den 1970er-Jahren mussten viele Häuser im gesamten Stadtgebiet dem Bau von Schnellstraßen weichen. Der Schutt wurde mit dem Ziel der Landgewinnung in den Fluss gekippt. Im Laufe der Zeit entstand dort festes Land. Bäume und Sträucher begannen wild zu wuchern und die Gegend für sich einzunehmen. Seit 1986 steht das Gebiet unter Schutz und ist heute unter anderem die Heimat von Papageien, Enten, Fledermäusen, Reihern, Biberratten, Fröschen, Eidechsen und Schlangen. Bereits beim Betreten der schön angelegten Spazierwege entlang der drei Lagunen ist der Stadtlärm schnell vergessen. Intensiver Blütenduft und das Grün der dichten Bäume und Sträucher sind eine Wohltat für alle Sinne. Am Wochenende bei Schönwetter gleichen die Wege oft einer Völkerwanderung. Sportler, Ornithologen, Fotografen, Spaziergänger, Genießer, alle wollen der Stadt für ein paar Stunden entkommen. Unter der Woche geht es wesentlich ruhiger zu, und die Tiere trauen sich aus ihren Verstecken. Am Ufer des Río de la Plata gibt es Bänke und schöne Aussichtspunkte, die zum Verweilen einladen. Man kann die Schiffe beobachten, die aus dem Hafen auslaufen, sich den sanften Wind um die Nase wehen lassen und dem Klang der Wellen lauschen. Dabei vergisst man schnell, dass man nicht am Meer ist, und kann mit neu gewonnener Energie wieder ins lebendige Stadttreiben eintauchen.

76. Grund

Weil der November lilafarben ist

Regelmäßig Ende Oktober, wenn die Tage auf der Südhalbkugel länger werden, bekommt Buenos Aires Frühlingsgefühle und schlüpft in ein farbenfrohes Kleid aus lila-blauen Blüten. Die über 11.000 Jacaranda- oder Palisanderholzbäume, welche die Parks und Straßen säumen, sind das Frühlingssymbol schlechthin, und es ist unmöglich, sein Herz während der Blütezeit nicht an die argentinische Hauptstadt zu verlieren.

Verantwortlich für die Augenweide ist der französisch-argentinische Landschaftsarchitekt Carlos Thays, dessen Arbeit mit der Errichtung eines Denkmals im Botanischen Garten gewürdigt wurde. Als Direktor für Parks und Spazierwege ordnete er nicht nur die Pflanzung der Jacarandabäume an, sondern gestaltete sämtliche Parkanlagen in Buenos Aires, darunter den 25 Hektar großen Parque Tres de Febrero mit seinem bezaubernden Rosengarten, in dem 18.000 Rosen um die Wette blühen.

Die warme Frühlingssonne lockt die *porteños* zum Sich-Erholen, Sporttreiben und Krafttanken in die malerischen Grünanlagen der Stadt, von denen es glücklicherweise eine ganze Menge gibt.

Die alteingesessenen Schachspieler im Parque Lezama fühlen sich im Schatten des riesigen Blätterdaches sichtlich wohl, beim Yoga in Palermo belebt der zarte, honigähnliche Blütenduft Körper und Seele, beim Feierabendspaziergang auf der blühenden Plaza San Martín ist der Arbeitsalltag schnell vergessen, und auch das tägliche Hupkonzert auf der sechsspurigen Avenida del Libertador ist erträglicher, wenn man sich dabei in einem romantischen Jacarandatraum bewegt.

Nach etwa einem Monat ist das blaue Wunder vorbei, der Blütenzauber aber noch lange nicht. Während man auf einem lilafarbenen Teppich aus heruntergefallenen Jacarandablüten spazieren geht, rüsten sich in den Parks und auf der Avenida 9 de Julio die in knalligem Pink oder elegantem Weiß blühenden Florettseidenbäume für einen langen Sommer. Buenos Aires – ein malerisches, wohlduftendes Sommermärchen.

77. Grund

Weil Buenos Aires niemals schläft

Während sich im Stadtteil Palermo die letzten Partyhungrigen in den frühen Morgenstunden auf den Nachhauseweg machen, werden im ruhigen Wohnviertel Saavedra bereits die Bürgersteige abgespritzt, um für den Tag zu glänzen. Im kleinen Eckcafé in Villa Crespo stärken sich zwei Männer im schicken Anzug mit einem *cortado* und zwei *medialunas*, herrlich süßen Croissants, für den Tag. Auf den Hauptverkehrsadern gibt es kein Vorwärtskommen mehr. Wohl dem, der mit den öffentlichen Verkehrsmitteln zur Arbeit fahren kann. Aber auch die U-Bahnen und Busse in Richtung Zentrum werden allmählich voller. Die Glücklichen, die einen Sitzplatz ergattern konnten, nutzen die Fahrt, um bei einem kurzen Nickerchen den versäumten Schlaf nachzuholen, andere verteilen lustlos ein paar Likes und Herzchen in den sozialen Netzwerken, die meisten starren müde vor sich hin.

In der Fußgängerzone rund um die Florida-Straße ist der Tag längst in vollem Gange. Schuhputzer und fliegende Händler halten Ausschau nach Kundschaft. Schon aus der Ferne sind die »cambio, change money«-Rufe der *arbolitos*, der inoffiziellen Wechselstuben auf zwei Beinen, zu hören. Um die Mittagszeit herrscht in den Imbissen, Cafés und Restaurants Hochbetrieb.

Ab 17 Uhr füllen sich die Bars im Zentrum mit Geschäftsleuten, die sich auf ein wohlverdientes Feierabendbier freuen. Dazu gibt es eine *merienda*, einen kleinen Snack, denn zu Abend gegessen wird noch lange nicht. Davor steht noch eine Stunde Englischkurs oder eine eingehende Seelenschau beim Psychologen auf dem Programm. Um 20 Uhr öffnen die ersten Restaurants, welche um diese Uhrzeit aber nur von Touristen frequentiert werden. Die Argentinier sind währenddessen damit beschäftigt, eine Theater- oder Kinokarte zu ergattern. Nach der Vorstellung lässt man sich in einer der traditionellen Pizzerien in der Avenida Corrientes ein Stückchen italienische Heimat schmecken. Die Fitz-Roy-Straße in Palermo ist bereits aus ihrem Schönheitsschlaf erwacht. Hier wird in fröhlich-lauter Runde für die nächste durchtanzte Nacht vorgetrunken.

In Buenos Aires findet alles ein bisschen später statt als anderswo: Erst nach Mitternacht macht man sich auf den Weg in einen der angesagten Clubs, wo zu heißen Cumbia-Rhythmen die Hüften geschwungen werden. Oder man trifft sich bei einer der vielen *Milongas*, um Tango tanzend die Nacht zu verabschieden.

Im fahlen Licht der Dämmerung kauft man sich beim nächsten Kiosk, der noch (oder wieder) geöffnet hat, einen *pancho* (Hotdog) und versucht, noch eine Mütze Schlaf abzubekommen – wenn man nicht direkt zur Arbeit geht –, während die Hauswände von irgendwo sanft mit harmonischer Gitarrenmusik beschallt werden.

Buenos Aires ist eine Stadt der unbegrenzten Möglichkeiten. Irgendwo ist immer jemand wach, irgendwo trommelt, tanzt oder diskutiert immer jemand. Das Leben, das bei Einbruch der Dunkelheit erwacht, ist ein anderes als das bei Sonnenschein am helllichten Tage. Wer schlafen will, kann das natürlich jederzeit. Aber wer die Nacht zum Tag machen will, findet immer jemanden, dem es genauso geht.

Porteños leiden unter chronischem Schlafmangel, davon zeugen ihre fahlen Gesichter und die dunklen Augenringe. Das stört sie jedoch nicht sonderlich, zu verlockend ist das facettenreiche Treiben, das die Nacht am Río de la Plata 365 Mal im Jahr für sie bereithält. Sollten sich die langen Partynächte äußerlich doch einmal rächen, legt man sich einfach bei einem der zahlreichen Schönheitschirurgen unters Messer, der es versteht, ein paar Fältchen zu korrigieren und den Körper 20 Jahre jünger erscheinen zu lassen.

78. Grund

Weil das quilombo die beste Entschuldigung für alles ist

Eines der ersten Wörter, das ich in Argentinien gelernt und das ich bis heute wohl auch am meisten verwendet habe, ist *quilombo.* Wenn die *porteños* von *quilombo* sprechen – und das machen sie ständig –, meinen sie Chaos, Konflikt, Unordnung, Skandal, eine Situation, die aus dem Ruder läuft und nicht kontrolliert werden kann. In Buenos Aires ist alles *quilombo. Quilombo* schreit den Passanten an den Ecken und Hauswänden lauthals an. Chaos in unterschiedlichster Form.

Das größte *quilombo* ist der Verkehr, das Hupkonzert der Autos, der willkürliche Spurenwechsel der *motos,* die Vollbremsung der Taxifahrer, die Busse, die sich in jede kleinste Lücke drängen, die überfüllten U-Bahnen. »Qué quilombo« (Was für ein Chaos) ist der erste Satz, den man sagt, wenn man aus dem Bus aussteigt. Das Verkehrs-*quilombo* entschuldigt auch das regelmäßige Zuspätkommen bei wichtigen Terminen.

Haben Sie schon einmal versucht, auf einem Zebrastreifen in Buenos Aires eine Straße zu überqueren? Dann wissen Sie wahrscheinlich, dass das beinahe ein Ding der Unmöglichkeit ist und die weißen Streifen auf dem Asphalt nur eine rein dekorative Funktion haben. Die Frage, wie Argentinier eigentlich an ihren Führerschein kommen, drängt sich angesichts des *quilombos* auf.

Die Grundvoraussetzung, um sich überhaupt für die Führerscheinprüfung anzumelden, ist, dass man lesen und schreiben kann. Ist das der Fall, muss man eine eidesstattliche Erklärung über die persönliche und familiäre Krankheitsgeschichte ausfüllen, ein polizeiliches Führungszeugnis beantragen und einen psychophysischen Leistungstest, der ähnlich wie der MPU in Deutschland aus einer medizinischen und einer psychologischen Untersuchung sowie dem eigentlichen Leistungstest besteht, über sich ergehen lassen. Dann geht es auch schon ans Eingemachte: theoretische und praktische Prüfung. Im theoretischen Teil wird das Wissen um die Straßenverkehrsordnung, Fahrsicherheit, Funktionsweise von Geräten und Instrumenten der Fahrzeuge auf den Prüfstand gestellt. Die Argentinier mussten sich also tatsächlich irgendwann einmal mit der Straßenverkehrsordnung auseinandersetzen! Vielleicht haben sie im Laufe der Zeit einfach vergessen, was eine rote Ampel bedeutet?

Hat man den theoretischen Test bestanden, folgt die Praxis: Auf einem Verkehrsübungsplatz darf man zeigen, dass man sowohl geradeaus als auch Kurven fahren kann, die Schaltung versteht, weiß, was eine Vollbremsung ist, wie man am Berg anfährt und dass man das Fahrzeug ordnungsgemäß einparken kann. Auf diesen Verkehrsübungsplätzen darf die Geschwindigkeit von maximal 40 Kilometern pro Stunde nicht überschritten werden.

Der frischgebackene Führerscheinbesitzer muss für die nächsten sechs Monate mittels eines Schildes an der Windschutzscheibe zeigen, dass er Fahranfänger ist. Während dieser Zeit darf er nicht schneller als 60 Kilometer pro Stunde fahren, das heißt, die Autobahn ist anfangs tabu, schließlich muss er sein Können in der Fahrschule des Lebens – in diesem Fall die Straßen von Buenos Aires – erst einmal unter Beweis stellen. Und dort lernt er zuallererst Folgendes: Verkehrsschilder sind dazu prädestiniert, übersehen zu werden, ein großes, altes, schnelles oder teures Fahrzeug hat IMMER Vorfahrt, auch wenn es von links kommt, Zebrastreifen sind bedeutungslose Straßendekoration, auf einer vierspurigen Straße finden locker sechs Autos Platz, und wenn es sich beim vorderen Fahrzeug um einen Fahrer des Typs *dominguero* (Sonntagsfahrer) handelt, sollte man versuchen, ihn durch dichtes Auffahren und aufdringliches Hupen dazu zu bewegen, die Spur zu wechseln. Er lernt auch, die vielen Zeichen und Blicke zu deuten, mit denen Autofahrer untereinander die Regeln neu bestimmen. All diese Dinge perfektioniert der Führerscheinneuling mit der Zeit, sodass er nach Ablauf der Anfängerfrist wirklich gut gewappnet ist für die *autopistas* des Landes.

Als einer meiner argentinischen Freunde kürzlich seinen Führerschein machte, kam dieses Thema bei einem gemütlichen abendlichen Zusammensein auf. Ich recherchierte daraufhin die Fakten, da ich es einfach nicht fassen konnte. Auch der Freund konnte es nicht fassen, als ich ihm etwas von Nachtfahrten, Überlandfahrten und Theorieunterricht erzählte. Fahrschulen? Ja, die gibt es auch in Argentinien, aber sie sind teuer und überflüssig. Wie er sich denn dann Theorie- und Praxiswissen angeeignet habe, frage ich ihn, immer noch ungläubig. »Die Theorie erklärte mir ein Freund.« Es gibt wohl auch Fragebögen, die man zur Vorbereitung kaufen kann, aber auch diese sind überflüssig. Jener Freund überließ ihm dann auch in einem ruhigen Stadtviertel das Steuer seines Wagens und brachte ihm das Wichtigste bei. Nach ein paar Runden um den Block fuhr er sich selbst zu einem Verkehrsübungsplatz, wo er für ein paar Stunden an seinen Fahrkünsten bastelte. Ein paar Wochen später legte er die Prüfung ab und lernt nun gerade in der Praxis, wie man sich als waschechter Argentinier auf den Straßen von Buenos Aires behauptet. *¡Qué quilombo, che!*

Quilombo ist nicht nur der Verkehr, sondern auch die Fußgängerzone *calle* Florida im Zentrum, wo die Menschen unkoordiniert kreuz und quer laufen, oder eine unaufgeräumte Wohnung. Stromausfälle rufen ebenso *quilombo* hervor wie die Entscheidungen der Politiker. Das Klima wird als *quilombo* wahrgenommen, mal ist es zu heiß, mal zu kalt, dann wieder zu wechselhaft.

Quilombo muss jedoch nicht zwangsläufig negativ gemeint sein, man kann damit auch ein lustiges Durcheinander beschreiben. Hört man zum Beispiel bei einer Party oder einem Konzert den Satz »qué quilombo«, dann steppt da der Bär, und die Person amüsiert sich höchstwahrscheinlich gerade prächtig. Zwischen Spaß und Super-GAU trifft es der Begriff also immer auf den Punkt.

Interessant ist die Herkunft des Wortes, die mit der heutigen Verwendung und auch mit Argentinien nichts zu tun hat. Denn ursprünglich kommt es aus der Kimbundu-Sprache, die in Teilen Westafrikas gesprochen wird, und bedeutet »Wohnsiedlung«. Mit dem Handel afrikanischer Sklaven in Brasilien fand das *quilombo* seinen Weg in die Neue Welt. Diejenigen, denen es gelang, vor der Ausbeutung und Leibeigenschaft zu fliehen, ließen sich im Landesinneren, meist rund um den Amazonas, nieder und gründeten dort versteckte Siedlungen, *quilombos*. Der größte und bekannteste *quilombo*, der zeitweise bis zu 300.000 Bewohner zählte, lag in Palmares im heutigen Bundesstaat Alagoas.

Wie genau das Wort Mitte des 19. Jahrhunderts nach Argentinien gekommen ist, ist ebenso unklar wie die Bedeutungsänderung, die es am Río de la Plata mehr als 100 Jahre später erfahren sollte. Sicher ist nur, dass es aus dem heutigen Wortschatz in Argentinien nicht mehr wegzudenken ist. »Man ist kein echter *porteño*, wenn man das Wort *quilombo* nicht aktiv verwendet«, verrät der argentinische Soziologe José Luis Fernández der spanischen Zeitung *El País* in einem Interview.

»Qué quilombo« – schreiben Sie sich diesen Satz hinter die Ohren, Sie werden ihn oft hören und selbst sagen. Verwenden Sie dieses Wort jedoch niemals außerhalb Argentiniens oder Uruguays. In anderen spanischsprachigen Ländern ist das Wort zwar veraltet und wird kaum noch verwendet, Sie sollten jedoch wissen, dass es dort »Bordell« bedeutet. Ursprünglich wurden damit auch in Argentinien Bordelle bezeichnet. Der deutsche Ethnologe Robert Lehmann-Nitsche (1872–1938), der lange Zeit in Argentinien lebte und dort die damalige Populärkultur erforschte, veröffentlichte unter anderem den Sammelband *Textos eróticos*, den er hauptsächlich in den Bordellen in und um Buenos Aires zusammengetragen hatte. Dort ist an einigen Stellen vom *quilombo* die Rede, allerdings als

Synonym für Bordell. Heute können Sie das Wort in Argentinien bedenkenlos in jeden Satz einstreuen. Es ist außerdem auch eine, zugegebenermaßen nicht gerade einfallsreiche, aber allgemein anerkannte Entschuldigung für alles. Zuspätkommen, Nichteinhalten eines Termins, Stimmungsschwankungen – aus welchen Gründen auch immer Sie sich bei einer anderen Person entschuldigen müssen, der Bezug auf das *quilombo* wird den Frieden wiederherstellen. In anderen Ländern sollten Sie wie gesagt etwas sparsamer und vorsichtiger mit der Verwendung des Begriffs umgehen, denn Sie werden mit ziemlicher Sicherheit mindestens komische Blicke ernten, wenn Sie den Gastgebern nach einer tollen Feier zu ihrem gelungenen Bordell gratulieren.

79. Grund

Weil alltägliche Dinge wie Busfahren in Buenos Aires ein Abenteuer sind

Drei Busse der Linie 55 rauschen in einem Höllentempo an mir vorbei. Meine zum Halt auffordernde Hand wird von den Busfahrern kopfschüttelnd übergangen. Einen Versuch war es wert. Aber wo keine Bushaltestelle ist, da hält natürlich auch kein Bus. Auch nicht in Buenos Aires.

Busfahren gehört zu den Dingen, die selbsterklärend sind. Eigentlich. In Buenos Aires aber kann selbst Busfahren schnell zu einer Herausforderung, einem kleinen Abenteuer, werden. Der *colectivo*, wie der Bus hier genannt wird, ist zwar nicht der schnellste, oft aber der unkomplizierteste Weg, in der argentinischen Hauptstadt von A nach B zu kommen. Denn das Busnetz ist mit über 400 Linien deutlich besser ausgebaut als das U-Bahn-Netz. Außerdem fahren die Busse im Gegensatz zur U-Bahn auch nachts. So kommt man mit dem *colectivo* rund um die Uhr überallhin, ohne weite Wege zu

Fuß zurücklegen zu müssen. Auch hier muss ich ein »eigentlich« anführen.

Das Abenteuer beginnt mit der Suche nach der Bushaltestelle. Und endet im besten Fall damit, an der richtigen Stelle auszusteigen. Es gibt verschiedene Möglichkeiten, eine Bushaltestelle als solche zu identifizieren. Insbesondere in größeren Straßen ist das mittlerweile gar nicht mehr so schwer, denn dort gibt es eine extra Spur für *colectivos*, den *Metrobus*. Die Haltestellen des *Metrobus* sind so, wie man sich eine Haltestelle vorstellt. Auf farbigen Tafeln sind alle Linien, die dort halten, aufgelistet. Einen Fahrplan sucht man allerdings vergeblich. Ein argentinischer Freund staunte nicht schlecht, als ihm auf einer Tafel in Berlin angezeigt wurde, dass die nächste Tram in drei Minuten kommt. Und dass er tatsächlich drei Minuten später in besagte Tram einstieg. So etwas ist in Buenos Aires undenkbar. Man stellt sich einfach an die Bushaltestelle, wenn man sie denn gefunden hat, und wartet. Eines ist gewiss: Der *colectivo* wird kommen. Irgendwann. Je nach Linie muss man manchmal etwas länger warten, aber dann kommen mit Sicherheit fünf Busse derselben Linie hintereinander angefahren.

Wo kein *Metrobus* fährt, gestaltet sich die Suche nach der Bushaltestelle etwas komplizierter. Das Internet kann zwar bei der Suche behilflich sein und die Ecke verraten, an welcher der Bus hält. Im Falle der 55, die mich vom Stadtviertel Villa Crespo nach Palermo bringen sollte, war das die Ecke »Serrano und Murrillo«. Doch ist selbst das keine Garantie dafür, dass dort tatsächlich eine Haltestelle ist. Oder dass man sie als solche wahrnimmt.

Die Busnummern sind zum Teil an Bäumen angebracht, was gerade im Frühling und Sommer suboptimal ist, weil man sie unter dem Blätterdach nur schwer ausfindig machen kann. An manchen Haltestellen befindet sich die Nummer an einer Hauswand. Dann muss man wissen, ob es sich hierbei um die Haus- oder Busnummer handelt. Oft weisen auch wartende Menschen auf die Existenz einer Bushaltestelle hin. Ein wachsames Auge und ein bisschen Know-how im Spurenlesen können den Prozess »Finde-die-Bushaltestelle« also deutlich beschleunigen.

Ich suche die Ecke Serrano und Murrillo nach irgendetwas ab, was sich als Bushaltestelle interpretieren lässt. Keine Nummer an der Hauswand, kein Schild am Baum. 50 Meter weiter vorn, wo ich versucht hatte, den Bus anzuhalten, sieht es genauso aus. Ich drehe eine Runde um den Block, frage einen Passanten, er zeigt wissend in Richtung der nächsten Straßenkreuzung. Dort dasselbe Spiel. Jede Menge Plakate, aber keine Bushaltestelle. Ich drehe weiter meine Runden. Frage erneut. Wieder wird mir eine andere Stelle gezeigt. Wieder keine Haltestelle. Vier 55er-Linien fahren an mir vorbei, ohne zu halten. Die Bauarbeiter in Serrano und Murrillo schauen mir schon eine Weile vergnügt zu. Helfen können sie mir aber auch nicht. »Ja, irgendwo hier hält immer die 55.«

Als ich beschließe, einen neuen Weg zu finden, um nach Palermo zu kommen, fragt mich eine Passantin, was ich suche. »Na, aber du stehst gerade direkt an der Haltestelle der 55!« So ihre Antwort. Wie bitte? Sie erklärt mir, dass genau hier einmal ein Schild mit der Nummer 55 angebracht war. Dieses wurde aber ein paar Wochen zuvor zweckentfremdet. Ein neues wurde offensichtlich nicht angebracht. Wie man denn dann wissen könne, dass hier die Haltestelle ist, fragte ich sie. »Na, ganz einfach, so wie es bei dir war: Jemand sagt es dir, und dann weißt du es.«

Die nächste 55 hält tatsächlich, als ich meine Hand ausstrecke. Auch das muss man wissen, bevor man sich in das Abenteuer »Busfahren in Buenos Aires« stürzt: Nur weil man an einer Haltestelle steht, hält der Bus nicht automatisch. Erst die ausgestreckte Hand ist für den Busfahrer das Zeichen, dass man einsteigen möchte. Beim Einstieg nennt man dem Fahrer entweder die Ecke, an der man aussteigt, oder – wenn man es denn weiß – den Preis für die zurückzulegende Strecke. Da sich die Preise aufgrund der Inflation ständig ändern, ist die erstgenannte Variante die bessere. Wie alle öffentlichen Verkehrsmittel kann auch die Busfahrt ausschließlich mit der aufladbaren *sube*-Karte bezahlt werden. Ist kein Geld auf der Karte, wird man nicht mitgenommen, denn aufladen kann man diese im *colectivo* nicht.

Jede Buslinie hat ihren eigenen Besitzer und ihre eigenen Farben. Der Busfahrer kann seinen Arbeitsplatz ganz nach seinem Geschmack einrichten. Der Fahrer der 55 ist ein gläubiger Maradona-Fan, der besonderen Gefallen am Stil der 90er-Jahre gefunden haben muss. Sein Sitz und das Lenkrad sind in schrille Neonstoffe eingekleidet, am oberen Teil der Windschutzscheibe vermittelt eine grellblaue Leuchtstofflampe mit Wackelkontakt das Gefühl, eine Diskothek zu betreten, die Armaturen sind mit kleinen Heiligenfiguren geschmückt, mittendrin lächelt ein junger Maradona den Fahrgast an. Während ich noch bezahle, schließt der Busfahrer die Tür und fährt mit quietschenden Reifen los. Er muss sich beeilen, denn die Ampel ist gerade auf Gelb gesprungen, und er möchte selbstverständlich nicht schon wieder anhalten.

Um eine einigermaßen angenehme Busfahrt zu verbringen, sollten zwei Dinge getan werden: Erstens sollte man am besten ganz nach hinten durchgehen. Gerade zu Stoßzeiten machen die *colectivos* ihrem Namen alle Ehre. Sie sind vollgestopft, und man ist seinem Nächsten näher, als es einem wahrscheinlich lieb ist. Da alle beim Fahrer einsteigen, hat man ganz hinten die besten Chancen auf ein bisschen Ruhe. Zweitens sollte man sich immer gut festhalten. Das mag banal klingen, ist aber angesichts des rasanten Fahrstils und der künstlerischen Vollbremsungen vieler Fahrer das A und O für eine sichere Fahrt.

Die letzte Herausforderung ist es, die richtige Haltestelle für den Ausstieg zu erwischen. Die Haltestellen werden im Bus nicht angezeigt, sodass man die Namen der vorbeiziehenden Straßenschilder gut verfolgen sollte, um rechtzeitig auf den Stoppknopf zu drücken. Zwar gelingt das in den wenigsten Fällen, doch die nächste Haltestelle ist meist nur ein paar Blocks entfernt.

So ist Busfahren in Buenos Aires mehr als einfach nur Busfahren. Es ist ein guter Weg, um die Stadt kennenzulernen, um einen ersten

Eindruck von den verschiedenen Gesichtern der Viertel zu erhalten, um Einheimische in ihrem Alltag zu beobachten, um das eine oder andere Pläuschchen zu halten. Es ist eine erste Annäherung an eine Kultur, die so europäisch, wie sie sich auf den ersten Blick gibt, gar nicht ist. Beim Busfahren wird die Geduld auf die Probe gestellt, und wenn man am Ziel angekommen ist, hat man das Gefühl, wirklich etwas geleistet zu haben.

80. Grund

Weil das Wort permiso das Unmögliche möglich macht

Die Geschichte eines der bevorzugten Transportmittel der *porteños* begann vor mehr als 100 Jahren. Am 1. Dezember 1913 begab sich die Linie A auf ihre unterirdische Jungfernfahrt, und einen Tag später wurde sie regulär in Betrieb genommen. Es war die erste U-Bahn Linie in ganz Südamerika, der südlichen Hemisphäre und aller spanischsprachigen Länder, worauf die Argentinier bis heute stolz sind. Sie bestand damals aus neun Stationen und verband die Plaza de Mayo mit der Plaza Miserere. Aufgrund der hohen Analphabetenrate waren die einzelnen Haltestellen in verschiedenen Farben gekennzeichnet. Die Waggons aus jener Zeit stammten aus Belgien, man nannte sie La Brugeoise. Sie waren bis 2013 in Betrieb. Man saß sich auf schicken Holzbänken gegenüber, das schummrige Licht der Deckenbeleuchtung verlieh der Fahrt den charakteristischen Hauch der bonaerensischen Nostalgie. Schön war es, aber auch unpraktisch, wenn man auf die Linie A angewiesen war, um zum Beispiel ins Büro im Zentrum zu fahren. Die A hatte einfach nicht die Kapazität, gerade zur Rushhour die Masse an Menschen zu befördern, die an den Bahnsteigen warteten. Sie wurde von der Moderne eingeholt. Die heutigen videoüberwachten, funktionalen, aber wenig attraktiven Waggons kommen aus China. Man freute sich besonders darüber, nun auch über Klimaanlagen in der *subte*, wie die U-Bahn in Buenos Aires genannt wird, zu verfügen und macht davon extensiv Gebrauch, sodass auch im Hochsommer ein Pullover nicht schaden kann.

Die Brugeoise wurden zum Kulturerbe der Stadt erklärt, bis heute wird über ihre Zukunft diskutiert. Horacio Rodríguez Larreta, derzeitiger Regierungschef der autonomen Stadt Buenos Aires, holte sich mit seinem Kommentar, man könne damit ein hervorragendes *asado* machen, nicht gerade Jubelrufe der Bevölkerung ein. Drei der Waggons wurden restauriert und seit 2017 immer wieder für touristische Nachtfahrten eingesetzt, einer kann in der Fakultät für Architektur, Design und Städtebau der Universidad de Buenos Aires im Stadtteil Belgrano besichtigt werden, die anderen verbringen ihren Lebensabend derzeit in einer Werkstatt.

Das unterirdische Streckennetz der Linien A, B, C, D, E und H umfasst heute rund 60 Kilometer und 86 Stationen, was angesichts der Größe der Stadt nicht sonderlich viel ist. Der Plan, das Netz auszubauen und um die Linien F, G und I zu erweitern, erinnert ein bisschen an die Eröffnung des Flughafens Berlin-Brandenburg. Der Bau der Linie G war für 2011 vorgesehen, aber dann fehlte es an finanziellen Mitteln, und der Plan geriet in Vergessenheit. Die Verlängerung der Linie E bis zum Verkehrsknotenpunkt Retiro sollte 2014 fertiggestellt werden. Neuen Gerüchten zufolge soll sie Ende 2019 eröffnet werden. Das Projekt der Linie F, die die Stadtteile Barracas und Palermo miteinander verbinden soll, ist ebenfalls noch aktuell: 2016 sollte mit dem Bau begonnen werden, dann 2017, 2018, aber immer fehlte es am Geld. Nun soll es angeblich einen Finanzierungsplan geben, sodass im Jahr 2020 mit den Arbeiten begonnen werden kann. Dazwischen liegen allerdings die Präsidentschaftswahlen, und wenn es zu einem Regierungswechsel kommen sollte (oder sich der Finanzierungsplan doch noch als nicht ausreichend entpuppt), steht die Zukunft der F erneut in den Sternen.

Die *subte* ist nicht nur der schnellste Weg, sich in der argentinischen Hauptstadt fortzubewegen, viele der Stationen sind zudem äußerst sehenswert. Die Integration von Kunst in der U-Bahn durch Wandmalereien und Skulpturen verleiht ihnen einen Museumscharakter. Jede Station hat eine eigene Thematik, manche erzählen einen Teil der Stadtgeschichte, andere sind einfach nur schön anzuschauen, wieder andere vermitteln politische oder kulturelle Botschaften. Alle bezeugen, dass Buenos Aires durchaus auch unterirdisch etwas zu bieten hat.

Natürlich dürfen auch mysteriöse Geschichten von Geistern und den Seelen der Toten nicht fehlen. So wird immer wieder von einer toten Frau im Brautkleid oder zwei italienischen Arbeitern, die beim Tunnelbau ums Leben kamen, berichtet, welche in der seit 1953 geschlossenen Station Pasco Sur der Linie A ihr Unwesen treiben.

Wenn Sie in der *subte* unterwegs sind, nehmen Sie sich vor den Geistern der Toten in Acht und vor eventuellen Langfingern, die Gefallen an Ihren Wertsachen finden könnten. Außerdem möchte ich Ihnen noch einen Tipp geben, bevor Sie sich auf die Erkundungstour der kunstvollen Tunnels begeben: Gerade zu den Stoßzeiten morgens und abends sind die U-Bahnen restlos überfüllt. Vor Körperkontakt haben die *porteños* keine Scheu, und deswegen finden auch noch weitere zehn Personen Platz, wenn die *subte* bereits so voll ist, dass man nicht mehr atmen kann. Wenn man nicht direkt neben der Tür steht, scheint es absolut aussichtslos, jemals vor der Endstation aussteigen zu können.

Es gibt jedoch ein Wort, das, einmal ausgesprochen, die Massen wie durch Zauberhand teilt und den Weg zur Tür ebnet: *permiso* (»Erlaubnis, Genehmigung«, wird im Sinne von »Entschuldigung, darf ich bitte mal durch« verwendet). Ohne *permiso* kein Durchkommen, das ist eine ganz einfache Regel, und das Wort wird Sie niemals im Stich lassen.

Merken Sie sich diese Buchstaben – PERMISO –, sie werden Ihnen in Momenten der Aussichtslosigkeit in den öffentlichen Verkehrsmitteln oder wo auch immer ein Durchkommen unmöglich scheint im wahrsten Sinne die Türen öffnen.

81. Grund

Weil man im Taxi dem Sinn des Lebens auf die Pelle rückt

Im Taxi trifft man auf Unbekannte, mit denen man meist nur einen kurzen Weg teilt, bevor man sich wieder verabschiedet. Um der Stille, die zwischen Unbekannten oftmals unangenehm ist, zu entfliehen, beginnt man Small Talk zu führen. Manchmal wird es auch etwas persönlicher, und man unterhält sich, als kenne man sich schon seit Jahren. Grundsätzlich gilt die ungeschriebene Universalregel: »Was im Taxi besprochen wird, bleibt im Taxi.«

In Buenos Aires ist Taxifahren etwas Angenehmes, es sei denn, der Taxifahrer ist fanatischer Fußballfan, denn in diesem Fall kann es schnell äußerst emotional werden, was sich wiederum auf den Fahrstil überträgt: »Dass wir die WM immer wieder verlieren, das ist ja nicht so schlimm. Dass wir die letzte Copa América gegen Chile verloren haben, das ist wirklich eine Schande. Aber selbst damit kann man leben. Was aber überhaupt nicht geht, ist, dass Boca das letzte Spiel verloren hat. Verstehst du??? Boca!!!« Während er das erzählt, schlägt der Taxifahrer wütend beide Hände über dem Kopf zusammen, und sein Gesicht wird feuerrot wie die Ampel, über die er gerade fährt.

Es gibt in der Tat bessere Gesprächsthemen! Zum Beispiel Medizin, Quantenphysik, Literatur, Soziologie, Philosophie, Biologie oder Geschichte. Denn Taxifahrer in Buenos Aires kennen nicht nur jede Straße der argentinischen Hauptstadt mit Namen, sie sind auch Experten in allen Alltags- und Wissenschaftsbereichen. Im Taxi werden die großen Fragen der Philosophie in den Raum geworfen – und meist haben die Fahrer auch eine Antwort parat. Man muss selbst kein großer Nietzsche-Kenner sein, denn diese Rolle übernimmt der Taxifahrer selbst, ein moderner Nietzsche auf Rädern. Es reicht, wenn man den Monolog hin und wieder mit einem »stimmt« oder »genau« unterbricht. Der Vorteil an dieser Gesprächsstrategie: Auf der Suche nach dem Sinn des Lebens vergisst der Taxifahrer, dass er sich auch über das letzte Fußballspiel oder die wirtschaftliche Situation des Landes ärgern könnte. Sein Puls bleibt ruhig (so ruhig wie der Puls eines Argentiniers eben sein kann), und zumindest eine Hand ist sicher am Steuer – die andere benötigt er, um dem Gesagten durch Gesten Nachdruck zu verleihen.

82. Grund

Weil man auf der Feria de Mataderos Leckereien aus dem ganzen Land kosten kann

Jeden Sonntag wird in Mataderos, am westlichen Stadtrand von Buenos Aires, ein schöner Kunsthandwerksmarkt unter freiem Himmel abgehalten. Im Jahr 1889, als das heutige Viertel aus Wiesen und Feldern bestand, wurde hier der größte und bedeutendste Rinderschlachthof des Landes errichtet. Das brachte der Bevölkerung viele neue Arbeitsplätze ein. Die Arbeiter ließen sich nach und nach dort nieder, sodass bald eine kleine Ortschaft um den Schlachthof entstand, die aufgrund der florierenden Fleischindustrie lange Zeit »Neues Chicago« genannt wurde. Heute ist Mataderos ein Wohnviertel, in den ehemaligen Schlachthallen finden ab und an Rinderversteigerungen statt, aber der eigentliche Schlachthof ist in der Zwischenzeit ins angrenzende Viertel Liniers umgezogen.

Vom Zentrum ist man je nach Verkehr oft über eine Stunde im Bus unterwegs, aber der Besuch lohnt sich. Auf der Feria de Mataderos trifft ländliche Tradition auf städtisches Temperament. Man fühlt den lebendigen Pulsschlag des sonst so gemächlichen Stadtteils in den Straßen rund um den Marktplatz. Einige Verkäufer nehmen jede Woche den weiten Weg von ihrem Heimatdorf in der Provinz auf sich, um hier in der Hauptstadt ihre eigens hergestellten Produkte zu verkaufen.

In dem rosafarbenen Gebäude im Kolonialstil, in dem früher der Verwaltungssitz des Schlachthofes untergebracht war, befindet sich heute das Museo Criollo de los Corrales, in dem alte Kutschen, Sättel, Steigbügel, *boleadoras* – eine Wurfwaffe – und andere Alltagsgegenstände der Gauchos ausgestellt sind. Im Museum integriert ist ein nostalgischer Innenhof mit Ausschanktheke, wo man sich ein Gläschen namenlosen Wein schmecken lassen kann. Während es hier meist ruhig zugeht, tobt auf dem Platz vor dem Museum das Leben. Auf einer großen Bühne geben Musiker bekannte Folklorelieder zum Besten. Die herausgeputzten Herren lassen sich nicht lange bitten und fordern ihre Frauen zur *chacarera* auf, einem traditionellen Tanz aus der Provinz Santiago del Estero. Der fröhliche Tanz, dessen spanische Einflüsse deutlich sichtbar sind, gilt als ländliches Pendant zum städtischen Tango. Die Texte sind oft melancholisch und handeln von den Weiten der Pampa, Entwurzelung, Heimat, Heimweh und natürlich der Liebe. Wenn die Gauchos nicht gerade *chacarera* tanzen, zeigen sie auf ihren Pferden, was sie können. Einmal im Monat finden auf der Feria de Mataderos Reiterspiele statt, das Donnern der Pferdehufe lässt einen dann schnell vergessen, dass man in der argentinischen Hauptstadt ist.

Matebecher, Ponchos, Hüte, Holzinstrumente, Schmuck, Lederwaren – wer auf der Suche nach Kunsthandwerk in den knalligsten Farben oder einem typischen Souvenir ist und Einblicke in die ländliche Kultur erhalten will, ist hier genau richtig. Der Markt ist aber nicht nur was fürs Auge, auch kulinarisch kommt der Besucher hier voll auf seine Kosten.

Wenn Sie bisher noch kein *choripán* (*chorizo*-Wurst mit Brötchen), *lomito* (Rindfleisch mit Brötchen) oder *bondiola* (Schweinefleisch mit Brötchen) probiert haben, sollten Sie das auf der *feria* unbedingt nachholen. Das Gesicht des *asador*, des Grillmeisters, ist im dichten Rauch nur schemenhaft zu erkennen, sein stolz zur Schau getragener Bauch zeugt jedoch davon, dass das Fleisch hervorragend schmecken muss. Am nächsten Stand gären in riesigen Töpfen *tamales* (gefüllte Mais- und Kürbistaschen) in Maisblättern vor sich hin. Ein ebenfalls typisches Gericht aus dem Nordosten des Landes sind *empanadas*, bei deren Zubereitung man zusehen kann. Die leckeren Teigtaschen sind wahlweise mit Hackfleisch, Schinken, Zwiebeln, Mais oder Mangold und einer gut gemeinten Portion Käse gefüllt. Vor allem an kühlen Wintertagen fällt es schwer, den deftigen Linseneintöpfen zu widerstehen, die neben dem Eingang des Museums serviert werden.

Für den kleinen Appetit zwischendurch gibt es süße und salzige Häppchen. Naschkatzen sollten sich ein *panqueque* mit *dulce de leche* nicht entgehen lassen. Bei Konfitüren, unterschiedlichsten Soßen und Dips, gefüllten Oliven, Wurst- und Käsesorten aus dem ganzen Land, Fruchtsäften, selbst gebrautem Bier und exotischen Likören fällt die Wahl nicht leicht.

83. Grund

Weil das Café ein Teil der Identität ist

Einen schnellen *cortado* zwischendurch, einen nicht ganz so schnellen *café con leche* für nicht ganz so zwischendurch, eine *lágrima* gegen aufkommende Tränen, einen *submarino* für die Seele – im schmuddeligen Café um die Ecke, am hölzernen Tresen, vor der hippen Kreidetafel, auf der geschrieben steht, dass man jeden Tag leben sollte, als wäre es der letzte, im edlen Saal mit Marmorsäulen und verspiegelten Wänden, wo der Kaffee das Dreifache kostet, oder neben einem blassen Schwarz-Weiß-Foto des argentinischen Schriftstellers Adolfo Bioy Casares, inmitten von inspirierender Traditionen und Geschichten.

Buenos Aires hat eine faszinierende Kaffeehauskultur, auf welche die *porteños* zu Recht stolz sind. In der argentinischen Hauptstadt trinkt man seinen Kaffee lieber allein unter anderen Alleintrinkern als allein zu Hause. Das liegt vielleicht auch daran, dass der Kaffee, den man im gewöhnlichen Supermarkt bekommt und zu Hause zubereitet, nicht den gleichen Geschmack entfalten kann wie im Café.

Es gibt keinen besseren Ort, um das alltägliche Leben zu beobachten und all seinen Gefühlen freien Lauf zu lassen, als das Café. Es ist das Büro der Künstler, der Ort der Suchenden, der Beobachter, der Liebenden und Streitenden, der Reisenden, derjenigen, die es eilig haben, die sich unterhalten oder schweigen wollen, die eine Auszeit brauchen oder sich mit einem kleinen Snack stärken wollen. Die Showbühne, das ausgelagerte Wohnzimmer der *porteños*. Es ist der Ort, an dem man oft besser aufgehoben ist als in den eigenen vier Wänden, an dem man nicht gestört wird, es sei denn, man will es. Drinnen, weil die Klimaanlage die Schweißperlen auf der Stirn trocknet, draußen, weil man sieht und gesehen wird. Buenos Aires, die Europäische. Das spiegelt sich in den unfassbar vielen Cafés wider, die das Bild der Stadt prägen.

Die erste Bar (»Almacén del Rey«) soll 1769 eröffnet haben. 1799 folgte das erste elegante Kaffeehaus »Café de los Catalanes«, das eine Rolle bei der Mairevolution spielte, denn dort trafen sich die verschiedenen Gruppen, um den Aufstand gegen die Spanier zu planen. Im 20. Jahrhundert wurden die Kaffeehäuser zum Treffpunkt der Intellektuellen, die an den klapprigen Holz- oder edlen Marmortischen stundenlang diskutierten.

Die Cafés von Buenos Aires, die manchmal eher an Restaurants oder Bars erinnern, sind nicht nur Gegenstand historischer Studien, sie sind auch Inspirationsquelle für künstlerisches Schaffen, schlagen Wurzeln in der Musik – allem voran dem Tango –, der Literatur, der Kunst.

Das Lieblingscafé muss kein schöner Ort sein oder eine besonders liebevolle Einrichtung haben. Es muss sich der persönlichen Situation anpassen können. Manchmal muss es einfach nur funktional sein, es braucht einen Tisch, einen Stuhl (beides kann durch einen Bartresen ersetzt werden), eine Kaffeemaschine und einen schweigsamen Kellner, der das Bestellte serviert und offen für ein Gespräch ist, sofern beide Partien damit einverstanden sind.

Die Optik ist also sekundär, aber was ein Café auf jeden Fall haben muss, ist *un alma*, eine unsichtbare Seele. Denn egal ob schön oder hässlich, staubig oder steril, klein oder groß, hell oder dunkel, modern oder dem Verfall zugetan, das Café ist vor allem eines: ein Herzensort.

Durchaus sichtbar ist die unsichtbare Seele in den über 80 historischen Kaffeehäusern, den *bares notables*. La Poesía (Chile 502), Bar Británico (Avenida Brasil 399), Celta Bar (Sarmiento 1702), Café Margot (San Ignacio 857), El Gato Negro (Avenida Corrientes 1669), El Federal (Carlos Calvo 599), Bar La Biela (Avenida Presidente Manuel Quintana 596), La Perla (Avenida Don Pedro de Mendoza 189), London City (Avenida de Mayo 591) – das sind nur ein paar davon. Vor dem berühmten Schriftstellercafé Tortoni (Avenida de Mayo 825) stehen die Touristen täglich Schlange, um an einem der kleinen Tische, wo einst wichtige Worte diskutiert und niedergeschrieben wurden, ein überteuertes Heißgetränk zu sich zu nehmen.

Die *bares notables* gleichen einem Museum, einem Kunstwerk, in dem der Charme des Vergangenen konserviert wird. Von den stuckverzierten Decken bröckelt der Putz. Träumereien und Tatsachen werden an wackeligen Tischen auf knarzenden Stühlen ausgetauscht. Über den Köpfen der Gäste hängen getrocknete *chorizo*-Würste und Serrano-Schinken. Bilder großer Literaten und kluge Sätze schmücken alles, außer die lieblosen Papierservietten, die sich schon bei dem Gedanken an Feuchtigkeit in Luft auflösen und deren Daseinsberechtigung man wohl niemals ergründen wird.

Schwarze Hosen, weißes Hemd, manchmal eine schwarze Fliege. Die Kellner passen sich dem schwarz-weiß gekachelten Boden an, als wollten sie nicht unnötig auffallen. In der Tat sind sie zurückhaltend. Man wird nicht zum Bezahlen gezwungen, nur weil man seit Stunden vor einer leeren Kaffeetasse sitzt und andere Gäste auf einen freien Tisch warten. Das Café ist ein Ort, an dem man Zeit hat und keinen Zwang. Die Gespräche oder Gedanken der Gäste durch ein »Darf es noch etwas sein?« zu unterbrechen entspräche dem Nichteinhalten eines Ehrenkodex, der ungeschrieben die Wände eines jeden Cafés ziert. Der Kellner ist ein Freund – wenn man gerade einen Freund braucht. Bevorzugt man die Einsamkeit, bleiben seine Lippen versiegelt. Um die Bestellung zu notieren, braucht der stille Kellner weder Zettel noch Stift, nur seinen Kopf – selbst wenn 20 verschiedene Gerichte bestellt werden.

In manchen Cafés wiederum wirkt der Ober wie ein unzufriedener Gast. Die Speisekarte wird einem widerwillig vor das Gesicht geknallt, die Bestellung brummend an den Tisch getragen. Das sollte man nicht persönlich nehmen, Sie wissen ja, das Temperament! Die Emotionen! Es ist einfach nicht leicht, Argentinier zu sein! Um den in ihm brodelnden Vulkan nicht zum Ausbruch zu bringen, sollten Sie die Rechnung niemals getrennt bezahlen. Denn grundsätzlich ist nicht der Kunde König im argentinischen Café, sondern der Kellner selbst.

Verlassen Sie Buenos Aires nicht, ohne der Seele der Stadt in einer *bar notable* oder einem schmucklosen Café am Eck auf die Schliche zu kommen. Sie werden mit Sicherheit noch oft nach Ihrer Reise an die Stunden denken, in denen Sie dort saßen und – vor und in der Masse untergetaucht – dem Leben gelauscht haben.

9. Kapitel

Von der Küste durch die Pampa in die Subtropen

84. Grund

Weil Entfernungen in Buenos Aires-Mar-del-Plata-Distanzen gemessen werden

Jedes Jahr ab Dezember zeigen die Werbetafeln in Buenos Aires das eine Bild: grellfarbene Sonnenschirme, glückliche Großfamilien, braun gebrannte Frauen, die im Bikini eine super Figur machen. Darunter der Text »Komm auch dieses Jahr wieder nach Mar del und genieße den Sommer!«

Mar del Plata, der größte Badeort Argentiniens, ist für viele *porteños* »the place to be«. An den Stränden hat man schon in Kindheitstagen Sandburgen gebaut, auf den Straßen das Fahrradfahren gelernt, in den Parks mit der Jugendliebe versteckt erste Küsse ausprobiert. Heute fährt man selbst mit seinen Kindern dorthin, damit auch diesen der Name »Mar del«, wann immer sie ihn hören, lesen oder aussprechen, ein Lächeln ins Gesicht zaubert und das Herz erwärmt.

Bevor Sie sich nun auf den Weg nach Mar del Plata machen, um auch ein warmes Herz zu bekommen, sollten Sie eines wissen: An der argentinischen Küste geht es in den Sommermonaten so zu wie im restlichen Jahr in den U-Bahnen von Buenos Aires zu Stoßzeiten. Der *porteño* ist im Urlaub nicht etwa auf der Suche nach Erholung. Im Gegenteil, er packt das Chaos der argentinischen Hauptstadt in seinen Koffer und nimmt es mit. Das Chaos ist für ihn wie ein schickes Kleidungsstück, das natürlich bei der Präsentation des Egos auf dem »Mar-del-Catwalk« nicht fehlen darf.

Während der *porteño*-Invasion platzt Mar del Plata aus allen Nähten: Normalerweise zählt die Stadt rund 860.000 Einwohner, in den Sommermonaten verdoppelt sich die Einwohnerzahl jedoch dauerhaft. Klar, dass dann für den Hauptstädter auch einiges geboten werden muss. Tagsüber ist Sehen und Gesehenwerden angesagt. Morgens wird das gesamte Hab und Gut zusammengepackt – man weiß ja nicht, was man am Strand so brauchen könnte.

Körperkontakt mit Fremden kennt man schon aus der U-Bahn, also wird der Klappstuhl direkt neben dem des Nachbarn – und vielleicht bald Bekannten oder sogar Freund – aufgestellt. Wir sind schließlich alle eine große Familie. Ein kurzer Blick in den Handspiegel, Frisur sitzt perfekt, den knallroten Lippenstift sieht man auch aus einem Kilometer Entfernung, also steht einer kleinen Abkühlung nichts im Wege. Die Hüften wiegen sich im Takt der Musik aus der nächsten Bar hin und her. Das haben die argentinischen Frauen drauf, es wurde schon von klein auf geübt. Außerdem kann man sich so perfekt aufwärmen für eine durchtanzte Nacht in einem der vielen Clubs.

Mar del Plata war die erste Stadt an der Küste, die an das Eisenbahnnetz angeschlossen wurde (1886). So war sie leicht von Buenos Aires aus zu erreichen und bereits Anfang des 20. Jahrhunderts zu einem viel besuchten Ort herangewachsen. Zumindest für diejenigen, die sich die Zugfahrt dorthin leisten konnten. Es war ein elitärer Ort, gebaut nach dem Vorbild des französischen Badeorts Biarritz, an dem sich die argentinische Oberschicht die Sonne auf den Bauch scheinen ließ. Mit dem Peronismus entwickelte sich Mar del Plata seit den 1940er-Jahren zunehmend zu einem Urlaubsort der Arbeiterklasse. Bessere Arbeitsbedingungen, höhere Löhne und der Bau zahlreicher Hotelanlagen und Ferienhäuser führten dazu, dass sich nun die meisten eine Auszeit am Meer leisten konnten. In den 1960er-Jahren erlebte Mar del Plata einen erneuten Bauboom. Immer höher, war die Devise, um sich für den Massentourismus zu wappnen, der vor den Toren der Stadt bereits Schlange stand.

Wer für längere Zeit in Buenos Aires ist, muss früher oder später zu Mar del Plata Stellung beziehen. Zur Auswahl stehen: Schwarz oder Weiß. Man liebt die Stadt oder man hasst sie. Wer Mar del Plata hasst und das nötige Kleingeld aufbringen kann, verbringt den Sommer in Punta del Este in Uruguay oder beim Shopping in Miami. Bei allen anderen beginnt das Herz bereits höher zu schlagen, wenn sie in Buenos Aires in den Zug oder ins Auto steigen und die 404 Kilometer in den Süden fahren.

404 Kilometer von Buenos Aires nach Mar del Plata – diese Zahl kennt jeder Argentinier. Auf die Frage, wie weit es nach Mar del Plata ist, würde niemand sagen, »rund 400 Kilometer«, nein, es sind nun einmal exakt 404 Kilometer. Während dieser 404 Kilometer im Stau zu stehen ist keine Seltenheit und wird gern in Kauf genommen. Man sieht sich ja dann in ein paar Stunden am Strand von Mar del, mit dem Geschmack der teuflisch süßen *churros* von Manolo auf den Lippen. Und weil man die Strecke von Buenos Aires nach Mar del Plata schon zig mal gefahren ist und jede Kurve und jeden Busch am Straßenrand der Ruta 2 auswendig kennt, werden auch andere Entfernungen in Buenos-Aires-Mar-del-Plata-Distanzen gemessen. Denn sonst kann man sich darunter ja nichts Konkretes vorstellen. Mit dem Auto von Buenos Aires nach Bariloche? Drei bis vier Mar-del-Plata-Reisen. Nach Ushuaia? Sieben bis acht Mar del Plata Reisen. Ganz schön groß, dieses Argentinien! Man hat es wirklich versucht, man wollte anderen Orten als Urlaubsziel auch eine Chance geben. Aber die Distanzrechnung zeigt es doch ganz deutlich: Sieben Mar-del-Plata-Reisen, das könnten auch sieben Urlaube in Mar del Plata sein. Also bleibt es dabei, von Buenos Aires nach Mar del Plata: eine Mar-del-Plata-Reise, 404 Kilometer. Da braucht man nicht lange zu diskutieren, es liegt auf der Hand, wo man im nächsten Jahr die Sommermonate verbringen wird.

85. Grund

Weil es Orte wie Cabo Raso gibt

Es gibt Orte, die eine bestimmte Energie oder Magie ausstrahlen, ohne dass man diese in Worte fassen und explizit beschreiben kann. Man fühlt es einfach. Es sind Orte, die man, wenn man sie einmal besucht hat, nie wieder vergisst. Ein solcher Ort ist Cabo Raso. Um zu verstehen und wertzuschätzen, was Cabo Raso heute ist, muss man einen Blick in die Vergangenheit werfen, zurück in jene Zeit reisen, als es das ehemalige Fischerdorf an der Küste der Provinz Chubut aufgrund seiner strategisch günstigen Lage zu Wohlstand gebracht hatte.

Für damalige Verhältnisse war der Ort mit 300 Einwohnern relativ groß, es gab dort einen kleinen Supermarkt, in dem man außer Lebensmittel auch andere wichtige Produkte kaufen konnte, eine Schule, ein Postamt und ein Hotel. Die Bewohner konnten sich also gut selbst versorgen. 1925 wurde ein Leuchtturm erbaut und in Betrieb genommen.

Stellt man sich vor, was es bedeutete, Anfang des 20. Jahrhunderts in Patagonien zu leben – das raue Klima, die Distanzen, die Isolation –, wird schnell klar, dass Cabo Raso im Vergleich zu anderen Dörfern einen entscheidenden Vorteil hatte. Die Bucht diente als natürlicher Hafen, wo Schiffe anlegen und Fischer ihren Fang verkaufen oder gegen Wolle tauschen konnten. Der Ort wurde zu einem wichtigen Umschlagplatz. Regelmäßig hielten dort Busse auf ihrer Fahrt von Trelew nach Comodoro Rivadavia. Denn Cabo Raso liegt an der Ruta Provincial 1, der damals einzigen Nord-Süd-Verbindung an der Küste Chubuts. Mit dem Ausbau und der Asphaltierung der Ruta Nacional 3, die heute 3.079 Kilometer von Buenos Aires bis Feuerland umfasst und von Cabo Raso rund 90 Kilometer entfernt im Landesinneren verläuft, verlor die Ruta 1 zunehmend an Bedeutung und Cabo Raso den Anschluss an das restliche Land. Wer konnte, zog weg, in Städte wie Trelew, Puerto Madryn oder Comodoro Rivadavia, die an das Verkehrsnetz angeschlossen waren. Der Friedhof von Cabo Raso mit seinen etwa zehn Gräbern zeugt davon, dass nicht viele Menschen dort ihren Lebensabend verbrachten. Die Besitzerin des Dorfladens, Mercedes Sinat, war viele Jahre lang die einzige Bewohnerin des Ortes, der zunehmend dem Verfall überlassen wurde, bis auch sie Anfang der 1980er Jahre verstarb. Cabo Raso war nicht mehr als ein in Vergessenheit geratenes Geisterdorf, ein paar Ruinen irgendwo verloren am Atlantik.

Es sollte mehr als zwei Dekaden dauern, bis Cabo Raso eine Wiedergeburt erlebte. Die Argentinier Eliane Fernández und Eduardo González kamen auf einer Reise zufällig vorbei und waren augenblicklich fasziniert von der friedlichen Ruhe, die das türkisfarbene Meer und die Ruinen ausstrahlten. Sie ließen sich dort mit ihrem Wohnmobil nieder und begannen, ein paar der alten Steinhäuser wiederaufzubauen und liebevoll einzurichten. Die beiden leben selbst in einem der Häuser, die anderen vermieten sie an Reisende. Das Projekt »El Cabo« ist aus ihren Träumen, Stunden der Schlaflosigkeit und harter Arbeit entstanden, um Natur- und Abenteuerliebhabern einen gemütlichen Ort zu bieten, an dem sie sich entspannen und die Unendlichkeit von Meer und Land genießen können. Cabo Raso benötigt weder eine Touristeninformation noch eine Auflistung actionreicher Aktivitäten. Wind und Meer geben den Rhythmus vor, und es liegt auf der Hand, wie man in diesem Paradies des einfachen Luxus seinen Tag verbringt: stundenlang den Wellen bei ihrem stürmischen Tanz zuschauen, am Strand spazieren gehen, neugierige Seehunde beim Spielen beobachten, sich die tragische Geschichte des Schiffwracks ausdenken, das still vor sich hin rostet, surfen, angeln, Sonnenauf- und -untergänge bestaunen. Das Smartphone kann getrost im Koffer bleiben, denn zum Telefonieren gibt es keinen Empfang, die Frage nach WLAN stellt sich gar nicht erst. Wer den Weg nach Cabo Raso auf sich nimmt, sucht das »einfache Leben«, abseits moderner Technologien. Und wird es finden.

86. Grund

Weil es im Zug eine Diskothek gibt

Aus der Ferne scheint es, als sei der Bahnhof in Viedma einem Fotoalbum aus dem frühen 20. Jahrhundert entsprungen. Jeden Freitag erwacht die sonst verschlafene Eingangshalle an den grasbewachsenen Gleisen zu neuem Leben. Fahrzeuge und Gepäckstücke werden verladen, und während sich einige Passagiere noch unter Tränen von Familie und Freunden verabschieden, läuten die Bahnhofsglocken die Abfahrt des Tren Patagónico ein. Unter beschwerlichem Ächzen und Quietschen setzt sich der Zug, der die Atlantikküste mit der Andenkordillere verbindet, in Bewegung. Die über 100 Reisenden nehmen je nach Ticket im Schlafwagen, auf komfortablen, gepolsterten Sitzen oder in der weniger gemütlichen Holzklasse, in der die schwüle Luft nicht entweichen will, Platz.

»Señorita, willkommen im legendären Patagonien-Zug. Möchten Sie um 21 oder um 23 Uhr zu Abend essen?« Bestellungen und Wünsche werden entgegengenommen, während der Zug gemächlich dem Sonnenuntergang entgegenfährt, der die öde Buschsteppe in Gold- und Rottönen erleuchten lässt. Die Landschaft bleibt für Hunderte von Kilometern gleich: Steppe, trockene Gräser, Staub. Nicht der kleinste Bach unterbricht die Monotonie. Theoretisch könnte der Zug eine Geschwindigkeit von 120 Kilometern pro Stunde erreichen. Doch der Zustand der Bahngleise lässt derartige Raserei nicht zu. Praktisch fährt er daher selten über 40 Kilometer pro Stunde.

Viele Argentinier erfüllen sich mit der Reise im Tren Patagónico einen Traum. Für andere ist es die einzige Möglichkeit, um Angehörige in den entlegenen Dörfern Patagoniens zu besuchen. Denn auf seinem Weg von Viedma nach Bariloche hält der Zug an jedem noch so kleinen Ort. So auch in Vizeadmiral O'Connor. Mitten im Nirgendwo befinden sich ein Bahnhof, der in Trümmern liegt, und ein kleines Haus, in dem ein pensionierter Zugführer lebt.

Mit ein paar Ausnahmen sind die Stationen vielmehr vage Erinnerungen an einst prosperierende Dörfer. Eines haben jedoch alle gemeinsam: Für die Bewohner ist der Zug eine Attraktion, sodass sie gerne mitten in der Nacht aufstehen, um den Reisenden zu winken, Fotos zu schießen und eine gute Fahrt zu wünschen.

Die 827 Kilometer bis zum Ziel werden meist nicht in den vorgegebenen 18 Stunden zurückgelegt, denn irgendetwas kommt immer dazwischen. Mal muss etwas am Zug repariert werden, dann wieder versperren Kühe oder andere Tiere, die nicht von den Gleisen weichen wollen, den Weg. Die Passagiere nehmen es gelassen hin, denn die Ankunft ist sowieso nicht das eigentliche Ziel. Wer ein Ticket ergattern konnte, möchte das Unterwegssein genießen, den Guanakos zuwinken, sich zur Pasta ein Glas Wein im Speisewaggon schmecken lassen. Und dann sind da noch zwei besondere Highlights, die in Argentinien ausschließlich der Tren Patagónico zu bieten hat: Der Kinowaggon sorgt mit insgesamt drei Filmen pro Fahrt für gute Unterhaltung, und wer danach in Feierlaune ist, kann in der zugeigenen Diskothek bis in die frühen Morgenstunden ausgelassen die Hüften schwingen.

Die letzten Stunden nach dem Frühstück sind landschaftlich so spektakulär, dass alle Passagiere staunend am Fenster kleben. Die Gleise schlängeln sich durch eine beeindruckende Canyonlandschaft bis zum höchsten Punkt der Strecke. Bald dominieren saftige Wiesen und Pappeln das Bild, und nach ein paar steilen Kurven sind am Horizont die schroffen Gipfel des Catedral-Massivs zu erkennen. Nach 20 Stunden Staub und Trockenheit ist das tiefblaue Wasser des Lago Nahuel Huapi eine willkommene Abwechslung. Während der letzten Minuten bis zum Bahnhof in Bariloche herrscht reges Treiben im Zug. Die Gelassenheit der Reise ist vergessen, nun möchte jeder schnellstmöglich ankommen, aussteigen und sich vom andauernden Schaukeln des Zuges erholen. Dieser wird in den nächsten Stunden einigen Reparaturen unterzogen, bis er sich erneut auf den Weg durch die Steppe macht, zurück an die Küste, nach Viedma, wo bereits die nächsten Passagiere freudig darauf warten, dass es wieder Freitag ist.

87. Grund

Weil Traditionen gepflegt und gelebt werden

Pferdehufe donnern über den sandigen Boden, ein Motorrad verschwindet hupend in einer Staubwolke, der Geruch von *asado* liegt in der Luft. Die Stimmung ist ausgelassen. Jedes Jahr im Frühling finden die *Fiestas de la Tradición* in Argentinien statt. Eine der bekanntesten ist die *Fiesta de la Tradición* in San Antonio de Areco. Die hübsche Kleinstadt liegt 130 Kilometer nordöstlich von Buenos Aires und darf sich seit 2015 offiziell »Hauptstadt der Tradition« nennen.

Zum ersten Mal wurde das Fest im Jahr 1939 veranstaltet. Damit sollte an den Geburtstag des argentinischen Dichters José Hernández (10. Oktober 1834) erinnert werden. Er schrieb 1872 das Epos *El gaucho Martín Fierro*, das prominenteste Beispiel gauchesker Dichtung. Es erzählt vom rauen Alltag der Gauchos und ihren Pferden in der Pampa, ihrem Stolz, ihrer Unabhängigkeit, ihren erbitterten Kämpfen gegen die städtischen »Zivilisationsversuche« und gegen ausländische Invasoren. Der Begriff »Gaucho«, dessen Ursprung nicht bekannt ist, war lange Zeit negativ behaftet und etwa mit Gauner gleichzusetzen. Ein zielloser Vagabund mit wildwucherndem Bart, ohne Manieren, der noch nie eine Bildungsanstalt von innen gesehen hat, ehrwürdigen Menschen das Rind klaut und sich, um seine sexuelle Lust zu befriedigen, über die Schafe hermacht. Später wurde das Bild des Gauchos romantisch verklärt als der tugendhafte, charakterfeste Idealtypus eines Argentiniers, der sein Pferd und seine Freiheit mehr liebt als alles andere auf der Welt.

Mit der zunehmenden Verbreitung von Estanzias im Sinne eines Großgrundbesitzes ab dem 18. Jahrhundert wurden die Gauchos allmählich sesshaft. Die Eigentümer dieser Estanzias kümmerten sich nicht selbst um ihre Ländereien, sondern ließen Sklaven und Gauchos die harte Arbeit für einen Hungerlohn und eine einfache

Unterkunft erledigen. Als das Land, ausgelöst durch die Ereignisse der Mairevolution, um die Unabhängigkeit von Spanien kämpfte, stellten sich die Gauchos, wie auch in den späteren Bürgerkriegen, auf die Seite ihrer Landsleute. Im Zuge der Einwanderungswelle kamen Tausende Landarbeiter nach Argentinien, die sich große Teile des Landes zu Eigen machten und die Gauchos vor die Wahl stellten, ihren bisherigen »willkürlichen« Lebensstil aufzugeben und sich als Landarbeiter den Regeln der Großgrundbesitzer zu fügen, oder sich im wahrsten Sinne des Wortes »vom Acker zu machen«. Viele Gauchos gingen den Kompromiss ein und wurden so endgültig sesshaft, wodurch dem mystifizierten Bild vom Leben in endloser Freiheit weitgehend ein Ende gesetzt wurde.

Jedes Jahr im November jedoch wird in Areco dem »Mythos Gaucho« für ein Wochenende wieder Leben eingehaucht. Auf dem Programm stehen Reitervorführungen, traditionelle Folkloretänze wie die *chacarera*, Führungen durch das historische Stadtzentrum, nostalgische Gitarrenklänge, Vorträge über ländliche Traditionen und die »Gaucho-Kultur«.

Die modernen Rinderhirten präsentieren sich in traditioneller Kleidung: *bombacha* (Pluderhosen), *alpargatas* (Espadrilles), *boina* (Baskenmütze), Halstuch und aufwendig verzierten Gürteln, an denen stolz das Heiligtum, der *facón*, zur Schau getragen wird. Dieses Gauchomesser dient nicht nur als Schneidewerkzeug, sondern auch zum Jagen und zu handwerklichen Arbeiten mit Holz oder Leder. Wenn es in den gesetzlosen Weiten der Pampa hart auf hart kommt, kann es durchaus auch als Verteidigungswaffe im Duell Verwendung finden. So weit kommt es aber bei der *Fiesta de la Tradición* nicht. Hier messen sich die Gauchos bei Wettkämpfen und »zähmen« ihre Jungtiere vor Tausenden von Schaulustigen. Dieses »Zähmen«, die *jineteada*, ist dem nordamerikanischen Rodeo ähnlich und wird von Tierschützern kritisiert, was der Beliebtheit der Feierlichkeiten aber keinen Abbruch tut. Einen der Gauchos, der immer ganz vorn mit dabei ist, kenne ich bereits vom letzten Jahr. Mit seinem langen schneeweißen Haar, dem ebenso weißen, fein frisierten Schnauzer und den tiefen Falten im Gesicht, die von einem harten und langen Leben in der Pampa zeugen, ist er ein wahrer Publikumsmagnet, das Sternchen unter den argentinischen Cowboys in San Antonio de Areco. Zu Fuß ist er etwas schwerfällig unterwegs, aber sobald er einen Fuß im Steigbügel hat, ist sein Temperament nicht mehr zu bremsen. Von der Jury wird der über 80-Jährige als ältester Teilnehmer mit einer Urkunde und einer Medaille geehrt. Auf die Frage, wie lange er noch an der *Fiesta de la Tradición* teilnehmen werde, antwortet er, den Rauch seiner Zigarette ausstoßend: »Bis ich mich nicht mehr allein auf einem Pferderücken halten kann. Dann werde ich aber auch nicht mehr unter den Lebenden weilen.«

Neben der *jineteada* gibt auch weniger Brutales zu sehen. Paraden, bei denen die Gauchos stolz ihre Pferdeherden präsentieren, oder Reiterspiele wie die *corrida de sortija*, die dem Ringreiten sehr ähnlich ist: Auf zwei etwa drei Meter hohen Pfosten wird eine Querstange platziert, an der ein kleiner Ring (*sortija*) herunterhängt. Die Reiter müssen diesen Ring in vollem Galopp mit einer Art Stecken in der Länge eines Kugelschreibers aufnehmen. Keine leichte Aufgabe, doch die Gauchos üben das seit Kindheitstagen. Es heißt, der Ring steht sinnbildlich für den Ehering. Wer weiß, vielleicht steigt nach der *Fiesta de la Tradición* ja die Heiratsrate in Argentinien?

88. Grund

Weil man auf einer Estanzia in vergangene Zeiten eintauchen kann

Alles begann mit dem Traum dreier spanischer Brüder und der Idee eines geschäftstüchtigen arabischen Kaufmanns. Gebannt hänge ich an Doras Lippen, die mir im schummrigen Licht der kleinen Stehlampe ihre Lebensgeschichte und die Geschichte ihrer Estanzia erzählt. Ihr rot-weiß getigerter Lieblingskater mit dem flauschigen Fell springt von ihrem Schoß und sucht gelangweilt das Weite. Wahrscheinlich hat er die Geschichte schon hundertmal gehört.

Anfang der 1930er-Jahre gingen drei Brüder aus Salamanca in Buenos Aires von Bord. Die *gallegos*, was eigentlich Galicier bedeutet, in Argentinien aber synonymisch für alle Spanier verwendet wird, hatten ihre kleinen Koffer randvoll mit Träumen von einer besseren Zukunft im verheißungsvollen Land auf der anderen Seite der Welt gepackt. Sie wollten ein großes Grundstück kaufen und *estancieros*, Viehfarmer, werden, Schafe züchten und deren Wolle in die ganze Welt exportieren. Als *estancias* werden in Argentinien, Chile, Uruguay und Paraguay ausgedehnte Ländereien bezeichnet, die landwirtschaftlich genutzt werden und der nordamerikanischen Ranch ähnlich sind. Das Wort wird auch als Synonym für die Gutshäuser verwendet, in denen die *estancieros* leben oder zumindest temporär verweilten, wenn sie nach dem Rechten sehen.

Die drei spanischen Brüder hatten gehört, dass im Süden Argentiniens riesige Ländereien zu günstigen Preisen erstanden werden konnten, und so machten sie sich auf den Weg. In der Provinz Santa Cruz, wo die Winter lang und hart sind, bot ihnen eine Firma britischer Großgrundbesitzer ihr Land zum Verkauf auf Raten an. Die Wollpreise waren infolge der Weltwirtschaftskrise stark gesunken, die Nachfrage gering, und die Briten wollten nicht länger in eine derart ungewisse Zukunft investieren.

Die Spanier arbeiteten von nun an rund um die Uhr, und jeder Cent, den sie erwirtschafteten, ging an die britische Firma, bis sie ihre Schulden nach Jahrzehnten abgezahlt hatten. Nachdem sie während dieser Zeit in einer kleinen Hütte in den Bergen gelebt hatten, meinte es das Schicksal gut mit ihnen, und jeder konnte sich durch die erwirtschafteten Gewinne bald ein Landhaus bauen.

Ein arabischer Kaufmann hörte auf seiner Geschäftsreise von drei spanischen Junggesellen, die drauf und dran waren, großes Geld zu machen, was sein Interesse weckte. Denn wie es der Zufall so will, saßen ihm zu Hause drei hübsche Töchter auf der Tasche, die er daraufhin nach Argentinien schicken ließ. Er stellte sie den *gallegos* vor, und zwei der Brüder stimmten der Hochzeit zu. Der dritte war etwas eigenbrötlerisch und bevorzugte ein einsames Leben in den Bergen. Die beiden Brüder und ihre Frauen vergrößerten ihre Landhäuser, kauften noch mehr Rinder und Schafe. Das Geschäft lief gut. Die einen sollten kinderlos bleiben, die anderen bekamen zwei Söhne, die mit dem harten Landleben jedoch nichts zu tun haben wollten und in die Küstenstadt Comodoro Rivadavia zogen, und eine Tochter – Dora. Sie und ihr Mann übernahmen später die Ländereien ihres Vaters und kümmerten sich um alles.

Dora beschreibt das Leben auf einer Estanzia als eine Achterbahnfahrt. Mal läuft es gut, dann ist man wieder am Boden und muss fast von vorn anfangen. Trotzdem würde sie ihr Leben niemals gegen ein anderes tauschen wollen. Ihre vor Zufriedenheit strahlenden Augen bestätigen das Gesagte. Seit ihr Vater nicht mehr lebt, hat sich viel verändert. Um die Landwirtschaft kümmert sich Dora nicht mehr selbst, das haben ihr Mann und die *peones* (Landarbeiter) – die Gauchos ihres Vertrauens – vor einiger Zeit komplett übernommen.

Dora erfüllte sich einen weiteren Traum und führt mithilfe ihres Sohnes das gemütliche Guesthouse, in dem sie mich eben mit einem köstlichen Gemüseeintopf aus eigenem Anbau verwöhnt hat. Die Familie selbst lebt ebenfalls hier. Der Weg vom ursprünglichen Landgut in das 600-Seelen-Dorf war ihnen mit zunehmendem Alter zu mühsam, das Leben zu abgeschieden, denn Dora genießt es, in Gesellschaft zu sein. Am nächsten Tag gibt sie mir ihr Fahrrad und die Schlüssel für die Schlösser an den Zäunen, die ihr Land von dem der anderen *estancieros* trennen. Auf beiden Seiten des schmalen Schotterweges stehen hochgewachsene Pappeln – der typische Wegweiser zu einer Estanzia. Das Landgut liegt versteckt unter Bäumen am Fuße der Berge. Efeu und andere Pflanzen haben die Mauern fest im Griff. Ich blicke durch die spinnwebenverhangenen Fensterscheiben und stelle mir vor, wie sich die drei *gallegos* nach einem langen Tag am Ofen aufwärmten und schweigend dem Knistern der Flammen lauschten.

Doras Geschichte ist keine prototypische Estanzia-Geschichte, aber eine genuin argentinische. Und sie zeigt, dass alle Estanzias, selbst die, welche in den Spinnweben der Zeit gefangen von früher träumen, ihre ganz eigene Geschichte haben. Diese Geschichten sind das Herz einer jeden Estanzia, zumindest für den Besucher. Estanzias gibt es massenweise im ganzen Land, und viele haben ihre Türen schon vor Jahrzehnten für den Tourismus geöffnet. Manche sind familiär betrieben und sehr persönlich, andere bieten anspruchsvollen Reisenden neben luxuriösen Unterkünften das volle Wellness-Verwöhnprogramm. Auf manchen darf man den Viehhirten bei ihren täglichen Pflichten unter die Arme greifen, und wieder andere bieten Touristenscharen im Rahmen eines Tagesausfluges einen kleinen Einblick in ihren Alltag, *asado*, Folklore- und Reitervorführungen inklusive. So findet jeder, wonach er sucht. Was alle Estanzias, so unterschiedlich sie auch sein mögen, gemeinsam haben: Sie küssen vergangene Zeiten wach. Sie beleben Traditionen wieder. Sie erzählen Geschichten. Geschichten von früher, von heute, vom Wandel der Zeit. Typisch argentinische Geschichten.

89. Grund

Weil Pablo Novak auf Besuch wartet

In der Provinz Buenos Aires, 520 Kilometer von der argentinischen Hauptstadt entfernt, liegen zwei Dörfer, die in kaum einem Reiseführer eine Erwähnung finden, deren Bewohner sich jedoch genau das sehnlichst wünschen.

Im Fensterrahmen eines Trümmerberges haben es sich Pablo Novak und sein Hund bequem gemacht. Pablo liest in der Zeitung, dass es in Buenos Aires einen Verkehrsunfall gegeben hat und dass die Toten Hosen wieder in einem angesagten Club in San Telmo spielen werden. Sichtlich erleichtert blickt er von der Zeitung auf, als ich ihn anspreche. Denn so richtig interessiert ihn das, was in Buenos Aires passiert, nicht. Er möchte seiner eigenen Geschichte Gehör verschaffen. Seine Geschichte, das ist auch die Geschichte der beiden Dörfer Carhué und Epecuén.

Im Wasser der Lagune döst der Himmel vor sich hin. Orientierungslos treiben kleine Äste in Richtung Horizont. Ein paar Flamingos waten elegant durch die Wolken. Im Wasser spiegelt sich die Zeit. Zwischen abgestorbenen Bäumen schlängelt sich der Weg zum Hotel Gran Parque hindurch. Die Erde und die Pflanzen sind staubtrocken, leblos. Immer wieder versperren umgefallene Bäume, Betonbrocken und eingestürzte Hauswände den Weg. Ich steige über eine Toilettenschüssel, die aus dem salzigen Boden hervorragt, vorbei an Fantaflaschen aus längst vergangenen Zeiten. In der einst prachtvollen Hauptstraße Avenida de Mayo reihen sich Reste von Häuserfassaden aneinander. Hier ein Fensterrahmen, dort eine Tür, das Eingangsschild eines ehemaligen Luxushotels – Statuen aus Salz. Die perfekte Kulisse für einen Horrorfilm.

Was ist mit diesen einst boomenden Touristenorten geschehen?

Als Carhué 1890 an das Bahnnetz angeschlossen wurde, rückte das Dorf immer stärker in den touristischen Fokus. Die anliegende Lagune zog Reisende aus dem ganzen Land an, da sie einen fast genauso hohen Salzgehalt wie das Tote Meer aufweist und unter anderem Linderung von rheumatischen Beschwerden versprach. Es kamen so viele Touristen, dass ein neuer Ort speziell für den Tourismus erschaffen wurde: Epecuén. Dort gab es bald viele Luxushotels und Thermalbäder.

Während einer extremen Trockenperiode in den 1930er- und 40er-Jahren ging der Wasserstand der Lagune stetig zurück, was eine Gefahr für den Tourismus darstellte. Dies war einer der Gründe für den Bau eines Kanals, der Wasser aus entfernten Flüssen sammelte und dieses in die Lagune leitete. Auf die Trockenzeit folgte in den

80er-Jahren lang anhaltender, heftiger Regen. Der Damm, der Epecuén bisher geschützt hatte, hielt dem Druck der steigenden Wassermassen nicht mehr stand. Im November 1985 wurden Epecuén sowie der Friedhof des benachbarten Carhué überflutet. Der Kurort versank im Wasser, und seine Bewohner wurden nach Carhué evakuiert. Epecuén war jahrzehntelang verschwunden, vom Wasser verschluckt. Erst seit 2009 sinkt der Wasserspiegel und gibt nach und nach den Blick auf den komplett zerstörten Ort frei. Ruinen, vom Salz zerfressen, ragen in den Himmel.

In Carhué werde ich immer wieder gefragt, ob ich gekommen bin, um mir ein Bild von »der Katastrophe« zu machen. Die Bewohner sind herzlich und suchen das Gespräch. Alle haben Zeit und wollen mir ihre persönliche Geschichte erzählen. Eine Geschichte, welche die Orte zu atmen scheinen. Die Vergangenheit legt sich wie eine zweite Haut um Carhué und Epecuén.

Mitten in dieser toten Landschaft liegt der ehemalige Friedhof von Carhué. Kreuze ragen in den Himmel, ein kopfloser Engel aus Stein, unbekannte Namen starren mich von Grabschildern an, die wie ein weggeworfenes Stück Papier den Weg säumen.

Ich treffe mich mit einer ehemaligen Touristenführerin aus Epecuén. Sie erinnert sich: »Ich bin damals wie so viele Menschen mit meinen Eltern in einem Boot zum Friedhof von Carhué gefahren. Wir suchten nach den Särgen meiner Großeltern, wollten sie in Sicherheit bringen auf den neuen Friedhof. Es war das reinste Chaos, überall schwammen Särge im Wasser, teils verschlossen, teils geöffnet. Wir fanden meine Großeltern nicht.«

Der Weg nach Epecuén führt am Wasser entlang. Unter meinen Schritten knirscht das Salz, über mir streiten sich zwei Vögel um Nahrung. In einem Strandbad, das heute wieder genutzt wird, werden eine Bühne und Essensstände aufgebaut. »Heute feiern wir den Frühling mit Livemusik aus der Region«, erklärt mir ein Arbeiter, der gerade Pause macht und mich einlädt, mit ihm Matetee zu trinken. Die Lagune tut der Seele gut, das Wasser trägt, sodass man in

Ruhe ein Buch lesen oder sich einfach treiben lassen kann. Neben dem Strandbad liegen die verrosteten Überreste einer Schaukel, einer Rutsche – der Kinderspielplatz. Die Erinnerungsstücke an glorreiche Zeiten, gemischt mit dem Beat der lokalen Bands, verleihen der Gegend einen besonderen Charme. Einen Charme, irgendwo schwebend zwischen Leben und Tod.

In Epecuén treffe ich mich mit Pablo Novak. Er ist der »einzige Bewohner« Epecuéns, wie er mir stolz berichtet. Das wusste ich schon vorher, denn so steht es auch im spanischen Wikipedia-Eintrag des Ortes, den ich vor meiner Reise gelesen hatte. Das wiederum weiß aber Pablo Novak nicht. Seine Familie floh vor den Wassermassen nach Carhué. Nur er weigerte sich, seinen Geburtsort zu verlassen. Er zog in ein leer stehendes Haus auf einer Anhöhe in der Nähe von Epecuén, das nicht vom Wasser erfasst wurde. Das Haus hat keine Türen und keine Fenster, aber ein Bett, ein Bad und einen Herd. Mehr braucht man nicht. Pablo hielt sämtlichen Versuchen seiner Familie, ihn nach Carhué zu holen, stand. »Solange ich mich noch selbst versorgen und jeden Tag mit meinem Fahrrad in Epecuén nach dem Rechten sehen kann, werde ich diesen Ort nicht verlassen. Epecuén ist meine Heimat«, erklärt er mir stolz. Sein Blick schweift über die Ruinen hinweg und verliert sich in einem nicht greifbaren Punkt in der Ferne. Pablos Humor ist ansteckend. Er lacht viel. Er freut sich über Besuch, und ich muss ihm versprechen, dass ich in meinem Heimatland von Epecuén erzähle. Beim Verabschieden bedankt er sich mit einem Augenzwinkern dafür, dass ich extra aus Deutschland angereist bin, um ihn zu treffen.

In Epecuén ist die Vergangenheit präsent, sie bestimmt den Rhythmus, lebt in und mit den Bewohnern. Trotz (oder gerade wegen) ihrer Geschichte sind die beiden Orte lebendig. Die Menschen freuen sich, wenn sich jemand für ihre Geschichten interessiert. Sie erzählen gern von der Katastrophe, von ihrer Wut auf die Regierung, die damals nichts unternommen hatte, von der Evakuierung, vom Rückgang des Wassers nach 24 Jahren. Sie sind froh, dass heute wieder Touristen kommen, die die Wirtschaft ankurbeln. Und sie hoffen, dass in Zukunft mehr Reisende auf die beiden Orte aufmerksam werden.

Im Rückspiegel winkt mir das Ortsschild von Carhué zum Abschied zu. Meine Haut spannt noch angenehm vom Salz, meine Kleidung ist weiß wie die abgestorbenen Bäume – ein kleines Souvenir, ein Andenken an den morbiden Charme dieser beiden stillen Dörfer an der Grenze zur Provinz La Pampa.

90. Grund

Weil Dörfer hier Museen sind

Über der Lagune und in den kahlen Baumwipfeln hängt der Nebel schwer in der kalten Luft. Dicke Wassertropfen werden in den Spinnweben, die das Balkongeländer säumen, gefangen gehalten und verleihen ihnen diese typisch spätherbstliche Eleganz. Frühmorgens ist außer ein paar Hunden, die eifrig ihr Revier markieren, niemand unterwegs. Die meisten der wunderschönen Häuser im Kolonialstil sind in bunten Farben angestrichen und lassen das Nebelgrau des Himmels weniger trist erscheinen.

Nachdem ich ein paar Runden um die stillen Häuserblocks gedreht habe, mache ich mich auf den Weg zum Bahnhof. Nicht etwa, um in einen anderen Ort zu fahren. Denn hier fährt seit 1998 niemand mehr irgendwohin. Es ist der Bahnhof selbst, den ich sehen und fotografieren möchte. Ein pittoreskes Gebäude, das ohne Carlos Alberto Martino wahrscheinlich längst in sich zusammengefallen wäre. Der ehemalige Bahnwärter, von dem ich freudig mit Küsschen empfangen werde, ist heute Museumsbesitzer. Zu den Ausstellungsstücken gehören verstaubte Telegrafen, Telefone, schicke Bahnhofsuhren, nicht sparsam dekorierte Wartehallen, Ticketschalter und verblasste Fahrscheine. An den Wänden hängen Gemälde, die Carlos selbst gemalt hat, und die einen Eindruck davon vermitteln, wie es hier früher einmal ausgesehen hatte. Unter einem maroden Vordach stehen grüne Bänke, auf denen schon lange niemand mehr Platz genommen hat.

Es scheint, als höre man in der morgendlichen Stille noch das Echo der Züge, die hier auf ihrem Weg nach Buenos Aires haltmachten. Vom einstigen Stolz der Argentinier, einem weit verzweigten Bahnstreckennetz, zeugen heute noch die grasbewachsenen Gleise, auf denen man nicht selten grasende Schafe oder Kühe antrifft.

Der Bahnhof, den ich an diesem Wintermorgen besuche, liegt in der Kleinstadt Navarro, 125 Kilometer südöstlich von Buenos Aires. Der Ortsame ist jedoch gar nicht so bedeutend. Zwar hat jedes Dorf seine eigene Seele und seinen eigenen Rhythmus, aber der Bahnhof ist nicht nur in Navarro sehenswert, sondern in jedem noch so kleinen Ort der Provinz Buenos Aires und in vielen anderen Provinzen.

Die Dörfer und Kleinstädte haben allesamt einige Dinge gemeinsam: einen hübsch herausgeputzten Hauptplatz, fotogene Gebäude, einen pompösen Friedhof und einen stillgelegten Bahnhof, der den Charme der Vergangenheit konserviert.

Am frühen Abend erwacht selbst das verschlafenste Nest zu blühendem Leben. Mit geöffneten Scheiben und Cumbia oder Reggaeton auf maximaler Lautstärke führt jeder, der etwas auf sich hält, sein schickes Auto aus. Bei der sogenannten *vuelta del perro* geht es darum, aufzufallen, gesehen zu werden und zu zeigen, was man hat. Danach trifft man sich in der *pulpería*, einer Schankstube, in der zu Gitarrenmusik und Folkloreliedern das ein oder andere Fläschchen Wein getrunken wird. Die *pulperías* waren früher einerseits Dorfläden, wo man die wichtigsten Lebensmittel kaufen konnte, andererseits gesellige Treffpunkte. Das Herz eines jeden Ortes. Auch heute noch können in klassischen *pulperías* Lebensmittel erstanden werden, wobei die integrierte Bar oder das integrierte Restaurant die Haupteinnahmequelle ist, seit es Supermärkte gibt. Das Essensangebot ist meist nicht sonderlich umfangreich, aber schmackhaft.

Außerdem gibt es viel zu entdecken. Die Wände sind typischerweise mit Werbeplakaten von anno dazumal geschmückt, in den Holzregalen türmen sich alte Wein- und Limonadenflaschen. Zur *pulpería* in Navarro gehört ein schwarz-weiß gekachelter Innenhof, in dem die Zeit stehen geblieben zu sein scheint. Neben einer efeuumrankten Nähmaschine der Marke Singer steht ein hölzernes *juego de sapo*. Das ist ein Geschicklichkeitsspiel, welches früher in Argentinien verbreitet und beliebt war. Ziel ist es, Kugeln oder Münzen aus einer bestimmten Distanz in die Löcher des Holzbretts zu werfen. Wer das Maul des Frosches trifft, erzielt die höchste Punktzahl. Der *sapo* in Navarro würde wahrscheinlich bei der kleinsten Berührung zu Staub zerfallen. Er ist heute lediglich Teil dieses lebendigen Museums, in dem man stundenlang sitzen, *empanadas* essen und die Vergangenheit zum Leben erwecken kann.

Den Besuch in einem solchen Dorf abseits der üblichen Touristenstrecken kann ich Ihnen wärmstens empfehlen, wenn Sie den Kontakt zu Einheimischen suchen, sich für das ländliche Leben interessieren und nicht erwarten, dass Ihnen dort ein vielseitiges Animations- oder All-inclusive-Verwöhnprogramm geboten wird. Wenn Sie diese Art von stiller, langsamer Reise anspricht, wird Ihnen mit Sicherheit auch das Projekt »Pueblos Buenos Aires« des Argentiniers Juan Viel Temperley gefallen. Der Fotograf reist seit vielen Jahren zu den »vergessenen« Orten der Provinz und lichtet sie ab. Auf seiner Facebookseite gibt es mittlerweile mehr als 300 Fotoalben zu bestaunen, welche die Geschichten von Dörfern und Bahnstationen wie Santo Domingo, Egaña oder Villa Ruíz erzählen, die wahrscheinlich in keinem Reiseführer zu finden sind. Eine tolle Inspirationsquelle, um Argentinien einmal ganz anders zu entdecken.

91. Grund

Weil die Palme einen eigenen Nationalpark hat

Der immer dichter werdende Palmenbestand entlang der Ruta Provincial 14 kündigt an, dass wir dem Ziel schon sehr nahe sind. Das braune, träge vor sich hin fließende Wasser des Río El Palmar ist im Dickicht der immergrünen Sträucher und Bäume kaum erkennbar. Wir nehmen eine Abzweigung und werden von einem großen Holzschild im Nationalpark El Palmar willkommen geheißen. Für die nächsten Stunden verabschieden wir uns vom Asphalt. Die Farben Rot, Grün und Blau dominieren diese einzigartige Welt, die sich bis zum Horizont erstreckt. Der Palmennationalpark im Südosten der Provinz Entre Ríos mit seinen 8.200 Hektar wurde zum Schutz der bis zu 12 Meter hohen Yatay-Palme errichtet. Der Nordosten Argentiniens bestand einst aus großflächigen Yatay-Palmenwäldern, die jedoch zugunsten der landwirtschaftlichen Nutzung gerodet wurden. So ist der Nationalpark El Palmar heute der größte noch erhaltene Wald dieser Palmenart, die bis zu 400 Jahre alt werden kann. Die Frucht der Palme ist zwar ungenießbar, doch wird daraus ein Likör hergestellt, der als exotisches Souvenir in den Ortschaften rund um den Nationalpark erstanden werden kann.

Die Sonne sticht erbarmungslos vom Frühlingshimmel, im Schatten der Palmen träumen ein paar *carpinchos* von Pfützen und Schlammbädern. Ein schwarz weißer Teju hält mitten auf dem Weg inne, als hätte er vergessen, wohin er eigentlich wollte. Die Echsen können eine Länge von bis zu 1,70 Meter erreichen. Dieses Exemplar, das sich von unserer Anwesenheit nicht stören lässt, ist wesentlich kleiner. In den Wipfeln der Palmen streiten sich lautstark ein paar Mönchssittiche. Für mich sind sie die *porteños* unter den Papageien, denn wo immer sie sind, herrscht ein dezentes Chaos.

Der Hauptweg führt zum Ufer des Río Uruguay, wo das Besucherzentrum ist. Hier gibt es schattige Holztische, die zum Picknick einladen. Wir lassen Brot und Käse für ein paar Sekunden unbeaufsichtigt, und schon machen sich drei freche Kappenblauraben darüber her. Das verzeihen wir ihnen aber nur allzu gerne, denn so bietet sich die Gelegenheit, diese wunderschönen Vögel mit ihren schwarz-blauen Flügeln und dem zitronengelben Bauch in aller Ruhe zu begutachten. Da sich das Thema Picknick nun erledigt hat, gönnen wir uns ein Bad im kühlen Fluss, der die natürliche Grenze zwischen Argentinien und Uruguay bildet, bevor wir die anderen Aussichtspunkte und Wanderwege des Parks erkunden.

Wenn der Himmel kurz vor Sonnenuntergang in intensiven Rottönen erstrahlt, schmeckt der Matetee am Aussichtspunkt La Glorieta besonders gut. Zu unseren Füßen liegt ein endloses Meer aus Palmen, das mit dem Himmel sein Farbenkleid wechselt. Der goldrote Feuerball verabschiedet sich am Horizont, und mit den immer größer werdenden Schatten erwacht der Palmenwald zu neuem Leben. Ja, es ist geradezu kitschig. Aber Kitsch kann so schön sein! Die hereinbrechende Nacht ist kein Grund, den Park zu verlassen. Der Beobachter wird nun zum Beobachteten, in den schwarzen Büschen blitzen immer wieder Augenpaare auf, die wir keinem Besitzer zuordnen können. Zum Zirpen der Grillen gesellen sich die zufriedenen Kaugeräusche der *carpinchos.* Auf einer Lichtung bewegt sich etwas. Im fahlen Licht des Mondes scheint es, als sei der ganze Boden in Bewegung. *Vizcachas* wuseln auf der Suche nach Nahrung eilig hin und her. Die auffälligen Fellfarben im Gesicht dieser aus der Familie der Chinchillas stammenden Nagetiere erinnern mit ihren schwarzen Querstreifen an einen Sträflingsanzug. Die Tiere werden zwar wegen ihres Felles und ihres Fleisches gejagt, aber hier im Nationalpark haben sie nichts zu befürchten. Dennoch ist ihnen unsere Anwesenheit nicht ganz geheuer. Ein Viszacha stößt einen schrillen Warnruf aus, woraufhin die Tiere im dunklen Wald verschwinden. Auch für uns ist die Zeit des Abschiednehmens gekommen, der Park schließt nachts seine Tore und überlässt die Palmen der Tierwelt. Wir machen uns auf den Rückweg ins 50 Kilometer entfernte Städtchen Colón. Zum Einschlafen zählen wir heute Nacht keine Schafe, sondern Yatay-Palmen.

92. Grund

Weil die Esteros del Iberá ein noch unbekanntes Paradies sind

Der klapprige Bus schaukelt bei konstanten 30 Kilometern pro Stunde gemächlich hin und her. Ab und zu gibt der Busfahrer ein traditionelles Lied zum Besten, sonst ist alles mucksmäuschenstill. Die Klimaanlage ist ausgefallen, die Luft im Bus aufgestaut. Ich öffne das Fenster. Der rote Staub dringt in jede Pore meines Körpers. Bald sehe ich aus wie ein paniertes Schnitzel.

Der schmale Weg führt über eine hölzerne Brücke, die ihre besten Jahre schon lange hinter sich hat. Der Blick auf die Lagune entschädigt für die lange, mühsame Anfahrt. Noch ein paar Hundert Meter Schlaglochpiste, dann sind wir da. In Colonia Carlos Pellegrini, im Garten Eden. Einen Busbahnhof gibt es nicht, man steigt einfach irgendwo aus. Der Ort umfasst etwa zehn Häuserblocks, sodass alles schnell erkundet ist. Es gibt ein paar Unterkünfte, zwei Tante-Emma-Läden, ein Krankenhaus und vier Restaurants, die öffnen, wann immer es den Besitzern lieb ist. Auch eine Speisekarte ist überflüssig, denn es gibt *empanadas* und Fleisch. Manchmal Nudeln oder Fisch. Auf die Frage: »Was hättest du denn gerne?«, lerne ich zu antworten: »Was hast du denn da?«

Die Tiere im Ort haben keinen Stall, auf den sandigen Straßen trifft man mehr Pferde und Kühe als Menschen. Hunde führen sich selbst Gassi. Die Straßen werden beschallt vom Zwitschern exotischer Vögel, Kolibris erfreuen sich am Blütennektar. Der Ort zwingt zur Entschleunigung. In der Luft liegt ein Hauch von Frieden – und das Summen der Moskitos. Wenn sich Wasserschwein und Pferd

Gute Nacht sagen, beginnen die Sterne über Carlos Pellegrini um die Wette zu funkeln.

Wen es nach Carlos Pellegrini verschlägt, der will vor allem eines: die vielfältige Flora und Fauna der Esteros del Iberá, eines 13.000 Quadratkilometer großen Sumpfgebiets, entdecken. In der Sprache der Guaraní-Indianer wird die Region mit ihren verzweigten Wasserflächen, Lagunen und Sümpfen »Glitzerndes Wasser« genannt. Ein Naturparadies, in dem es über 300 verschiedene Vogelarten, *yacarés* (Kaimane), *carpinchos*, Pampashirsche, Waschbären, *gatos monteses* (Kleinfleckkatzen), Affen, sämtliche Spinnenarten und Schlangen sowie jede Menge ungewöhnlicher Pflanzen zu entdecken gibt. Die Esteros stehen seit den 1980er-Jahren unter Naturschutz, und der Tourismus hält sich bisher aufgrund der langen und komplizierten Anreise in Grenzen. Man kann die Sumpflandschaft zu Fuß, mit dem Boot oder mit dem Pferd erkunden. Die Kaimane und andere Tiere liegen da wie auf dem Präsentierteller. Das hat mich wirklich überrascht: Dass man die Tiere nicht suchen muss, sondern sie dicht an dicht zu sehen sind, als hätte man sie extra für die Touristen dort platziert. Ein unglaublich beeindruckender Freilandzoo.

Eines der Highlights ist es, die nächtlichen Wälder im fahlen Licht der Taschenlampe zu erkunden. Ingrid, unser Guide, ist vor ein paar Monaten aus Buenos Aires nach Carlos Pellegrini gekommen. Sie kennt jede Pflanze beim Namen, entdeckt jeden noch so kleinen Schmetterling in der Dunkelheit, ordnet Tiergeräusche ihren Besitzern zu, weiß, wann man besser schweigen sollte. Auf einer Lichtung schalten wir die Taschenlampen aus und genießen das Sternenmeer und die deutlich erkennbare Milchstraße. Auf einem Baum sitzt ein einsamer *chajá*. Dieser für die Gegend typische Vogel hat sich der Monogamie verschrieben. Stirbt der Partner, trauert der andere, wie auch dieses Exemplar, für den Rest seines Lebens still um seine bessere Hälfte.

Den meisten Tieren ist unsere Anwesenheit egal. Die *carpinchos* lassen sich von uns nicht aus der Ruhe bringen. Drei Waschbären hoffen, bei uns etwas Essbares abstauben zu können. Ingrid warnt vor diesen Zeitgenossen, welche die Menschen in ihrer Verspieltheit gerne mal in den Fuß beißen, was äußerst schmerzhaft sein kann. Dann ist da dieses süße Kätzchen, das sich auf einer Mauer in einer Seelenruhe putzt. Wir hätten es wahrscheinlich gar nicht wahrgenommen, wenn Ingrid uns nicht darauf aufmerksam gemacht hätte. Bei der Katzendame handelt es sich keineswegs um eine verschmuste Hauskatze, sondern um ein *gato montés*, eine vom Aussterben bedrohte Raubkatzenart. Das Tier nimmt zunächst keine Notiz von uns, dann scheint es Ingrid wiederzuerkennen, die half, es aufzupäppeln und für das Leben in der Wildnis zu wappnen. Die Raubkatze ist erst seit ein paar Wochen wieder in ihrem natürlichen Lebensraum unterwegs und hat die menschliche Fürsorge sichtlich genossen: Wie eine Hauskatze schmiegt sie sich um Ingrids Beine, folgt ihr auf Schritt und Tritt und schnurrt dabei so laut, dass die Waschbären auf sie aufmerksam werden. Das weckt ihren Raubkatzeninstinkt, und nach einem kurzen Abschiedsgruß verschwindet sie in der Dunkelheit der zirpenden Wälder.

In Carlos Pellegrini haben alle Zeit oder nehmen sie sich, die Menschen sind auf eine angenehme Art und Weise neugierig und suchen ständig das Gespräch. Die Hostelbesitzerin Mirta lässt ihren Blick in die Ferne schweifen. Mit correntinischem Akzent erzählt sie, wie ihr Großvater sie früher mit auf die Jagd genommen hatte. Jagen ist mittlerweile verboten in den Esteros del Iberá, viele Tierarten sind vom Aussterben bedroht. Der Jaguar zum Beispiel wird in großen Schutzgehegen langsam wieder an das Leben in der Freiheit gewöhnt. Bis vor ein paar Jahrzehnten waren jedoch alle im Dorf Jäger. Man ernährte sich von dem, was man gefangen hatte. Mirta hasste das Jagen. Die, die früher Jäger waren, sind heute Tierschützer und arbeiten für einen nachhaltigen Ökotourismus. Das hätte den 2015 verstorbenen Douglas Tompkins sicher gefreut. Der US-amerikanische Unternehmer kaufte große Teile der Esteros auf mit dem Ziel, zum Schutz der Flora und Fauna einen Nationalpark zu errichten. Im Dezember 2018 wurden die Sumpflandschaften der Esteros del Iberá schließlich offiziell zum Nationalpark deklariert. Wie alles, hat auch das seine Sonnen- und Schattenseite. Ein Nationalpark verlangt eine gute Infrastruktur. Die Asphaltierung der Straße zwischen dem Dorf Mercedes und Carlos Pellegrini hat bereits begonnen. Der Massentourismus wird das Paradies verändern. Es bleibt zu hoffen, dass der Fokus tatsächlich auf Nachhaltigkeit liegt.

93. Grund

Weil einem die Iguazú-Wasserfälle die Sprache verschlagen

Die feuchtwarme Luft drückt schwer auf die Erde. Zwischen ein paar grauen Wolken schiebt sich die Sonne hindurch. Ein großer, farbenprächtiger Regenbogen spannt sich von einem Wasserfall zum nächsten. An Land herrscht ein unübersichtliches Gewirr aus Menschen, Selfiesticks und frechen Nasenbären, die ohne jegliche Scheu versuchen, den Touristen etwas Essbares zu entlocken. Sie sind dabei nicht zimperlich, wahrscheinlich würden sie auch die Selfiesticks verschlingen. Zitronengelbe Schmetterlinge kreisen über den verschwitzten Köpfen der Besucher. Die Frau neben mir ist besonders glücklich, denn sie ist der millionste Besucher des Iguazú-Nationalparks in diesem Jahr. Die Geschenktasche, die ihr die Parkverwaltung überreicht hat, muss unbedingt mit auf das Selfie.

Wahrlich, die Iguazú-Wasserfälle sind alles andere als ein Geheimtipp. Der tägliche Besucherandrang hat einen guten Grund: Die Wasserfälle, die 2011 in die Liste der Sieben Weltwunder der Natur aufgenommen wurden, sind ein gigantisches Naturschauspiel. Der aus dem Guaraní stammende Begriff *Yguazú*, großes Wasser, ist eine bescheidene Untertreibung. Abhängig von der Jahreszeit stürzen pro Sekunde bis zu 13.000 Kubikmeter Wasser in die Tiefe. Die 20 größeren und 255 kleineren Wasserfälle erstrecken sich auf einer Fläche von fast drei Kilometern entlang der argentinisch-brasilianischen Grenze.

Lange, bevor es die ersten Touristen an den Río Iguazú verschlug, lebte dort, wenn man der Legende Glauben schenken möchte, Mboi, ein bösartiger Gott in Form einer Riesenschlange. Um seinen Zorn zu besänftigen, schenkten ihm die Ureinwohner einmal im Jahr eine Jungfrau, die sie als Opfergabe ins Wasser warfen. Ein tapferer Krieger wollte seine Geliebte Naipí, die Mboi versprochen war, nicht verlieren und floh mit ihr in einem Kanu. Der Gott bemerkte das jedoch und schlug außer sich vor Wut eine tiefe Schlucht in den bisher ruhig vor sich hin plätschernden Fluss, sodass fortan kein Boot mehr diese Schwelle passieren konnte. Die schöne Häuptlingstochter Naipí verwandelte er in einen Felsen am Fuße des durch seinen Zorn entstandenen Wasserfalls. Die wütend auf sie herabstürzenden Wassermassen sollten sie jede Sekunde daran erinnern, dass man sich mit dem mächtigen Schlangengott besser nicht anlegt. Aus dem Krieger wurde eine Palme am nahegelegenen Ufer, sodass dieser – für immer von seiner Geliebten getrennt – ihre Peinigung hilflos mit ansehen muss. Weniger mystisch ist die Erklärung der Wissenschaft, wonach die Iguazú-Wasserfälle durch Plattenverschiebung und vulkanische Eruption entstanden sind.

Entdeckt wurden sie 1542 von dem spanischen Eroberer Álvar Núñez Cabeza de Vaca. 1934 wurde das Gebiet rund um die Wasserfälle zum Schutz der letzten Reste des Atlantischen Regenwaldes zum Nationalpark erklärt. Ein umfassendes System gut ausgebauter Spazierwege verbindet die einzelnen Wasserfälle miteinander, wo der Besucher Zeuge eines einzigartigen Artenreichtums wird.

Wer es geschafft hat, sich einen Platz in der vordersten Reihe zu ergattern, kann die Wassermassen, die sich in den Nebelwolken der Gischt auflösen, aus unmittelbarer Nähe genießen. Am kreisförmigen Teufelsschlund, der Garganta del Diablo, wo das Wasser 80 Meter in die Tiefe stürzt, wird sogar der Lärm der Helikopter übertönt, die gut betuchte Touristen auf der brasilianischen Seite zu einem zehnminütigen Flug über die Wasserfälle mitnehmen. Man versteht sein eigenes Wort nicht mehr. Das macht aber nichts, denn wahrscheinlich ist man sowieso sprachlos angesichts dieser teuflischen Kraft der Natur.

94. Grund

Weil der Undurchdringliche durchdringbar ist

Für die einen ist es die grüne Lunge, für die anderen die grüne Hölle. Und für Parkranger Leonardo ist es ein Hauch von Afrika, die argentinische Antwort auf die Serengeti. Leonardos Arbeitsplatz ist ein 250.000 Hektar großes Gebiet aus dichten Trockenwäldern, Savanne und kleineren Sümpfen, das im Norden vom breiten Bermanejo- und im Süden vom schmalen Bermanejito-Fluss begrenzt ist. Ein Gebiet, dem auf der touristischen Landkarte Argentiniens bisher wenig Beachtung geschenkt wurde und das von den Europäern während ihrer Entdeckungsreisen mit dem Stempel »undurchdringlich« ad acta gelegt wurde.

Zum Schutz des sensiblen Ökosystems, der reichhaltigen Flora und Fauna, wurde es 2014 zum Nationalpark erklärt und nennt sich »El Imprenetrable« – der Undurchdringliche. Der größte Teil des heutigen Nationalparks gehörte früher dem italienischen *estanciero* Manuel Roseo. Er hatte keine Familienangehörigen mehr, und als er 2011 starb – man geht von einem Gewaltverbrechen aus, aber so wirklich scheint diese Geschichte niemanden zu interessieren –, setzten sich viele Nichtregierungsorganisationen für die Errichtung eines Nationalparks ein. Das ehemalige Gutshaus La Fidelidad ist noch halbwegs erhalten und kann besichtigt werden, was aber zuvor mit dem Ranger abgesprochen werden muss. Es liegt auf der anderen

Seite des Río Bermejo, der die Provinzen Chaco und Formosa trennt, und damit eigentlich außerhalb des Nationalparks, doch ist der Ausbau des Schutzgebietes in Formosa für die nächsten Jahre geplant.

Die Infrastruktur befindet sich teilweise noch im Aufbau, aber es gibt bereits schöne Möglichkeiten, den Park mit dem eigenen Fahrzeug (Allradantrieb ist Pflicht!), zu Fuß oder mit dem Boot beziehungsweise Kajak zu erkunden. Was man dabei auf keinen Fall vergessen sollte, ist ausreichend Schutz vor Moskitos und der Sonne sowie festes Schuhwerk, denn in dieser artenreichen Region kreucht und fleucht es nur so: Insekten, Taranteln, Krokodile und eine Vielzahl von Schlangen, darunter auch Boas oder Anakondas. Um ein unliebsames Zusammentreffen von Fuß und Tier zu verhindern, sollten die Schuhe vor dem Tragen immer gut ausgeschüttelt werden.

Die beste Jahreszeit, um den Impenetrable zu besuchen, sind die argentinischen Wintermonate oder der Frühling, wobei das Thermometer im November bereits konstant auf über 30 Grad verweilt. Im regenreichen Herbst und Sommer, wenn die Flüsse überlaufen und das Gebiet überschwemmen, macht der Park seinem Namen alle Ehre, und schwüle 45 Grad im Januar sind auch nicht gerade die ideale Basis für ausgiebige Erkundungstouren.

Von der »Stadt der Skulpturen«, wie die Provinzhauptstadt Resistencia aufgrund ihrer zahlreichen Kunstwerke im öffentlichen Raum genannt wird, müssen rund 380 Kilometer bis zum Parque Nacional El Impenetrable zurückgelegt werden. Da die Auswahl an Reiseagenturen, die den Park im Programm haben, derzeit ungefähr so groß ist wie das Angebot an *dulce de leche*-Sorten in einem deutschen Supermarkt, plant man die Reise am besten auf eigene Faust und in direktem Kontakt mit der Parkverwaltung.

Rund um den Nationalpark gibt es 36 »comunidades aborigenes«, also Dörfer der indigenen Bevölkerung, die man besuchen kann. Die Menschen dort arbeiten mit der Parkverwaltung zusammen und setzen sich für einen nachhaltigen Tourismus ein. Ein Besuch ist sehr authentisch. Sie werden also keine eigens für Touristen inszenierten Feuertänze zu sehen bekommen, wohl aber lernen, welche Pflanzen der Region essbar, welche giftig sind und welche einfach nur ein bisschen »fröhlich« machen. Eine solche Siedlung ist zum Beispiel La Pelole. Am Ortseingang stehen auf einem Holzschild die Worte »Onaxaic da Qadvidaxaqui«, was »Willkommen« bedeutet. Hier leben, wie früher überall entlang des Río Bermanejo, die Toba-Indianer, die sich selbst *qom* nennen, was in ihrer Sprache »Menschen« bedeutet. Die *qom* leben in absolutem Einklang mit der Natur und halten Traditionen und Bräuche auch in Zeiten, in denen das Smartphone im tiefsten Dschungel angekommen ist, am Leben. Die typischen Korb- und Textilprodukte, welche die Frauen auch heute noch in Handarbeit herstellen, können im Dorf erstanden werden. Außerdem gibt es eine kleine Schule, wo die Großen rechnen lernen, die Kleinen originelle Bilder von Tapiren, Ameisenbären, Wasserschweinen und was sich sonst noch so vor ihrer Haustür tummelt, zu Papier bringen.

El Impenetrable – wie gesagt, ein Nationalpark im Aufbau, schwer zu erreichen, manchmal schwer zu durchdringen, aber mit Sicherheit eines der exotischsten Ziele einer Argentinienreise. Und spätestens, wenn die schwarze Nacht über das träge Wasser des Bermejo-Flusses hereinbricht, die meisten Moskitos schlafen und sich der Wald in ein natürliches Sinfonieorchester verwandelt, werden Sie wissen, warum Sie die Strapazen der Anreise auf sich genommen haben.

95. Grund

Weil es in den Nebelwäldern Riesenfarne gibt

Im Nordwesten Argentiniens befindet sich eines der am besten gehüteten Geheimnisse des Landes, der Nationalpark Baritú. Ein Blick auf die Landkarte zeigt, dass bereits die Anreise abenteuerlich ist, denn es scheint, als führe keine Straße dorthin. Tatsächlich aber gibt es genau einen Weg, um mit dem Auto in den Park zu kommen, doch dafür muss man Argentinien zunächst einmal verlassen.

Südwestlich des Nationalparks liegt die Stadt San Ramón de la Nueva Orán. Spätestens jetzt sollte man sich gut mit Bargeld eindecken, da sich hier der letzte Geldautomat der gesamten Reise befindet.

Auch größere Einkäufe erledigt man am besten in Orán. In der Nähe der kleinen Siedlung Aguas Blancas wird die Grenze nach Bolivien passiert. Die Brücke über den Grenzfluss Bermejo ist zur einen Hälfte in den Farben der argentinischen, zur anderen Hälfte in denen der bolivianischen Nationalflagge bemalt. Das Ausfüllen des Grenzformulars mutet etwas seltsam an. Sowohl als Ausreise- wie auch als Zielland notiert man »Argentinien«, denn genau das ist es: eine Reise von Argentinien nach Argentinien.

Die nächsten 100 Kilometer folgt man auf bolivianischem Territorium dem Flusslauf bis zu einer Abzweigung, wo der milchfarbene Fluss über eine 2001 eingeweihte Brücke den Reisenden erneut in Argentinien begrüßt. Ein allradbetriebenes Fahrzeug ist die Voraussetzung für die nächsten 40 Kilometer bis zur kleinen Ortschaft Los Toldos, dem Ausgangspunkt für Ausflüge in den Baritú-Nationalpark. Es müssen einige Flüsse durchfahren werden, die auch außerhalb der Regenzeit teilweise sehr viel Wasser führen.

Eine andere Möglichkeit, um nach Los Toldos zu kommen, ist eine viertägige Wanderung von der kleinen Siedlung Santa Victoria durch das Naturreservat El Nogalar.

Die weniger als 1000 Menschen, die Los Toldos ihre Heimat nennen, leben hauptsächlich von der Landwirtschaft. Im Ort gibt es kleine Lebensmittelgeschäfte, Gaststätten, ein Krankenhaus und ein Internet-Café. Was es hingegen nicht gibt, ist ein Geldautomat, es gibt ja noch nicht einmal eine Bank. Auf die Frage, ob die Bezahlung mit Kreditkarte möglich sei, antworten die Bewohner mit einem herzhaften Lachen. Virgilio Mendoza, der Ortsvorsteher, erklärt, dass hier niemand eine Kreditkarte besitzt, weil man damit sowieso nicht zahlen kann. Wie werden Rechnungen bezahlt? In bar. Und woher kommt das Geld? Da ein Geldtransport über Bolivien nicht möglich ist, wird das Geld einmal im Monat mit dem Hubschrauber eingeflogen, der jedoch nur landet, wenn das Wetter gut ist. Auf diese Weise bekommen die Menschen staatliche Auszahlungen wie zum Beispiel Kindergeld (ab dem vierten Kind) oder die Rente. Eine andere Möglichkeit ist der Weg über Bolivien nach Orán, wobei dann die Hälfte der Zahlung für die Reise draufgeht. Einkäufe tätigen die Bewohner größtenteils in Bolivien. »Da ist es sowieso günstiger«, verrät Virgilio schmunzelnd. Los Toldos ist der Inbegriff der Abgeschiedenheit. »Die Argentinier sagen, wir seien Bolivianer, die Bolivianer sagen, wir seien Argentinier. Wir wissen nicht, wohin wir gehören. Wahrscheinlich sind wir einfach das: Toldeños«, überlegt der Ortsvorsteher.

Der Baritú-Nationalpark wurde 1974 zum Schutz der *yungas* errichtet. Diese naturbelassene subtropische Nebel- und Regenwaldgegend befindet sich in den Voranden zwischen 500 und 1000 Metern über dem Meeresspiegel. Östlich des Parks gehen sie in die flache subtropische Sumpflandschaft des Chaco über.

Die *yungas* gehören zu den Landschaften mit der größten Biodiversität in Argentinien. Dort leben unter anderem Affen, Tapire, Faultiere, Ameisenbären, Gürteltiere, sämtliche Vogelarten, endemische Amphibien und Reptilien sowie der von den Eingeborenen »Ucumari« genannte Brillenbär. Unumstrittener König der Wälder ist aber der *yaguareté*, der Jaguar, der hier gemeinhin »Tiger« genannt wird. Von dem schüchternen Raubtier, das mit dem Menschen nichts zu tun haben will, sieht man jedoch höchstwahrscheinlich nichts als ein paar Spuren im schlammigen Boden.

Eine Infrastruktur innerhalb des Parks ist ansatzweise vorhanden. Dennoch sollte man sich mit einem Parkranger oder ortskundigen Führer auf den Weg machen, und nicht allein. Die von Lianen umschlungenen Bäume stehen dicht an dicht, oft kommt die Machete zum Einsatz, um einen Weg durch das Dickicht zu schlagen.

Im Nationalpark gibt es ein paar kleine Siedlungen wie Lipeo oder Baritú, wo man zelten oder in gemütlichen Posadas übernachten kann. Von hier gelangt man nach etwa zwei Stunden zu den Termas del Cayotal, wo man bei einem entspannten Bad wieder zu Kräften kommt.

Um ins grüne Herz der *yungas* vorzudringen, müssen rund fünf Stunden zu Fuß oder auf dem Pferderücken zurückgelegt werden. Die Wolken hängen meist tief in den Baumwipfeln, was der Landschaft etwas Mystisches verleiht. Man erwartet Fabelwesen hinter jedem Strauch. Und tatsächlich scheint es, als würde man plötzlich eine unsichtbare Tür öffnen und eine wundersame Märchenwelt betreten. Denn hier, am Ziel der anstrengenden Tagestour durch die wilden *yungas*, befindet sich ein Wald aus bis zu acht Meter hohen Baumfarnen, bei dessen Anblick sich eine angenehme Gänsehaut am ganzen Körper ausbreitet und man nur allzu gerne über das vom Sattel schmerzende Gesäß hinwegsieht.

10. Kapitel

Entlang der Anden bis ans Ende der Welt

Weil man mit dem Zug in die Wolken fahren kann

Rund 30 Kilometer westlich der Provinzhauptstadt Salta, im verschlafenen Ort Campo Quijano, befindet sich das Grabmal des US-amerikanischen Ingenieurs Richard Fontaine Maury, des Erbauers des legendären Ramal C14, einer der höchstgelegenen Eisenbahnstrecken der Welt. 1921 wurde mit dem Bau der Transandenbahn, die Salta mit dem chilenischen Antofagasta an der Pazifikküste verbinden sollte, begonnen. Aus den geplanten sechs Jahren wurden 27 bis zur Fertigstellung des über 700 Kilometer langen Schienenstrangs. Das Projekt stellte den Meister der Ingenieurkunst immer wieder vor neue Herausforderungen. Die extrem steilen Passagen verlangten innovative Lösungen. Als Inspirationsquelle dienten Maury anscheinend Ziegen, die sich in Zickzacklinien am Hang entlang nach oben bewegten. Allein mit der Kraft des Dieselmotors der Lok werden diese Aufstiege ohne Zahnräder im Ziegen-Zickzack überwunden.

Die meisten Bahnlinien in Argentinien fielen der Privatisierung in den 1990er-Jahren zum Opfer. Zurückgeblieben sind verrostete Schienenstränge. Die Teilstrecke zwischen San Antonio de los Cobres und dem Viadukt La Polvorilla auf 4.188 Metern ist noch heute in Betrieb. Allerdings nicht wie früher für die Bewohner der umliegenden Dörfer, sondern ausschließlich für zahlungsfreudige Touristen.

Flora und Fauna sind in der trockenen Hochebene zwar dürftig vorhanden, aber deswegen nicht weniger faszinierend. Vom Zugfenster aus können drei Kamelarten beobachtet werden, die in Südamerika weit verbreitet sind: Lamas, Guanakos und Vikunjas. Auf 2000 bis 3.500 Metern über dem Meeresspiegel wachsen Cardón-Kandelaberkakteen, die aufgrund ihrer Höhe von bis zu 12 Metern von den Ureinwohnern als »Wächter der *puna*« bezeichnet werden. Im südlich gelegenen Nationalpark Los Cardones können diese stachligen Wächter der Hochwüste, welche 250 bis 300 Jahre alt werden, aus nächster Nähe bestaunt werden.

Auf 3000 Metern Höhe werden Kokablätter verteilt, die den Sauerstoffgehalt im Blut erhöhen sollen. Wenn auch das nichts hilft, kann man sich bei Müdigkeit, Kopfschmerzen oder Magenproblemen – den typischen Symptomen der Höhenkrankheit – in einer Krankenstation im Zug versorgen lassen.

Die Strecke führt insgesamt über 29 Brücken, 13 Viadukte und durch 21 Tunnel hindurch, bis sie ihren Höhepunkt, auf den alle Reisende gewartet haben, erreicht: die Überquerung des 223 Meter langen und 63 Meter hohen Viadukts La Polvorilla, eines monumentalen Bauwerks aus 1600 Tonnen Stahl. Die Einheimischen haben sich gut auf die Touristenströme vorbereitet. Aus den umliegenden Minendörfern sind sie angereist, um ihr Kunsthandwerk an den Mann zu bringen und sich so ein kleines Taschengeld dazuzuverdienen.

Bei der Überquerung des Viadukts soll einst ein Passagier seinen Kopf aus dem Zugfenster gestreckt und gerufen haben: »Wir sind in den Wolken!« Tatsächlich war der Himmel aber wolkenlos. Was der Reisende sah und für Wolken hielt, war lediglich der Dampf der Lok, der die Landschaft um ihn herum in dichten Nebel hüllte. Geblieben ist der poetische Name »Tren a las nubes«, Zug in die Wolken, der jedes Jahr Tausende von Touristen aus der ganzen Welt anzieht.

97. Grund

Weil Schönheit blendet

Man nehme: einen Farbkasten, in dem reichlich Rot vorhanden ist, Berge, Sand, Kakteen, einen Fluss, Lehmziegel, Kunsthandwerk, ein ehrliches Lächeln, nostalgische Folkloremusik, Sonne, ein paar Quotenwölkchen, die aus dem Aymara stammenden Wörter *purma* (unberührte Erde) und *marca* (Stadt) sowie eine Prise Höhenluft, und fertig ist die rundum perfekte Postkartenkulisse.

Das malerische Andendorf Purmamarca im Nordwesten Argentiniens ist völlig zu Recht ein beliebtes Touristenziel. Die für die Gegend typische Adobebauweise gepaart mit kolonialen Elementen bildet einen einzigartigen Kontrast zum Cerro de los Siete Colores, dem Berg der sieben Farben. Tagsüber geht es auf dem Kunsthandwerksmarkt rund um die Plaza 9 de Julio geschäftig zu, nachts beschallt das Echo traditioneller Folklorelieder den mit Sternen übersäten Himmel. Außerdem ist Purmamarca der ideale Ausgangpunkt für Ausflüge zur Quebrada de Humahuaca, einer farbenfrohen Schlucht, oder in die *puna*-Hochebene.

Die gut ausgebaute Ruta 52 führt zunächst entlang des Río de la Quebrada de Purmamarca durch die gleichnamige Schlucht. Den besten Panoramablick über diesen von Kandelaberkakteen durchzogenen Canyon genießt man von der Passstraße Cuesta de Lipán, die in scharfen Kehren zielstrebig zum höchsten Punkt, dem Abra de Potrerillos (4.170 Meter), führt. Oben angekommen, verändert sich die Landschaft. Die Berge sind abgerundet und wirken wie riesige Schildkrötenpanzer, die einer Fantasiewelt entsprungen sind. Die Luft ist dünn und wird dünner. Wer möchte, kann wie die Einheimischen auf Kokablättern herumkauen, um der Höhenkrankheit vorzubeugen. Vikunja-Skelette erzählen Geschichten von verlorenen Kämpfen gegen die Natur. Der neben der Straße mäandernde Fluss trägt den passenden Namen *Soledad* (Einsamkeit).

Das Auge hat sich längst an die steinige Hochebene gewöhnt, als es wie aus dem Nichts am Horizont stechend weiß zu flimmern beginnt. Die Ruta 52 führt auf einem Damm mitten durch die Salinas Grandes del Noroeste hindurch. Was aus der Entfernung wie Schnee aussieht, entpuppt sich als eine 212 Quadratkilometer große Salzwüste, die zu einer ausgiebigen Pause einlädt. Wer sich hier auf Erkundungstour begibt, sollte seine Sonnenbrille auf keinen Fall vergessen, denn die weiße Schönheit blendet!

Zur Salzgewinnung wurden große Flächen ausgehoben und mit Wasser gefüllt, das im Sonnenlicht türkisblau leuchtet. An den meisten Stellen ist der Salar staubtrocken. Besonders faszinierend ist der Anblick, nachdem es geregnet hat, denn dann konkurrieren die umliegenden Berge um die schönste Spiegelung. Oben wird zu Unten und umgekehrt. Wollten Sie nicht auch schon einmal in den Wolken spazieren gehen?

Ich hoffe, Sie haben noch ein bisschen Zeit mitgebracht, denn Ihre Reise endet hier noch lange nicht. Folgen Sie der schnurgeraden Straße durch die wenig bewachsene *puna*, so erreichen Sie nach etwa 70 Kilometern das in einem schmalen Hochtal gelegene Dörfchen Susques. Die einzige Zapfsäule der Tankstelle ist mit Aufklebern aus der ganzen Welt bedeckt. Die nächsten 120 Kilometer führt die Straße durch eine surreale Welt aus braun-gelben Büschelgräsern und sanft abgerundeten Bergen und Hügeln. Wenn am Horizont die schneebedeckten Riesen auftauchen, ist der Paso de Jama bald erreicht, einer der vielen Grenzpässe zwischen Chile und Argentinien. Kehren Sie an dieser Stelle nicht um! Fahren Sie weiter nach Chile! Kurz nach der Grenze erreichen Sie die Passhöhe auf 5000 Metern über dem Meeresspiegel, woraufhin die Straße steil bergab führt in die Atacama, die trockenste Wüste der Erde, bewacht vom erhabenen Vulkan Licancabur.

Oder bevorzugen Sie es, stattdessen noch mehr weiße Wunder zu erleben? Auch in diesem Fall habe ich eine gute Nachricht für Sie: Die argentinische *puna* ist reich an größeren und kleineren Salzwüsten und -seen, darunter etwa der Salar de Arizaro in Salta, aus dessen Mitte sich der kegelförmige Cono de Arita wie eine Sinnestäuschung erhebt. Und wenn die unwirtliche Hochebene in diesem Jahr nicht auf Ihrer Reiseliste steht, so können Sie sich vom Salz auch in den zentral gelegenen Provinzen Córdoba, La Pampa und Buenos Aires oder auf der Halbinsel Valdés (siehe Grund 62) blenden lassen.

98. Grund

Weil hier die edelsten Pferde vom Himmel fallen

Die Landschaft sieht aus, als hätte Pachamama hier mit jedem Farbton, den es gibt, experimentiert. Die Berge schillern in den schönsten Rot-, Violett-, Grün- und Gelbtönen. Den letzten Schliff zur Perfektion gibt der azurblaue Himmel. Ich stelle mir vor, dass diese Sinfonie der Farben dem Pinsel eines übernatürlichen Künstlers entsprungen ist, durch dessen Gemälde wir fahren. Die Schotterpiste windet sich steil nach oben, mit jeder Kurve wird die Fauna dürftiger, das Farbspiel aber umso intensiver.

Die Schönheit der *puna*, einer Hochwüste im Nordwesten Argentiniens, haut mich jedes Mal aufs Neue um. Ich liebe Berge, weil sie den Menschen Demut lehren, weil es ein großartiges Gefühl ist, umgeben von imposanter Natur winzig klein zu werden. Die *puna* ruft derartige Emotionen doppelt und dreifach hervor. Auf knapp 4.300 Meter, wo die Luft sehr dünn ist, bewegt sich der Mensch wie in Zeitlupe, während die Vikunjas über den steinigen Boden springen, als wäre es das Normalste der Welt. Das immense Hochtal rund um die Laguna Brava, ein spektakuläres Naturreservat in der *puna* von La Rioja, wird bewacht von majestätischen über 6000 Meter hohen Schneebergen und Vulkankegeln. Kleine Eisfelder, deren scharfe Kanten und Spitzen bedrohlich in den Himmel ragen, säumen den Wegesrand. Die etwa 70 Kilometer lange Laguna Brava mit ihrem salzhaltigen Wasser ist ein idealer Lebensraum für Flamingos. In einer Bucht tanzen 20 Flamingomännchen mit erhobenem Haupt den Damen etwas vor und stellen ihre intensiv schillernden Flügel stolz zur Schau. Die ebenso stolzen Weibchen zeigen sich von diesem Spiel jedoch wenig beeindruckt und setzen seelenruhig die Nahrungssuche fort.

Man könnte der Zivilisation nicht ferner sein. Und doch gibt es auch hier, mitten im Nirgendwo, Spuren, die der Mensch hinterlassen hat. Verloren glitzert inmitten der Lagune etwas Metallenes im Sonnenlicht, das durch das Flimmern der Luft genauso gut eine Fata Morgana sein könnte. Ist es aber nicht.

Es handelt sich dabei um das Wrack eines Transportflugzeuges der argentinischen Firma Aerolíneas Carreras, das hier am 30. April 1964 notlanden musste. Wie die Flamingos waten nun auch wir durchs Wasser, versinken bis zu den Knöcheln im Salz und stehen bald vor den traurigen Resten der Curtiss C-46. Das Flugzeug war auf dem Weg von Lima nach Buenos Aires mit einem Zwischenstopp in Chile. An Bord befanden sich sechs Crewmitglieder und acht reinrassige trächtige Araberstuten, die bei Züchtern in der argentinischen Hauptstadt eine neue Heimat finden sollten. Als im Niemandsland über den Anden plötzlich einer der Motoren ausfiel, musste der Pilot in der Lagune notlanden. Die Crew überlebte und harrte bei eisigen 30 Grad unter dem Gefrierpunkt eine lange Nacht aus, bis die Rettung aus dem 130 Kilometer entfernten Dorf Vinchina kam. Eine der Stuten starb kurz nach dem Aufprall direkt neben dem Flugzeug, wo ihre Überreste durch das Salz mumifiziert wurden und bis heute zu erkennen sind – ein grotesker Anblick, bei dem ich schaudere.

Die anderen Stuten schafften es durch das Salzwasser ans Ufer und galoppierten in der endlosen *puna* davon. Die Geschichte beflügelte die Fantasie der Menschen. Viele sind sich sicher, dass die Stuten ihre Fohlen gesund zur Welt brachten und diese sich vermehrten und ein freies Leben in der Hochebene führen. Sieht man in der Gegend ein besonders edles Pferd, so handelt es sich, wie die Einheimischen beteuern, um einen Nachkommen der »vom Himmel gefallenen Stuten«.

99. Grund

Weil Rica-rica rica ist

Fernando blickt gut gelaunt in den Himmel: »Endlich Schatten. Heute ist ein bewölkter Tag für uns Riojaner.« Stirnrunzelnd suche ich den Schatten, von dem er spricht. Mit zusammengekniffenen Augen erkenne ich eine einsame Wolke, die in den dunkelblauen Weiten ziemlich verloren aussieht.

La Rioja ist eine sehr trockene Provinz, die größtenteils vom *monte*, einer Buschsteppe, geprägt ist. Hier werden vor allem Weintrauben und Oliven angebaut. Der Tourismussektor wächst zwar, beschränkt sich aber bisher hauptsächlich auf den Nationalpark Talampaya.

Ich treffe Fernando in seinem Heimatdorf Alto Jagüé. Er hat sich als Touristenführer in der Gegend einen Namen gemacht. In seiner Freizeit kämpft er für die Erhaltung der Natur und setzt sich aktiv gegen geplante Bergbauprojekte im nahe gelegenen Famatina-Gebirge ein. »El Famatina no se toca« – das Famatina-Gebirge ist tabu. Wasser ist kostbar, vor allem, wenn es so spärlich vorhanden ist wie hier, und die Wasserabläufe des Famatina versorgen die Menschen in den umliegenden Dörfern mit Wasser. Während der kurzen Regenzeit und der Schneeschmelze verwandelt sich die einzige Straße in Alto Jagüé in einen Fluss, weswegen die Lehmhäuser auf einer Anhöhe gebaut wurden. Fernando ist stark mit seiner Heimat verwurzelt und liebt sie, das sieht man am Leuchten in seinen Augen, wenn er von der Gegend spricht.

Alto Jagüé ist die letzte Siedlung vor dem 170 Kilometer entfernten argentinisch-chilenischen Gebirgspass Pircas Negras, der in der Geschichte der Region eine wichtige Rolle spielte. Während der Unabhängigkeitskriege machten sich der Uruguayer Francisco Zelada und der Riojaner Nicolás Davila zusammen mit 350 Männern auf Befehl des Oberst José Francisco de San Martín hier auf den

Weg, um Chile von der spanischen Krone zu befreien. Jahre später wurde der Pass insbesondere von Viehhirten genutzt. Der argentinische Präsident Domingo Faustino Sarmiento (1811–1888) wollte den weltweiten Export von Rindern vorantreiben und die Gegend von Alto Jagüé wurde zu einem wichtigen Umschlagsplatz. Von hier wurden die Rinderherden zu Fuß über den 4.164 Meter hohen Pass ins chilenische Copiapó gebracht, um dort ihren Weg vom Pazifik in die Welt zu finden. Aufgrund der widrigen klimatischen Bedingungen, mit denen die Viehhirten auf ihrem Fußmarsch konfrontiert wurden, ließ Sarmiento entlang der heute als »ruta de los toros« (Weg der Stiere) bekannten Strecke zwischen 1864 und 1873 13 einfache Steinhütten bauen, die den Hirten als Unterschlupf während der klirrend kalten Nächte dienen sollten. Eine dieser Hütten, das Refugio El Peñón, ist heute noch vorhanden und zu einer viel fotografierten Touristenattraktion avanciert. Was damals ein wochenlanger, kräftezehrender Fußmarsch war, fahren wir heute bequem mit dem Geländewagen ab.

Auf dem Weg zum Paso Pircas Negras muss zunächst die acht Kilometer lange Quebrada de Troya, eine atemberaubenden Canyonschlucht, durchquert werden. Es ist eine Reise durch die Geschichte der Region und unserer Erde. Die schrägstehenden Felsen sind das Resultat der Kollision der Südamerikanischen mit der Nazca-Platte. Fernando ist diesen Weg schon oft zu Fuß gegangen und kennt jeden Stein und seine Geschichte. Archäologen und Paläontologen stoßen in der Region immer wieder auf spektakuläre Funde aus der Zeit der Trias. Versteinerungen und fossile Spuren zeugen von längst vergangenem Leben auf unserem Planeten.

»Wenn man hier zu Fuß unterwegs ist, hat man viel Zeit, sich umzuschauen und der Fantasie freien Lauf zu lassen.« Fernando zeigt auf eine Felsformation, die »der Kegel« heißt. »Wir Riojaner legen auf unseren Fußmärschen hier im Schatten der Felsen immer eine Rast ein und stellen uns vor, der Kegel sei eine gute Flasche Rotwein. Das hilft gegen den Durst und belebt die müden Geister.« Neben der steinernen Weinflasche gibt es auch ein natürliches Amphitheater und eine von Wasser und Wind perfekt geformte Pyramide, welche die Luft mit einem bescheidenen Hauch von Ägypten füllt.

Fernando beschließt, dass es an der Zeit für einen Matetee ist. Die *yerba* wird in La Rioja gerne mit Kräutern gemischt. In der Hexenküche der Provinz gibt es für jedes Wehwehchen ein natürliches Heilmittel, und Fernando ist Experte auf diesem Gebiet. Von einem vertrockneten Strauch pflückt er intensiv riechende Blätter und legt sie auf das Mate-Kraut. »Rica-rica« (lecker-lecker) gibt dem Mate einen besonderen, einzigartigen Geschmack. »Lecker-lecker« ist aber nicht nur lecker, sondern auch gesund, so soll das Kraut gegen Magenbeschwerden helfen, Herz und Kreislauf stärken. »Damit du mir nicht krank wirst und auch zu Hause den Geschmack unserer wunderschönen Provinz La Rioja niemals vergisst«, beteuert Fernando und schenkt mir ein üppiges Bündel Rica-rica für meinen Mate in Buenos Aires. Wenn ich Nachschub brauche, solle ich einfach wieder vorbeikommen.

Für sich selbst pflückt er raue Blättermengen eines anderen Busches. Auf meinen fragenden Blick antwortet er mit einem Augenzwinkern: »Das brauchst du Jungspund noch nicht. Ich verabreiche diese Kräuter meiner Frau heimlich im Tee, denn sie wirken aphrodisierend und sind ein wahrer Liebeszauber. Wie du siehst, hat uns die Natur in La Rioja alles geschenkt, auch das Geheimnis für eine langjährige, glückliche Ehe.«

100. Grund

Weil allein schon der Name Patagonien Fernweh weckt

Patagonien ist eine länderübergreifende Region und umfasst das südliche Chile (Westpatagonien) und Argentinien (Ostpatagonien). In Argentinien zählt alles südlich des Río Colorado zu Patagonien, also die Provinzen Neuquén, Río Negro, Chubut, Santa Cruz sowie Feuerland. Manchmal wird auch die Provinz La Pampa dazugezählt. Der Name Patagonien lässt sich auf Ferdinand Magellan zurückführen, der bei seiner Weltumsegelung in Feuerland überwinterte und den Tehuelche-Indianern aufgrund ihrer großen Statur den Namen »patagones« gab. Man vermutet, dass das Wort eine Anlehnung an das Spanische »patones« (große Füße) ist.

Patagonien, das sind tiefblaues Meer und nicht enden wollende Strände, trockene Buschsteppe, schroffe Berggipfel, Gletscher und eisige Seen, wenige Menschen, dafür umso mehr Tiere. Und vor allem eines: einsame Weite, über die der Wind ungestört hinwegfegen kann. Es ist der Traum eines jeden, der aus der Enge des Alltags ausbrechen möchte.

»Wenn ich mir Bilder aus der Vergangenheit zurückrufe, so bemerke ich, daß die Ebenen von Patagonien häufig vor meinen Augen erscheinen. Warum haben denn nun diese dürren Wüsten sich einen so festen Platz in meinem Gedächtnis errungen? Ich kann diese Empfindungen kaum analysieren. Sie müssen aber die Folge davon sein, daß hier der Einbildung volle Freiheit gegeben ist. Die Ebenen von Patagonien sind ohne Grenzen, denn sie sind kaum zu durchqueren und daher unbekannt. Sie sind dadurch geprägt, daß sie Jahrhunderte lang so bestanden haben, wie sie jetzt sind, und es scheint keine Grenze für ihre Dauer durch künftige Zeiten zu bestehen.«

So fasste Charles Darwin während seiner Reise nach Patagonien und Feuerland seine Gefühle in Worte. Da ist einerseits das Nichts, die Leere, und zugleich kochen die Emotionen über. Vielleicht ist es gerade das Einfache, das Überschaubare, das den Menschen nicht mehr loslässt und seine Gedanken mit dem Wind auf Reisen schickt. Wissenschaftler, Bergsteiger, Schriftsteller, Abenteurer, sie alle sind gleichermaßen von dieser menschenleeren Region mit ihrem rauen Klima ergriffen.

Patagonien ist, wo der Wind die *lenga*-Bäume fest im Griff hat. Wo alles groß ist außer dem Menschen. In Literatur und Filmen wird dieses Fleckchen Erde am Ende der Welt häufig romantisch verklärt.

Dann ist da aber noch die Realität.

Das Klima und die langen, harten Winter zehren an den Kräften. Überweidung durch die von Europäern eingeführten Schafe stellt das sensible Ökosystem vor große Probleme. Wo heute die ausgedörrte Buschsteppe alles einnimmt, wuchsen vor der Schafinvasion Bäume, Sträucher und saftige Wiesen. Um der Überweidung entgegenzuwirken, kaufte der US-amerikanische Unternehmer und Umweltaktivist Douglas Tompkins, Gründer der Marken Esprit und The North Face, große Landstriche im chilenischen und argentinischen Teil Patagoniens auf und setzte sich zum Schutz der Natur für die Errichtung zahlreicher Nationalparks und Naturreservate ein.

Der argentinische Präsident José Evaristo Uriburu (1831–1914) verschenkte Ende des 19. Jahrhunderts Ländereien an Privatleute, hauptsächlich aus Europa. Tausende Hektar Land sind bis heute im Besitz internationaler Unternehmen. Die Landarbeiter mühten sich für einen Hungerlohn sieben Tage die Woche ab. Detailliert hat der im Dezember 2018 verstorbene Historiker Osvaldo Bayer die Unterdrückung, den Streik und den Aufstand der Landarbeiter in den 1920er-Jahren in seinem Buch *La Patagonia rebelde* beschrieben. Der Aufstand wurde blutig niedergeschlagen und lange Zeit totgeschwiegen. Das Projekt »Huella de la huelga« beschäftigt sich mit der Errichtung einer touristischen Route entlang der Orte, an denen die Massenerschießungen realisiert wurden.

Die Arbeitsbedingungen sind heute deutlich besser als früher, dennoch kommt es immer wieder zu Konflikten zwischen den *peones*, den lokalen Landarbeitern, der indigenen Bevölkerung und den ausländischen Großgrundbesitzern.

Trotz all dieser Probleme ist das »ferne Land«, wie Bruce Chatwin es titulierte, ein magischer Ort. Ich strecke die Hand danach aus und fasse ins Leere. Das ist Patagonien. Ein mystischer Sehnsuchtsort. Ein unbarmherziger Nostalgieort. Wir können diesen Raum durchreisen und kommen doch niemals an. Man spürt die Ewigkeit der Weite und des Windes. Man fühlt die Lächerlichkeit der eigenen Existenz. Hier scheinen sich alle Gegensätze zu vereinen und aufzulösen. Oder sind sie nie dagewesen? Der tiefste Süden Argentiniens erschleicht sich blitzschnell einen Platz im Herzen. Die monotone Schönheit der einsamen Steppen beflügelt die Fantasie und reduziert den Menschen auf ein Minimum. Das ist ein schönes Gefühl. Man wird geerdet. Und kommt vielleicht ein bisschen verwirrt zurück.

101. Grund

Weil Sie mit Sicherheit auch Calafatebeeren essen werden

Die Tehuelche waren das größte indigene Patagoniervolk Argentiniens. Ursprünglich waren sie Jäger und Sammler und ernährten sich hauptsächlich von Guanakos. Ihre nomadische Lebensweise geriet zunehmend in Konflikt mit den Landinteressen ausländischer *estancieros*, die große Ländereien aufkauften und sich der Schafzucht widmeten. Sie gingen rücksichtslos gegen die indigene Bevölkerung vor. Eingeschleppte Krankheiten wie Pocken führten zu weiteren Bevölkerungsverlusten, sodass die Tehuelche bis 1965 fast vollständig ausgerottet waren. In der Provinz Chubut wurden die Indianerreservate El Chalía und Loma Redonda gegründet, um den wenigen

Überlebenden – heute hauptsächlich Mestizen – wieder eigenes Land zu garantieren. Neben diesen Reservaten leben die meisten Tehuelche heute auf Estanzias, wo sie sich unter anderem um die Viehzucht kümmern.

Die Entstehung der in Patagonien beheimateten Calafatepflanze, der Buchsblättrigen Berberitze, basiert auf einer Legende der Tehuelche (diese variiert im argentinischen und chilenischen Patagonien): Jedes Jahr im Herbst, wenn die Tage im tiefen Süden kalt und die Nahrung knapp wurde, machten sich die Tehuelchefamilien auf den Weg in mildere Gefilde. Die Stammesälteste war zu schwach, um ihre Familie zu begleiten. Sie versprach ihrer Enkelin, im Zelt auf sie zu warten und nach ihrer Rückkehr für immer bei ihr zu bleiben. Auch die Vögel zogen gen Norden, die alte Frau blieb allein zurück und starb, als der erste Schnee das Land fest im Griff hatte. Bei ihrer Rückkehr im Frühling fand die Familie im Zelt der Großmutter einen dornigen Strauch mit blauen Beeren, an denen sich die Vögel – und daraufhin auch die Menschen – munter bedienten. Der Wind verteilte die Samen in der gesamten Region, sodass bald überall Calafatesträucher zu finden waren, die bis in den Herbst fruchteten und dafür sorgten, dass Menschen und Tiere fortan nicht mehr in den Norden ziehen mussten. Das Sprichwort »Wer die Calafatebeere isst, wird zurück nach Patagonien kommen« hält sich bis heute. Die süßen Beeren werden hauptsächlich zur Herstellung von Konfitüren verwendet, aber sie verhelfen auch manch müdem Wanderer zu neuer Energie.

Es ist bisher keine Patagonienreise vergangen, bei der ich nicht vom Calafatestrauch gegessen habe. Vielleicht ist das ja der Grund, weshalb ich jedes Mal bereits vor der Rückkehr nach Buenos Aires Pläne für die nächste Reise in diese faszinierende Region am Ende der Welt schmiede?

102. Grund

Weil walisische Dörfer zum Tee einladen

15.000 Kilometer von ihrer Heimat entfernt wird die walisische Kultur bis heute gepflegt und gelebt. Im Juli 1865 kamen die ersten 153 walisischen Siedler aus Liverpool mit dem Schiff »Mimosa« nach Patagonien. Die Menschen litten in ihrem Heimatland an den Folgen der Industrialisierung. Arbeitslosigkeit, Armut sowie die Unterdrückung ihrer Kultur und Sprache veranlassten sie, sich auf der anderen Seite der Welt ein neues Zuhause zu suchen. Warum entschieden sie sich ausgerechnet für das gottverlassene Patagonien? Vielleicht konnten sie nur dort, fernab von allem, vor der Verfolgung ihrer Landsleute sicher sein. Sie ließen sich insbesondere an der Küste der Provinz Chubut, aber auch in Andennähe nieder. Die bekanntesten walisischen Dörfer sind Rawson, Trelew, Gaimán, Dolavon und Trevelin. Trelew war eine der ersten Siedlungen. Gegründet wurde die heute rund 100.000 Einwohner zählende Stadt von Lewis Jones. *Tre* bedeutet »Stadt« auf Walisisch, und *lew* ist eine Hommage an ihren Gründer.

Von der Regierung in Buenos Aires und dem British Emigration Comitee konnten die walisischen Einwanderer keine Unterstützung erwarten. So waren sie auf die lokale Bevölkerung angewiesen, weswegen die Kolonisation von Anfang an auf einem friedlichen Zusammenleben basierte und in Argentinien eine Art Musterbeispiel der gelungenen Integration darstellt. Die Waliser gaben den Einheimischen Brot und Gebäck, im Gegenzug lernten sie von ihnen den Umgang mit der *boleadora*, einer Wurfwaffe mit drei Kugeln, die zur Jagd eingesetzt wurde. Sie hielten sich an die Gesetze ihrer neuen Heimat und hissten die argentinische Flagge, durften aber ihre Sprache, Religion und Traditionen beibehalten und leben. Oftmals sieht man in walisischen Dörfern anstelle der Sonne den walisischen Drachen auf der argentinischen Flagge abgebildet.

Nach einer schwierigen Anfangszeit ohne finanzielle Rücklagen gelang ihnen mit einem gut durchdachten Bewässerungssystem der wirtschaftliche Durchbruch. Fortan konnten sie mehr Lebensmittel anbauen und ernten, als sie selbst zu konsumieren in der Lage waren. Heute ist zudem der Tourismus eine attraktive Einnahmequelle.

Charakteristisch für die walisischen Dörfer sind die gemütlichen Backsteinhäuser, Mühlräder, Kapellen und die traditionellen Teestuben, in denen man zum Tee köstliches Gebäck und die typische *torta negra* serviert bekommt. Eine besondere Attraktion hat das Städtchen Trevelin jedes Jahr im Oktober zu bieten: Hier, am Fuße der Anden, wird nicht nur Wein angebaut, sondern es werden auch Tulpen gezüchtet, die im Frühling in kräftigen Farben blühen und mit den schneebedeckten Berggipfeln um den ersten Preis im landschaftlichen Schönheitswettbewerb konkurrieren.

103. Grund

Weil es versteinerte Wälder und die Höhle der Hände gibt

»Fahren Sie Hunderte von Kilometern geradeaus, biegen Sie dann im zweiten Nirgendwo links ab und folgen dem neuen Nirgendwo, bis es endet.« So in etwa könnte eine Wegbeschreibung zu den versteinerten Wäldern von Jaramillo in der Provinz Santa Cruz aussehen. Die beiden nächstgelegenen Orte Jaramillo und Fitz Roy, 140 Kilometer nördlich, sind nicht mehr als eine Ansammlung weniger Häuser. Handyempfang? Ein Wunschdenken der wenigen Reisenden, die hier vorbeikommen.

In einem Tal umringt von roten, gelben und schwarzen Bergen liegen die versteinerten Baumstämme wie das langweilig gewordene, achtlos dahingeworfene Spielzeug eines Riesen. »Zufällig verschlägt es niemanden in diese Gegend. Wer hier aus seinem Auto steigt und den weiten Weg auf sich genommen hat, weiß genau, was er will.« Der Ranger ist sichtlich erfreut, dass er mal wieder mit jemand anderem als einem Guanako sprechen kann, die Worte sprudeln nur so aus ihm heraus. Er erzählt von den Deutschen (die sind in seinen Augen generell sehr vorbildlich), die grundsätzlich die Regeln einhalten, die Natur respektieren und keinen Müll hinterlassen. Er freut sich immer, wenn Deutsche kommen, denn das bedeutet für ihn erstens: Es kommt überhaupt jemand vorbei, und zweitens: Es wird keine zusätzliche Arbeit anfallen. Und er erzählt von den US-Amerikanern (Trump-Land, was kann man davon schon erwarten, waren seine Worte), die er vor ein paar Monaten dabei erwischt hatte, wie sie ein paar »Steinchen« in ihrer Jackentasche verschwinden ließen.

Man kann es sich kaum vorstellen, wenn man in jede Himmelsrichtung, soweit das Auge reicht, von karger Landschaft umringt ist, dass hier vor 150 Millionen Jahren subtropisches Klima vorherrschte. Wo ein paar trockene Gräser die einzige Abwechslung darstellen, war damals alles von dichten Wäldern bedeckt. Grün im Überfluss. Von den bis zu 100 Meter hohen Bäumen, dem Vorgänger der Araukarie, ernährten sich Dinosaurier. Während der Entstehung der Anden wurden die Bäume bei Vulkanausbrüchen umgeworfen und unter einem gewaltigen Ascheregen luftdicht begraben. In einem Prozess, der Millionen von Jahren dauerte, wurde das durch die Ascheschicht sickernde Wasser zusammen mit Mineralien ins Innere der Baumstämme transportiert, wo sich die Mineralien an den Zellwänden ablagerten und diese nach und nach ersetzten. Jede einzelne Zelle wurde in Stein nachgebaut, weswegen die Stämme perfekt erhalten blieben und man bis heute die Struktur des Holzes erkennen kann. Die zum Teil über 30 Meter lange Steinstämme schillern in den schönsten Farben wie edle Schmuckstücke. Ein Spazierweg von rund zwei Kilometern führt durch dieses Labyrinth der versteinerten Wälder, von denen viele noch unter der Erde begraben liegen. Die restliche Fläche des Nationalparks ist Forschern vorbehalten. Erdgeschichte hautnah, fast zum Anfassen, was man, obwohl der Drang sehr groß ist, zum Schutz der Stämme selbstverständlich unterlassen sollte.

Etwas weiter im Landesinneren, von den versteinerten Wäldern auf direktem Weg aber nicht zu erreichen, liegt die Cueva de las Manos, die Höhle der Hände, eines der ältesten Kulturzeugnisse Südamerikas. Die ältesten der beeindruckenden Höhlenmalereien, die in der Region zu finden sind, werden auf das Jahr 7350 vor Christus datiert. Damals lebten hier die Vorfahren der Tehuelche-Indianer, die *pre-tehuelche*, in kleinen Gruppen als Jäger und Sammler. Die Felswände sind mit den Negativen etlicher Hände, meist linker, übersät. Die Menschen legten ihre Hände dazu flach auf die Felswand und bliesen mit dem Mund eine flüssige, natürliche Farbtinktur durch hohle Tierknochen hindurch rund um die aufgelegten Hände. Außer Handkonturen sind auch Guanakos, Jagdszenen, Pfeile, Kreise und andere geometrische Formen zu erkennen, deren Bedeutung die Wissenschaftler bis heute vor ein Rätsel stellt.

1876 von Francisco Pascasio Moreno entdeckt, gehört die Cueva de las Manos seit 1999 zum UNESCO-Weltkulturerbe. 2006 wurden die Höhlenmalereien eingezäunt, nachdem Besucher auf die Idee kamen, sich mit moderner Graffiti-Kunst neben den Malereien zu verewigen sowie Stücke der Felswand abzubrechen und als egoistische Souvenirs zu hamstern.

Von Perito Moreno, dem nächstgelegenen Ort mit guter Infrastruktur, werden Tagesausflüge zur Cueva de las Manos angeboten. Ich kann jedem Reisenden jedoch ans Herz legen, auf der Estancia Casa de Piedra zu zelten und von dort zu Fuß durch den beeindruckenden Canyon des Río Pinturas zum Besucherzentrum der Höhle zu wandern. Ein schmaler Pfad führt in scharfem Zickzack steil nach unten ins saftige Tal. Zu beiden Seiten umgeben von spektakulären, senkrechten Felswänden, folgt man dem friedlich dahinfließenden Fluss. Das von herrlich duftenden Blumen gesäumte Tal des Pinturas-Flusses ist eine idyllische Oase in der sonst kontrastarmen patagonischen Steppe. Belgeitet von munterem Vogelgezwitscher, quiekenden *tuco tucos* – einem dem Meerschweinchen ähnlichen Nagetier –, Pferde- und Guanakoherden erreicht man in wenigen Stunden die Höhlenmalereien.

104. Grund

Weil die Ruta 40 mehr als 5000 Kilometer Abenteuer verspricht

Sie ist mit Abstand die bekannteste Straße des Landes, der Inbegriff eines Roadtrips, Traum und Verwirklichung vieler Abenteurer, das »Rückgrat Argentiniens«: die Ruta Nacional Cuarenta. 1935 wurde mit dem Bau der mittlerweile 5194 Kilometer langen Straße, die sich von Süden nach Norden durch elf Provinzen erstreckt, begonnen.

2006 war ich zum ersten Mal auf der Cuarenta unterwegs, allerdings nur auf einem klitzekleinen Teil davon. 14 Stunden ging es durch die trockene Buschsteppe, meist geradeaus. Damals war dieses Stück noch nicht asphaltiert. Alles roch nach Abenteuer. Im Reiseführer hatte ich über den Weg Folgendes gelesen: »An unforgettable trip through the emptiness of Patagonia.« Unvergesslich, das war es wirklich. Die Vielfalt der schnörkellosen Landschaft hat ihren Platz in meinem Herzen gefunden. Ich lernte die Ausmaße des Begriffs »emptiness« mit allen Sinnen kennen.

Seither habe ich andere Teilabschnitte der Straße kennengelernt und muss sagen, sie hält, was sie verspricht – jeder Kilometer ist ein Abenteuer für sich. Egal, welches Transportmittel man bevorzugt, eine Reise auf der Ruta 40 ist ein Erlebnis, bei dem Zeit und Raum völlig neue Dimensionen erhalten.

Der *kilómetro zero* befindet sich an der Atlantikküste in der Nähe des Leuchtturms am Cabo Vírgenes in der Provinz Santa Cruz, 39 Meter über dem Meeresspiegel. In La Quiaca, an der Grenze zu Bolivien, heißt es auf 3.460 Metern Abschied nehmen von dieser

Traumstraße. Dazwischen liegen zahlreiche Nationalparks, idyllische Dörfer, laute Städte, faszinierende Begegnungen mit Menschen, sämtliche Klimazonen, Zeugnisse erster Siedler, Gänsehautmomente, grenzenlose Stille, Serpentinen ohne Leitplanken, 236 Brücken, Freudentränen und mit Sicherheit auch ein paar Pannen und Stunden der Verzweiflung.

Landschaftlich jedenfalls jagt ein Highlight das nächste: Von der rauen Küste kommend, durchquert man zunächst die menschenleere Steppe, deren Monotonie von ein paar Lagunen, die zum Angeln einladen, und Hochebenen unterbrochen wird, bis schließlich am Horizont die schneebedeckten Anden zu erkennen sind. Im Zickzack zwischen schroffem Gebirge und trostloser Steppe führt die Straße nun Tausende Kilometer entlang der Anden in Richtung Norden. Immer wieder laden Abzweigungen und Straßenkreuzungen zu neuen Abenteuern ein.

Viele der schönsten und bedeutendsten Sehenswürdigkeiten liegen in der Nähe der Ruta 40 – wobei »Nähe« in einem so großen Land wie Argentinien einen weiten Interpretationsspielraum zulässt.

In Patagonien sollten Sie sich Exkursionen in die umliegenden Nationalparks und Naturschutzgebiete wie Los Glaciares, Perito Moreno, Patagonia, Los Alerces, Lago Puelo, Nahuel Huapi, Lanin sowie die Höhlenmalereien der Cueva de las Manos auf keinen Fall entgehen lassen. Auf ihrem Weg in den Norden führt die 40 also mehr oder weniger direkt vorbei an Gletschern, Schluchten, Canyons, durch das Gebiet der Sieben Seen und die Hochtäler der Zentral-Anden hinein in die sonnenverwöhnte Weinregion. Hier ist das Klima beständiger, das launische Wetter Patagoniens liegt nun hinter Ihnen. Der wilde Süden der Provinz Mendoza wird von den schönsten Vulkanen des Landes bewacht. Mit etwas Glück begegnen Ihnen die Herden der dort wild lebenden Pferde. In San Rafael sollten Sie einen kurzen Zwischenstopp einplanen, um dem Atuel Canyon mit seinem klaren See El Nihuil einen Besuch abzustatten, bevor Sie sich auf der Terrasse einer Bodega rund um

Mendoza-Stadt einen kräftigen argentinischen Rotwein schmecken lassen.

Saftig grüne Täler wechseln sich nun ständig mit dürren Wüstenlandschaften ab. Kurz vor der Passstraße Cuesta de Miranda mit ihren engen Kehren kann man einen Abstecher zu den bizarren, roten Felsformationen des Talampaya-Nationalparks machen. Bald darauf geht es hoch hinauf in die *puna*-Hochebene der Provinz Catamarca mit ihren surreal anmutenden Vulkanen. Das staubige Sträßchen schlängelt sich dem sattblauen Himmel entgegen. »Salta, la linda« – Salta, die Schöne, das charmante Kolonialstädtchen liegt nicht direkt an der Cuarenta, ist aber den Umweg wert. In der gleichnamigen Provinz liegt der Abra el Aca, der mit 4895 Metern den höchsten Punkt der Cuarenta markiert. Das ursprüngliche Schild auf der Passhöhe ist heute kaum noch lesbar, denn hier haben sich sämtliche Reisende verewigt. Verglichen mit der Strecke, die bereits hinter Ihnen liegt, ist es nun ein Katzensprung durch die abwechslungsreiche Bergwelt der Provinz Jujuy und das atemberaubende Naturschutzgebiet Laguna de Pozuelos bis zum Ziel der Ruta Nacional 40 in La Quiaca, das mit etwa 14.000 Einwohnern den typisch lieblosen Charme einer Stadt an der Landesgrenze versprüht.

Auf ihren 5.194 Kilometern gleicht die Cuarenta mal einer vierspurigen Autobahn, dann wird sie wieder zur holprigen Schotterpiste mit Schlaglöchern so groß, dass der Gedanke naheliegt, durch den Einschlagkrater eines Meteoriten zu fahren. Höchste Konzentration und ein schnelles Reaktionsvermögen sind nicht nur in den weniger ausgebauten Teilstrecken absolute Pflicht, denn überall entlang der 40 kreuzen spezielle Passanten, die grundsätzlich »Vorfahrt« haben, wie aus dem Nichts die Straße, darunter zum Beispiel Gürteltiere, Pampashasen, Vikunjas oder Guanakos. Scharfe Vollbremsungen sind also keine Seltenheit. Nach heftigen Regenfällen oder der Schneeschmelze verdient die Ruta 40 an einigen Stellen den Namen »Río 40«, da sie dann eher einem Fluss gleicht und häufig für ein paar Tage unpassierbar ist. All das wird jedoch nebensächlich, wenn man in La Quiaca steht und die letzten 5000 Kilometer Revue passieren lässt. Dann wird einem bewusst, dass man mehr als nur eine Straße entlanggefahren ist, dass jeder Tag eine Reise durch eine eigene Welt war.

105. Grund

Weil die Ruta 41 mindestens genauso abenteuerlich ist

Die Ruta Provincial 41 ist weder so lang noch so bekannt wie die Ruta Nacional 40, in Sachen Abenteuer muss sie sich aber keineswegs im Schatten ihrer großen Schwester verstecken. Wie der Name schon verrät, handelt es sich bei der 41 (»Provincial«) im Gegensatz zur 40 (»Nacional«) um keine provinzübergreifende Straße.

Die 170 Kilometer lange Schotterpiste ist eine Straße für Entdecker, die, ohne ein bestimmtes Ziel vor Augen zu haben, Natur in ihrer reinsten Form erleben und einen Tag »off« genießen wollen: offroad und off the beaten path, ohne Handyempfang. Das Abenteuer beginnt im wunderschönen Los Antiguos, wo sich ein mehrtägiger Stopp lohnt. Die »Hauptstadt der Kirschen« liegt am Ufer des Lago Buenos Aires, der nur wenige Kilometer weiter sang- und klanglos in chilenischen Besitz übergeht und dort nicht nur seine Farbe, sondern auch seinen Namen ändert: Lago General Carrera.

Schnee ist auf der Ruta 41 auch im Sommer nicht selten, und nach starken Regenfällen sind nur die ersten Kilometer passierbar. Immer wieder bleiben Fahrzeuge, selbst Geländewagen, im Schlamm stecken und müssen abgeschleppt werden, was in dieser Einsamkeit keine Leichtigkeit ist. Dass man bei günstigen klimatischen Bedingungen auch mit dem Pkw durchkommt, davon kann mein kleiner Golf ein Liedchen singen.

Der Zustand der Straße sollte in Los Antiguos unbedingt erfragt und von unterschiedlichen Quellen verifiziert werden. So wurde mir sowohl in der Touristeninformation als auch auf dem Polizeirevier gesagt, die Straße sei aufgrund eines heftigen Regenfalles vor ein paar Tagen gesperrt. Eine Marmeladenverkäuferin versicherte mir jedoch, dass sich die »großen Maschinen« am Morgen auf den Weg gemacht hätten, die Straße zu ebnen. Diese Version wurde mir vom Parkranger bestätigt.

Auf der Webseite der Provinz Santa Cruz kann ein kostenloser Audioguide in spanischer Sprache runtergeladen werden, der neben traditionellen Folkloreliedern aus der Region die wichtigsten Sehenswürdigkeiten entlang der Ruta 41 beschreibt und viele interessante Zusatzinformationen liefert (www.santacruzpatagonia.gob.ar).

Am ersten Aussichtspunkt, von wo aus man einen letzten Panoramablick über Los Antiguos und den See erhaschen kann, stehen zwei Gauchito Gil Schreine (siehe Grund 20). Es kann sicher nicht schaden, sich seinen Segen für eine gute Fahrt einzuholen. Bis zum Abend sehen wir außer den fünf Arbeitern aus Los Antiguos und einer Radfahrerin keine Menschenseele. Tierische Weggefährten gibt es dafür umso mehr: Kühe, Schafe, Guanakos, Kondore, Schwarzhalsschwäne, Füchse, Hasen, Patagonien-Flamingos und Borstengürteltiere.

Der Übergang von der Steppe zum Wald, *ecotono* genannt, ist von den Anden auf der einen und der Hochebene Meseta Buenos Aires auf der anderen Seite eingerahmt. Diese Hochebene gehört seit 2014 zum ersten grenzübergreifenden Nationalpark zwischen Chile und Argentinien, dem Parque Nacional Patagonia. Während es auf der chilenischen Seite im Park bereits einige Wanderwege, Zeltplätze und einfache Hütten gibt, steckt die touristische Infrastruktur auf der argentinischen Seite noch in ihren Kinderschuhen. Der Park wurde unter anderem zum Schutz der vom Aussterben bedrohten Vogelart *macá tobiano* errichtet.

Rechter Hand fließt der Río Jeinemeni, der jedoch bald zwischen den schroffen Bergen verschwindet, links leuchten bizarre Felswände in kräftigen Farben mit dem blauen Himmel um die Wette. Flüsse, Lagunen und Schluchten haben eine Landschaft geschaffen, die man so schnell nicht wieder vergessen wird. Nach der ersten Überquerung des Río Zeballos auf einer klapprigen Brücke ist der gleichnamige Berg, der Monte Zeballos, in Sicht. Sein nach oben extrem spitz zulaufender Gipfel steht in einem schönen Gegensatz zum eher rundlichen und wesentlich kleineren Cerro Boleadora.

Man kann der Flora förmlich beim Schrumpfen zusehen: Die vom Wind geformten *ñire*-Wälder werden bald durch kleinere *lenga*-Büsche (beide aus der Familie der Scheinbuchengewächse) abgelöst, bis schließlich die Baumgrenze erreicht ist und zwischen den Felsen nur noch Moose auszumachen sind. Am höchsten Punkt der Ruta 41 – El Portezuelo – angekommen, kann ich mich nicht zwischen Anmut, Freude, Tränen und Gänsehaut entscheiden. Zu meinen Füßen liegt die Andenkordillere, aus der ein besonders imposanter, schneebedeckter Gipfel erhaben herausragt – der Cerro San Lorenzo. Mit seinen 3.706 Metern ist er die höchste Erhebung der Provinz Santa Cruz. Die Stille hallt in meinen Ohren wider, und ich wünsche mir, dass die Schönheit dieser Gegend eine kleine Pause einlegt, damit ich meine sich überschlagenden Gedanken und Emotionen erst einmal sortieren kann. Was aber nicht geschieht. Denn auch der Weg hinunter ins Tal ist von atemberaubender Schönheit. Daran kann selbst der plötzliche Regenguss nichts ändern. Am Ende des Wolkentunnels wartet ein prächtiger Regenbogen, vor dem eine Herde Guanakos mit Jungtieren grast. Das Naturschauspiel dauert nur einen kurzen Augenblick. Genauso plötzlich, wie es angefangen hat zu regnen, hört es auch wieder auf, und die Windböen, die das Auto zum Schwanken bringen, vertreiben selbst die Erinnerung an das feuchte Nass.

Die erste Abzweigung führt über den Paso Roballos nach Chile, die zweite nach Hipólito Yrigoyen, einem idyllischen Dorf am Lago

Posadas. Die Ruta 41 verabschiedet sich hier von den Anden, bald sind wir wieder umgeben von staubiger Buschsteppe. Der Lago Ghío ist der letzte Aussichtspunkt, bevor die Ruta 41 in der Nähe des stolzen 31 Seelen zählenden Ortes Bajo Caracoles auf die Ruta 40 trifft, die uns nach diesem Abenteuer wie eine vielbefahrene Autobahn vorkommt.

106. Grund

Weil man die Farben des Lago Belgrano nie wieder vergisst

Der selbst bei Argentiniern wenig bekannte Nationalpark Perito Moreno sorgt aufgrund seines Namens regelmäßig für Verwirrung, da jeder – einschließlich Google – an den berühmten Gletscher 500 Kilometer südlich denkt. Der argentinische Geograf und Anthropologe Francisco Pascasio Moreno (1852–1919), der maßgeblich an der Grenzvermessung von Argentinien und Chile beteiligt war, ist in der Provinz Santa Cruz allgegenwärtig: Nach ihm sind ein Gletscher, eine Kleinstadt und ein Nationalpark benannt. *Perito* ist eine spanische Amtsbezeichnung und bedeutet »Sachverständiger«.

Aufgrund seiner Abgeschiedenheit und seines rauen Mikroklimas gehört der Perito Moreno mit 1000 bis 2000 Besuchern im Jahr zu den am wenigsten besuchten Nationalparks in Argentinien. 220 Kilometer müssen bis in die nächste Ortschaft, Gobernador Gregores, zurückgelegt werden, wo es Lebensmittel und eine Tankstelle gibt. Tankstellen sind so etwas wie die Oasen Patagoniens, immer willkommen und doch sehr rar. Einen separaten Benzinkanister sollte man auf jeden Fall mit sich führen. Es gibt keine öffentlichen Verkehrsverbindungen zwischen Gregores und dem Nationalpark, die Anreise ist nur mit dem eigenen Fahrzeug möglich. Man findet kaum Informationen geschweige denn brauchbares Kartenmaterial.

All das führt dazu, dass man dort manchmal tagelang unterwegs sein kann, ohne mit einem anderen Menschen zu sprechen. Die Wahrscheinlichkeit, mit sich selbst hitzige Debatten zu führen, ist dementsprechend ziemlich hoch.

Die Anfahrt auf der 90 Kilometer langen Schotterpiste ist, zumindest wenn man wie wir ohne Geländewagen unterwegs ist, mühsam, ein Kampf gegen die eigenen Gedanken. Gedanken, die der Wind über die Gipfel hinwegbläst, sobald wir an der Rangerstation Onelli aus dem Auto aussteigen.

Vergessen Sie alles, was ich bisher über den patagonischen Wind geschrieben habe. Im Vergleich zu den Windböen, die auf dem Gipfel des gerade einmal 1380 Meter hohen Monte Leon wehen, ist alles andere ein Lüftchen. Der Ranger hatte uns vor dem Aufstieg gewarnt: »Dieser Park ist Patagonien in seiner reinsten, ursprünglichsten Form. Gleichermaßen atemberaubend schön wie auch grausam.« Bei starkem Wind sollen wir sofort absteigen, auf dem schmalen Gipfelgrat habe man sonst keine Chance. Die kalten Westwinde erreichen nicht selten Geschwindigkeiten von weit über 100 Stundenkilometern, und dann fliegen dort oben Steine durch die Luft.

In der ehemaligen Estanzia El Rincón ist heute ein kleines, liebevoll eingerichtetes Museum untergebracht, das die Geschichte des Parks und die Lebensbedingungen der mutigen Pioniere rekonstruiert, von denen die meisten ihr Besiedelungsvorhaben jedoch aufgrund der extremen Klimabedingungen schnell wieder aufgaben.

Für Besucher ist nur ein Drittel des seit 1937 unter Naturschutz stehenden Parks zugänglich, der übrige Teil ist Forschern vorbehalten. Ein Netz erstklassiger Wanderwege, die keinerlei technische Schwierigkeiten aufweisen, verbindet die urgemütlichen Holzhütten, in denen rund vier Personen Platz finden, miteinander. In den Hütten gibt es neben Betten einen Tisch, Stühle und einen Ofen – Luxus inmitten der Natur. Und alles kostenlos, denn man zahlt keinen Eintritt für den Nationalpark, die Selbstversorgerhütten und Campingplätze sind ebenfalls kostenlos. Obwohl der Perito Moreno nicht viel besucht wird, müssen die Übernachtungen auf den Hütten mindestens fünf Tage vor der Anreise per E-Mail reserviert werden.

Das Wegenetz soll bis Januar 2020 zum Lago Azara hin um einen wunderschönen, mehrtägigen Rundwanderweg ausgebaut werden. Zum Schutz des Huemuls, einer vom Aussterben bedrohten Hirschart, bleibt der größte Teil der Öffentlichkeit jedoch nach wie vor verwehrt. Neben dem Huemul gibt es im Park viele Buntspechte, Kondore, Schwarzhalsschwäne, *choiques* (eine in Patagonien heimische Straußenart, die etwas kleiner ist als der im restlichen Land verbreitete *ñandú*), Patagonien-Flamingos, Felsensittiche und andere Vogelarten, Guanakos, Füchse und Pumas. Die Begegnung mit einem Puma ist extrem selten, da die scheuen Tiere den Kontakt zu Menschen meiden. Wer dennoch nachts auf dem Weg zum einige Hundert Meter von der Hütte entfernten Toilettenhäuschen Angst hat, auf die Raubkatze zu stoßen, kann seine Anwesenheit durch Stampfen, Räuspern oder Husten ankündigen, sodass das Tier mit Sicherheit die Flucht ergreift, bevor es zu einem unangenehmen Aufeinandertreffen kommen kann. In vielen der glasklaren Seen und Flüsse des Nationalparks, von denen die meisten in den Pazifik münden, leben außerdem autochthone Fischarten, weswegen das Angeln hier verboten ist.

Von Mai bis Oktober ist der Park geschlossen, minus 30 Grad sind nicht gerade eine Einladung zur Gemütlichkeit. Wobei auch im Hochsommer die Temperaturen oft weit unter null liegen. Als ich mich morgens aus meinem warmen Schlafsack schäle und das Zelt öffne, werde ich von tanzenden Schneeflocken und Puderzuckergipfeln begrüßt, direkt neben unserem Zelt grasen ein paar Guanakos mit ihren Jungen. Es ist merkwürdig still, selbst der Wind scheint noch im Traumland vor sich hin zu dösen. Auf dem Weg zur Laguna de los Témpanos am Fuße des mächtigen Cerro San Lorenzo wird uns vor Augen gehalten, was es mit der sprichwörtlichen Ruhe vor dem Sturm auf sich hat. Die Erde scheint den Atem anzuhalten, schwere schwarze Wolkentürme umhüllen den San Lorenzo. Stumm braut sich ein Unwetter über unseren Köpfen zusammen, das sich alsbald unter einem lauten Donnern entlädt. Der zaghafte Wind wird binnen Minuten zum Sturm, die Schneeflocken zu einem schmerzenden Graupelschauer. »Ich hab's verstanden, ich klein; du, Natur, groß und mächtig«, rufe ich ins mich umgebende Grau. Das Gesagte prallt am Wind bedeutungslos ab wie ein Ball an einer Wand. Nach ein paar Stunden ist das Schauspiel vorbei, und spätestens beim Anblick der Milchstraße in der klaren und mondlosen Nacht begraben die Natur und ich das Kriegsbeil.

Neben dem über allem wachenden San Lorenzo, den ich während meines einwöchigen Aufenthaltes im Park an keinem einzigen Tag zu Gesicht bekommt sollte, der mir dann aber bei meiner Abreise im Rückspiegel zuwinkte, sind die Seen, von denen jeder in einer anderen Farbe leuchtet, der besondere Reiz des Perito-Moreno-Nationalparks. Ich habe mein Herz an den smaragdgrünen Lago Belgrano verloren. Die gleichnamige Halbinsel mit ihren fabelhaften Panoramawegen ist über eine schmale Landzunge erreichbar. Es gibt dort zwei Holzhütten direkt am See, eine dritte ist im Aufbau. Nach einem kurzen Regenschauer blinzelt die Sonne durch die Wolken hindurch, und ein Regenbogen umgibt das unwirklich türkisschimmernde Wasser. Die nächsten Tage ist es durchgehend sonnig und meist relativ windstill, sodass ich nicht umhinkomme, mich mit jedem erwanderten Schritt mehr in diesen Nationalpark zu verlieben. »Wenn man diesen Ort gesehen hat«, murmele ich vor mich hin, »dann braucht man keine weiteren Gründe, um Argentinien zu lieben.«

Weil der Perito Moreno Gletscher bei jedem Besuch anders aussieht

Dort, wo bis heute die Grenzziehung zwischen Chile und Argentinien noch nicht gänzlich ausgehandelt ist, wo der Wind das Sagen hat, wo der Mensch nicht mehr ist als eine Nadel im Heuhaufen, wo die Welt zu Ende scheint – dort liegt das nach der Antarktis größte Eisfeld der Südhalbkugel, das Campo de Hielo Sur. Zu diesem unwirtlichen Gebiet gehören zahlreiche Auslassgletscher, unter anderem der Perito Moreno, der mit 258 Quadratkilometern flächenmäßig um einiges größer ist als die argentinische Hauptstadt.

Dieser Gletscher im Nationalpark Los Glaciares ist eines der touristischen Highlights in Argentinien. Für viele Reisende ist er das Gesicht Patagoniens. Er ist zwar weder der größte noch der älteste Gletscher, aber im Gegensatz zu anderen ist er ohne große Anstrengung zu erreichen. Die Straßen sind in gutem Zustand und der Bus bringt den Besucher direkt zum Aussichtspunkt, von wo aus man den Gletscher aus verschiedenen Perspektiven betrachten kann.

Die Kirchner-Regierung hat in den 2000er-Jahren viel Geld in das 80 Kilometer entfernte El Calafate gesteckt, das als Ausgangspunkt für Touren zum Perito Moreno Gletscher dient. Aber auch abgesehen vom Gletscher hat Calafate einiges für Reisende zu bieten: Die Tafelberge laden zum Wandern, Klettern oder zu ausgiebigen Reittouren ein. Von dort oben sieht man bei gutem Wetter die Spitze des Fitz Roy und die chilenischen Granitberge Torres del Paine am Horizont. Beim Spaziergang im an die Stadt angrenzenden Naturreservat Laguna Nimez kann die Vogel- und Pflanzenwelt bestaunt werden. Die umliegenden Estanzias öffnen täglich ihre Tore, um den Reisenden Einblicke in ihren Arbeitsalltag zu gewähren und sie mit dem für Patagonien typischen *cordero*, Lammbraten, zu bekochen. Es werden auch Tagestouren zu anderen Gletschern, wie etwa dem

Upsala oder dem Viedma angeboten. Nicht zuletzt ist allein schon der Blick auf den türkisblau schimmernden Lago Argentino, der etwa dreimal so groß ist wie der Bodensee, und die angrenzende schroffe Bergwelt eine Reise in den tiefen Süden wert.

Im kurzen patagonischen Sommer kommen die Touristen in Scharen. Davon sollten Sie sich aber nicht abschrecken lassen. Fahren Sie hin, besuchen Sie den Gletscher, spüren Sie das Geheimnisvolle des Ortes und lassen Sie sich von dieser Sinfonie aus Weiß und Blau verzaubern! Bei einer geführten eineinhalb oder drei Stunden dauernden Wanderung auf dem Gletscher können Sie diese einzigartige Welt mit allen Sinnen erfahren, zum Abschluss der Tour gibt es einen Whisky on Ice.

Auch bei meinem vierten Besuch hat der Perito-Moreno-Gletscher nichts von seinem Reiz verloren. Zu jeder Jahreszeit, in jedem Licht sieht er anders aus. Er ist permanent in Bewegung, die Eismassen schieben sich in Richtung Land. Pro Tag werden Bewegungen von circa 2,3 Metern in der Mitte und 0,35 Metern am Gletscherrand gemessen. Und das hört man. Der Gletscher seufzt und krächzt, die anderen Besucher und ich verstummen andächtig. Wo die Worte aufhören, wird Vergänglichkeit für einen kurzen Moment ewig und Weiß zu Blau.

Das Boot nähert sich der 70 Meter hohen Gletscherwand und wird zum Spielzeug der Natur. Es ist ganz still, keiner spricht. Die Welt scheint den Atem anzuhalten. 30 Augenpaare starren gebannt auf die weiße Wand, die Kameras zum Abdrücken bereit. Plötzlich unterbricht ein lautes Donnern die Stille, und unter staunendem »Aaaah«, »Oooooh« und »knips, knips, knips« stürzt ein Eisbrocken ins Wasser und löst ein paar stürmische Wellen aus, die das Boot zum Schaukeln bringen. Die Eisscholle schlägt noch einen kleinen Purzelbaum, dann kehrt wieder Ruhe ein.

Die Gletscher in Patagonien gehören weltweit zu denen, die am schnellsten schmelzen. Eine der Besonderheiten des Perito-Moreno-Gletschers ist, dass sich Wachstum und Rückgang (noch) die Waage halten. Das bedeutet aber nicht, dass der Gletscher noch wächst, wie man häufig zu Ohren bekommt. Er befindet sich in einem (brüchigen) Gleichgewicht. Wenn die Gletscherzunge auf Land trifft, wird der natürliche Abfluss des Lago Argentino aufgestaut und formt eine Brücke – bis die Eismasse dem Wasserdruck nicht mehr standhält und einbricht. Das geschieht etwa alle zwei bis vier Jahre und nicht selten still und heimlich nachts, natürlich sehr zum Bedauern der Besucher. Bis heute haben Glaziologen für dieses Phänomen, die sogenannte *ruptura*, keine fundierte Erklärung, gefunden. Manche Dinge müssen vielleicht auch einfach ein Rätsel bleiben.

108. Grund

Weil der Cerro Torre der Berg aller Berge ist

Der Himmel verabschiedet sich, selbst noch etwas schlaftrunken, von der Dunkelheit. Die Stille ist hörbar. Ein Blick auf die Uhr, halb sechs. Zu dieser frühen Stunde bin ich im Urlaub selten auf den Beinen, schon gar nicht ohne die nötige Dosis Koffein. Aber hier ist alles anders, Uhrzeiten sind nicht mehr als gesichtslose Zahlen auf einem unwichtigen Ziffernblatt. Gestern Abend erst stand ich an derselben Stelle. Über der Lagune hing ein träges Wolkenkleid, das in Richtung Horizont in ein lebhaftes Inferno überging. Von dem auf die Stimmung drückenden Schwarzgrau ist heute nichts übrig geblieben als eine flüsternde Erinnerung.

Als das Spektakel beginnt, halte ich unwillkürlich den Atem an, meine Fingernägel krallen sich fest, ein bisschen zu fest, in den Trageriemen der Kamera. Ich spüre die Farben, bevor ich sie sehe. Alsdann beginne ich an der Wirklichkeit zu zweifeln. Aber für Zweifel ist keine Zeit. Die messerscharfe Spitze des Cerro Torre erstrahlt bereits in sattem Pink, das bald auch den Gletscher und die Lagune umhüllt. Eine Ente gleitet lautlos durch das Labyrinth aus rosafarbenen Eisbergen. Bald weichen die Pinktöne einem schüchternen Gold. Das Wasser wird zum Spiegel der Welt, in dem sich die Granitwände der Berge verdoppeln. Der Zauber des Augenblicks ist genauso schnell vorbei, wie er begann, die Sonne steht schneller hoch am Himmel, als es dem Genießerblick lieb ist. Mit vor Kälte steifen Knochen und freudig bewegten Gedanken mache ich mich auf den Weg zum Zelt, es ist Zeit für den Morgenkaffee.

Um dieses frühmorgendliche Wunder zu erleben, muss man in die argentinische »Hauptstadt des Trekkings«, nach El Chaltén, reisen. Der kleine Ort lebt fast ausschließlich vom Tourismus. Es gibt kaum ein Gebäude, das kein Restaurant oder Hotel ist. Und jedes Jahr sprießen neue Unterkünfte aus dem Boden, um der hohen Nachfrage annähernd gerecht zu werden. Im Hochsommer sind die Schlafplätze dennoch restlos ausgebucht. Die Hauptwanderrouten wie etwa der Weg zur Laguna de los Tres am Fuße des Fitz Roy haben ihren einsamen Charme längst eingebüßt. Auf den ausgetrampelten Pfaden schleppen sich täglich etliche Tagesausflügler und Wanderer mit großen, schweren Rucksäcken karawanenartig zum Ziel. Schönheit hat eben ihren Preis und ist keineswegs ein exklusives Gut, zumindest nicht, wenn es um die majestätischen Berge rund um El Chaltén geht. Es wäre vermessen, diese Schönheit für sich allein beanspruchen zu wollen.

In den sonnen- und lichtarmen Wintermonaten ist das Dorf gespenstisch leer, nicht selten abgeschnitten vom Rest der Welt. Die meisten Hotelbesitzer schließen ihre Räumlichkeiten und überwintern im 213 Kilometer entfernten El Calafate. Die Geschichten, welche mir die Vermieterin meines Apartments über ihren ersten Winter in El Chaltén erzählt, rufen eine Mischung aus (Ehr-) Furcht und unbestimmter Sehnsucht, es ihr gleichzutun, in mir hervor. Das Klima ist hart, unvorhersehbar und nicht selten gnadenlos. Großeinkäufe oder Arztbesuche müssen in El Calafate erledigt werden, was nur dann möglich ist, wenn der Schneepflug die Straße zuvor freigeräumt hat. Das geschieht mit etwas Glück einmal pro Woche.

Als Mutter eines einjährigen Kindes gingen diese äußeren Umstände oft an die Substanz, beteuert die junge Frau. Dazu die monatelange Dunkelheit und die spärliche Auswahl an Gesprächspartnern, die ebenfalls den Jahreszeiten trotzen. Vielleicht doch lieber Sommer mit Karawanenwandern, zumal es ja auch einige wesentlich weniger frequentierte Wege gibt, lautet meine Konklusion. Denn trotz der Touristenmassen ist El Chaltén ein liebevoller Sehnsuchtsort, an den mich mein Herz, wann immer es möglich ist, zurückbringt.

Mit zarten 35 Jahren gehört das Dorf zu den jüngsten Ortschaften des Landes. Hier, am Fuße der legendären Bergmassive des Cerro Fitz Roy und Cerro Torre, hinter denen sich ein im wahrsten Sinne des Wortes »weißer Fleck« auf der Landkarte, das Südliche Patagonische Eisfeld, erstreckt, errichteten die Argentinier 1985 aufgrund der andauernden Grenzstreitigkeiten mit Chile einen Grenzposten. Die im Wind wehende argentinische Flagge signalisierte: Wer hierherkam, befand sich auf Gaucho-Territorium. Formell war das nun nicht ganz so einfach. Zwar wurde El Chaltén offiziell Argentinien zugesprochen, bis heute sind jedoch die rund 60 Kilometer in den Anden zwischen dem Cerro Fitz Roy und dem weiter südlich gelegenen Cerro Murallón grenzenloses Niemandsland. Die Stars der Region, die malerischen Granitberge, die jedes Bergsteigerherz höher schlagen lassen, gehören sowohl zum argentinischen Nationalpark Los Glaciares als auch zum chilenischen Nationalpark Bernardo O'Higgins.

Der subjektive Titel »Berg aller Berge« gebührt dem Cerro Torre eigentlich nicht allein, er muss ihn sich mit seinem großen Bruder, dem 3.406 Meter hohen Fitz Roy oder »Chaltén«, wie ihn die Ureinwohner der Region nannten, teilen. »Chaltén« bedeutet in der Sprache der Tehuelche »rauchender Berg« und ist darauf zurückzuführen, dass sich der pyramidenförmige Berggipfel häufig in Wolken hüllt und so den Eindruck eines Vulkans erweckt, der Rauchwolken aus seinem Innern spuckt. Im Zuge der europäischen Entdeckerreisen wurde er 1877 zu Ehren des Kapitäns der HMS Beagle, mit welcher der Forscher Charles Darwin um die Welt reiste, in Fitz Roy umbenannt.

Dem Cerro Torre, dessen Existenz 1782 von Antonio de Viedma auf einer seiner Entdeckungsreisen zum ersten Mal schriftlich festgehalten wurde, wurde lange Zeit der Beiname »der Unmögliche« zugeschrieben. Denn während die umliegenden Gipfel bereits bestiegen worden waren, zerplatzten am Cerro Torre die Träume vieler namhafter Extrembergsteiger. So darf sich die Felsnadel außerdem mit Attributen wie »eiskalte Hölle«, »zu Stein gewordener Schrei«, »unerreichbarer Gipfel«, »schwierigster Berg«, »verwunschener Berg« oder »zu Staub zerfallener Traum«, aber auch »schönster Berg der Welt« schmücken. Ein Berg, der die Fantasie der Menschheit beflügelte, über den viel geschrieben und gesagt wurde. Der Filmregisseur Werner Herzog beschrieb den Torre nach den Dreharbeiten zu seinem Film *Schrei aus Stein* Anfang der 1990er-Jahre folgendermaßen: »Dieser Berg hat Eigenschaften, wie sie sonst nur Menschen haben; er hat etwas Böses, etwas Mysteriöses, etwas Schreckenerregendes.«

Auch die Geschichte der Erstbesteigung wird von einem Mysterium beschattet und liegt in der Schwebe zwischen einer der größten Leistungen des Alpinismus oder ihr größter Betrug zu sein. Nach zahlreichen Versuchen seit Anfang der 1950er-Jahre soll dem Österreicher Toni Egger und dem Italiener Cesare Maestri 1959 die Erstbesteigung über die Nordwand gelungen sein. Beim Abstieg verunglückte Toni Egger jedoch tödlich, und auch seine Kamera, mit der angeblich das Gipfelfoto geschossen wurde, stürzte mit der Eislawine in die ewige Tiefe. Maestri konnte nicht beweisen, dass sie den Gipfel erreicht hatten, und seine Schilderungen fielen zunehmend starken Zweifeln zum Opfer. Der Bergsteiger war wie besessen vom Cerro Torre: »Eingebrannt in meine Seele existiert für mich nur der Torre mit seinen glatten Wänden, mit seinen Eiskuppeln, mit seinen ewig heulenden Winden. Alles andere, das nun vorüber ist, hat keine Bedeutung mehr.« 1970 wollte er sein Können erneut unter Beweis stellen und die Kritiker damit zum Schweigen bringen. Mithilfe eines Kompressors, mit dem er Hunderte von Haken in die Wand bohrte, suchte er sich einen Weg über die Südwest-Flanke. Sein Vorhaben scheiterte an den schlechten Witterungsbedingungen. Er gab nicht auf und machte sich bald darauf auf den Weg, die Route zu vervollständigen. Tatsächlich erreichte er am 2. Dezember 1970 das Ende der Felswand unterhalb der instabilen Schneekrone der Granitnadel, von der er dachte, sie würde eines Tages vom Wind weggeblasen werden. Das Gipfelfoto in der Tasche, kam er zufrieden unten an. Für viele Kritiker zählt Maestris Besteigung allerdings nicht, da er nicht auf dem höchsten Punkt des Berges gestanden hatte. Auch seine Besteigungsmethode, die der Route den Namen »Kompressorroute« einbrachte, wurde scharf kritisiert.

Die gemeinhin anerkannte Erstbesteigung gelang schließlich dem Italiener Casimiro Ferrari 1974, nachdem er drei Wochen lang auf gutes Wetter gewartet hatte, über die von Eis und Schnee durchzogene Westwand, die ihm zu Ehren »Ferrariroute« getauft wurde. Mit seinem Beweisfoto auf dem Gipfeleispilz konnte er auch dem kritischsten aller Kritiker die Segel aus dem Wind nehmen. Der »steinerne Schrei« war bezwungen, das Unmögliche möglich gemacht. Einfacher geworden sind die zahlreichen darauf folgenden Besteigungen deswegen noch lange nicht, der Cerro Torre zählt nach wie vor zu den schwierigsten Bergen der Welt.

Wenn Sie, wie ich auch, extreme Bergtouren gerne den anderen überlassen, genießen Sie seine Magie im Morgenrot am Ufer der Laguna Torre. Dieser Moment wird mit Sicherheit zu den prägendsten Ihrer Argentinienreise gehören.

109. Grund

Weil Feuerland das Tor zur Antarktis ist

Aus der Vogelperspektive betrachtet ist Feuerland ein Labyrinth aus vielen kleineren und größeren Inseln. Die Hauptinsel des Archipels, Isla Grande de Tierra del Fuego (auf Deutsch »Große Feuerlandinsel«), ist durch die Magellanstraße vom Festland getrennt. Wer sich von Río Gallegos auf den Weg zum Touristenmagneten Ushuaia macht, muss zunächst ein paar Grenzformalitäten über sich ergehen lassen. Denn um nach Ushuaia zu kommen, muss man aus Argentinien aus-, in Chile ein- und aus- und schließlich wieder in Argentinien einreisen. Ein guter Tag für Reisende, denen der Pass nicht schnell genug gefüllt mit bunten Stempeln sein kann.

Was Sie auf Feuerland im Sommer sehen werden, ist neben beinahe endlosen Stunden Helligkeit vor allem eines: Grün. Wenn Sie nicht mit dem Flugzeug anreisen, werden Sie sich nach Hunderten von Kilometern durch die farblose Steppe Patagoniens nicht sattsehen können an dieser Fülle. Moose, Flechten, Büsche, Bäume, Wiesen und Gräser – die üppige Vegetation bringt Grün in allen erdenklichen Nuancen hervor. Jegliche Grüntöne, die man auf der Welt zu Gesicht bekommen kann, haben hier ihren Ursprung, so möchte man zumindest glauben. Und wahrscheinlich wäre man nicht einmal überrascht, einen Gnom oder Elfen unter den verwunschenen Sträuchern zu entdecken. Feuerland ist ein ungeschliffenes Märchenland zum Anfassen, zum Einatmen, zum Wahrnehmen mit allen Sinnen. Was Sie auf Feuerland auch sehen werden, sind Pinguine, vom Wind gebogene Bäume und Kreuzfahrtschiffe. Was Sie hingegen nicht sehen werden, sind die Feuer, die der Inselgruppe ihren Namen gaben. Diese sind schon lange erloschen.

Von Ferdinand Magellans Chronisten Antonio Pigafetta wissen wir, dass die Männer bei ihrer Entdeckungsreise 1520 südlich der Magellanstraße nachts vom Schiff aus überall lodernde Feuer sahen.

Es waren die Lagerfeuer der Ureinwohner, und die Europäer gaben der zerklüfteten Inselwelt daraufhin den Namen Feuerland.

In jener Zeit lebten auf dem Archipel vier Gruppen von indigenen Völkern: im Süden und Westen die Seenomanden Yámana und Kawesqar, im Osten und im nördlicheren Landesinneren die Landnomaden Haush und Selk'nam. Die Feuer waren für die Menschen aber nicht nur überlebenswichtige Wärmespender – selbst im Sommer steigt das Thermometer selten über 10 Grad –, sondern sie dienten vor allem dem kommunikativen Austausch. Mit speziellen Rauchzeichen entwickelten sie ein komplexes Kommunikationssystem von Insel zu Insel, um so etwa drohende Gefahren anzukündigen. Einer Gefahr jedoch waren sie nicht gewachsen: den Menschen.

Charles Darwin beschrieb die Feuerlandindigenen, von denen er glaubte, sie seien wilde Kannibalen, als die »elendsten und bemitleidenswertesten Kreaturen dieser Welt«, auf europäischen Völkerschauen mussten sie als »exotische Ausstellungsstücke« herhalten. Eingeschleppte Krankheiten, gnadenlose Verdrängungspolitik wie die »Wüstenkampagne« von General Julio Argentino Roca, mit der er die argentinisch-europäische Dominanz über die Gegend von der Pampa bis in den äußersten Süden sicherstellen wollte, sowie blutige Auseinandersetzungen im Zuge der dauerhaften Besiedelung des Archipels führten schließlich dazu, dass die Feuerlandindigenen bis Anfang des 20. Jahrhunderts fast vollständig ausgerottet waren.

Sie, liebe Leserin und lieber Leser, werden an dieser Stelle wieder einmal feststellen, dass es sich mit dem eben Erwähnten wieder einmal um nichts handelt, wofür man Argentinien lieben müsste. Aber es ist die Geschichte der Inselwelt, sie gehört zu ihr wie die märchenhaften Südbuchenwälder. Damit die Erinnerung an diese nomadischen Stämme lebendig bleibt, muss sie erzählt werden. Auf Feuerland werden Sie Museen und Denkmäler finden, die für die Ureinwohner errichtet wurden. Die Sprache der Yámana, die heute noch von einer einzigen Person als Muttersprache gesprochen wird – der 1928 geborenen Cristina Calderón, welche im chilenischen Teil der Insel lebt –, ist auch im Namen jener Stadt präsent, die Sie auf Ihrer Feuerlandreise mit Sicherheit besuchen werden: Ushuaia. »Ush« heißt übersetzt so viel wie Tiefe oder Boden und »waia« bedeutet Bucht. Ushuaia, die tiefe Bucht. Andere Quellen sprechen von der »Bucht, die nach Osten blickt«. Ausgesprochen wird der Name der am 12. Oktober 1884 gegründeten Stadt »Usuaja«.

Hier, am berühmt-berüchtigten Ende der Welt, öffnete 1904 ein Gefängnis die Türen seiner undurchdringbaren Mauern für Gewaltverbrecher und politische Gefangene aus ganz Argentinien. Heute ist in dem Gebäude das Gefängnis-Museum untergebracht. Neben beliebten Ausflugszielen wie dem Feuerland-Nationalpark und der Estancia Harberton ist die Stadt auch Ausgangspunkt für Expeditionen in die fantastische Eiswelt der Antarktis. 1.150 Kilometer müssen bis zur nächstgelegenen argentinischen Forschungsstation mit dem für sich sprechenden Namen *Esperanza* (Hoffnung) zurückgelegt werden. Die klassischen Antarktisreisen dauern etwa zehn Tage. Man muss zwar tief in die Tasche greifen, darf dafür aber das einzigartige Naturschauspiel der »unerreichbaren Ferne« hautnah erleben. Begleitet vom Flug der Riesensturmvögel und dem Gesang der Wale die Drake Passage queren, Königspinguinen auf Südgeorgien vergnügt beim Watscheln zusehen, von Deck aus Elephant Island erspähen, wo ein paar der Männer von Shakletons Endurance-Expedition mehrere Monate bis zu ihrer Rettung ausharrten, nachdem das Schiff im Packeis der Weddell-See stecken geblieben war, sich beim Anblick der gigantischen Tafeleisberge irrsinnig klein fühlen, das Herz mit auf blau-weiß-grau reduzierter Schönheit füllen, bis es droht überzulaufen, und schließlich einen Fuß – den eigenen – auf antarktischen Boden setzen. Na, wenn das nicht das *dulce de leche*-Häubchen einer jeden Argentinienreise ist!

Falls Sie nach dieser Schilderung annehmen, dass ich selbst dort gewesen bin, so muss ich dieses Bild (leider) geraderücken: Sie ist lediglich das Resultat einer langjährigen Träumerei dessen, was sich quasi vor der Haustür Feuerlands erstreckt: das ewig weiße Nichts.

110. Grund

Weil man bis ans Ende der Welt reisen kann

Alles auf Feuerland ist *fin del mundo*, das Ende der Welt. Der Slogan »Ende der Welt, Anfang von allem«, der in Ushuaia überall präsent ist, ist mehr als ein Marketingspruch der Tourismusindustrie. Zwar rühmt sich die Stadt am Beagle-Kanal fälschlicherweise damit, die südlichste Stadt der Welt zu sein, aber dennoch und trotz Tausender Touristen und Kreuzfahrtschiffe, die hier einen ihrer letzten Stopps vor der Antarktis haben, wird man das Gefühl nicht los, wirklich weit, weit weg von allem zu sein. Dort, wo die Anden stillschweigend mit dem Meer verschmelzen, könnte doch tatsächlich das Ende der Welt beziehungsweise eben der Anfang von allem sein. Zumindest möchte man sich, wenn man schon bis hierher gereist ist, dieser Illusion hingeben. So bieten die Reiseagenturen in Ushuaia Bootsfahrten zum Leuchtturm Les Éclaireurs im Beagle Kanal an, die mit den Worten »Ausflug zum Leuchtturm am Ende der Welt« tituliert sind.

Vom mystischen Ende der Welt, an dem alles möglich ist, ließ sich auch Jules Vernes für seinen Roman *Der Leuchtturm am Ende der Welt* inspirieren. Bei seinem präzise beschriebenen Leuchtturm handelt es sich aber nicht um jenen, der auf den Displays der Tagesausflügler zu sehen ist. Sein Leuchtturm ist weiter weg, dem Ende der Welt ein Stückchen näher.

Östlich von Feuerland, nur 24 Kilometer von der Bahía Buen Suceso entfernt, liegt eine Insel, auf der, wenn man den Wissenschaftlern Glauben schenken mag, noch niemals jemand geboren wurde: die Isla de los Estados. Ethnologen fanden auf der 534 Quadratkilometer großen Insel Spuren menschlichen Lebens, die auf das Jahr 300 vor Christus datiert wurden. Man geht jedoch davon aus, dass es sich lediglich um kurze Aufenthalte inselnomadischer Siedler handelte. Der erste Europäer, der das Eiland sichtete, erkundete und beschrieb, war der spanische Kapitän Francisco de Hoces, der hier 1526 nach einem heftigen Sturm mit seinem Schiff strandete. Er hatte Glück, mit dem Leben davongekommen zu sein. Für Seefahrer war und ist die Insel Fluch und Segen zugleich. Davon können die rund 50 Schiffwracks, die auf dem Meeresboden zum ewigen Dornröschenschlaf verdonnert wurden, ein Liedchen singen. Wer es hingegen geschafft hat, heil an Land zu gehen, kann und konnte sich über jede Menge Süßwasser und aufgrund des dichten immergrünen Waldbestandes über eine vergleichsweise üppige Vegetation freuen. Das landschaftliche Bild rund um die Insel ist geprägt von Fjorden und damit einzigartig für Argentinien, da die Fjordwelt Feuerlands zu Chile gehört.

An der Anlegestelle Puerto Parry liegt eine kleine Hütte, in der vier Menschen der argentinischen Marine auf engstem Raum zusammenleben. Alle 45 Tage werden sie abgelöst und können ihre Familien auf Feuerland besuchen. Neben den vier menschlichen Bewohnern leben auf der Insel Pinguine und Robben sowie Ziegen, Hasen und Hirsche. Letzteres mag überraschen, die Frage, wie die Tiere auf diese einsame, abgeschiedene Insel gekommen sind, drängt sich auf. Die Antwort ist verbunden mit einem Namen, der dem Reisenden in Patagonien immer wieder begegnet: Miguel Luis de Piedrabuena Rodríguez. Der argentinische Marineoffizier erkundete nicht nur die vorgelagerte Inselwelt Feuerlands, er nahm auch eine wichtige Rolle bei den Grenzverhandlungen ein, die mit dem Grenzvertrag zwischen Chile und Argentinien am 23. Juli 1881 vorerst ein Ende fanden. Die Grenze sollte entlang der höchsten Berge und der Wasserscheide verlaufen. Chile verzichtete auf Ostpatagonien, bekam im Gegenzug aber die Magellanstraße. Durch seine vielen Schiffsreisen im Südatlantik wusste Luis Piedrabuena um die Gefahren der aufgewühlten See Bescheid. Nachdem er eine Gruppe Schiffbrüchiger gerettet hatte, beschloss er, Ziegen, Hirsche und Hasen auf der Isla de los Estados, wo er 1859 die argentinische Flagge hisste, auszusetzen, sodass dort gestrandete Seefahrer künftig zumindest Nahrung vorfanden.

Die Isla de los Estados ist mit Ushuaia über Funk verbunden, sonst gibt es nicht viel Kontakt zur Außenwelt. Hin und wieder legt ein Boot mit Naturwissenschaftlern an, welche die Inselwelt erforschen wollen. Seit ein paar Jahren dürfen auch Touristen die Insel besuchen. Der Tourismus hält sich aber (noch) in Grenzen, denn die Exkursionen sind sehr teuer und die Bootsfahrt durch die vor Wut schäumende See kein Zuckerschlecken. Das bis Anfang des 20. Jahrhunderts auf Feuerland lebende Volk der Selk'nam war der Überzeugung, dass das stürmische Meer die Antwort auf einen Krieg zwischen Sonne, Meer, Wind und Schnee war.

Inmitten dieser sturmumtosten sagenhaften Einsamkeit steht er wie ein Fels in der Brandung, Jules Vernes *faro del fin del mundo*, der 1884 eingeweihte Leuchtturm San Juan de Salvamento.

Und hier, an diesem Leuchtturm, liebe Leserin und lieber Leser, endet unsere gemeinsame Argentinienreise.

Willkommen am Ende der Welt, willkommen am Anfang von allem!

11. Kapitel

Fazit

Weil man an Argentinien schneller sein Herz verliert, als einem lieb ist

Abschließend wird es ein bisschen persönlich. Vielleicht auch ein wenig melancholisch. Aber das ist schon in Ordnung, immerhin halten Sie ein Buch über Argentinien in den Händen. Und hier in Argentinien hat man die Melancholie erfunden. Dessen bin ich mir sicher.

Ein Stückchen meines Herzens ließ ich im Alter von 19 Jahren am Fuße des Cerro Fitz Roy zurück. Dort oben, an der winterlich zugefrorenen Laguna de los Tres, verknipste ich mit vor Staunen offenem Mund einen ganzen Film – im Zeitalter der Digitalkamera war ich damals noch nicht angekommen –, als der dichte Wolkenvorhang von einem Moment auf den anderen aufriss und sich dieser atemberaubende Granitbrocken für etwa eine Stunde in seiner ganzen Pracht zeigte. Ich war hin und weg, zu Tränen gerührt, das war zweifellos einer der intensivsten Naturmomente, die ich bis dahin erlebt hatte. Damals wusste ich noch nicht, dass bei jeder Argentinienreise neue hinzukommen sollten.

Sieben Jahre später saß ich, nachdem ich mein Auslandssemester in Buenos Aires absolviert hatte, im Flieger nach Salvador de Bahía, um meinem ursprünglichen Plan, vor der Rückkehr nach Deutschland Nordbrasilien zu bereisen, zu folgen. Bereits beim Start in Argentinien begann ich das Land und die Menschen zu vermissen. Den bissigen Humor, die hitzigen Diskussionen, das ewige Analysieren, die Cafés, das *asado*, die Schimpfwörter, den Mate, ja, sogar das Schlangestehen bei jeder Gelegenheit, das ständig fehlende Wechselgeld, die Milch in Plastiktüten, die Geister der Nacht und die Überlebenskünstler des Tages, das nicht näher definierte *mañana*, die Seufzer der Melancholie, das wilde Gestikulieren, den *lunfardo*, die Straßen von Buenos Aires, die so voller *quilombo* und Poesie zugleich sind. Rotz und Wasser heulend stellte ich fest, dass ich keinen Caipirinha wollte, sondern Malbec, keinen Samba, sondern Tango. Ich wollte nicht an den vielleicht schönsten Stränden der Welt liegen, sondern durch die Grasweiten der Pampa reiten und über die braune, triste Brühe des Río de la Plata blicken.

Es war um mich geschehen, ich hatte mich verliebt. In ein Land, eine Kultur, einen Traum und eine Idee. In einen Menschen und in viele. Noch vor der Landung wusste ich, dass es kein Zurück mehr gab. Beziehungsweise genau eines. Und so saß ich eine Woche später wieder im Flieger, auf dem Weg zurück nach Buenos Aires.

Seither hat sich vieles geändert, ich habe die rosarote Brille abgenommen und sehe einiges klarer. Ich habe das Land von Nord nach Süd und von Ost nach West bereist. Habe überall ein kleines Stückchen Herz verloren, in San Telmo und in den Dörfern der Provinz Buenos Aires, im feuchtwarmen Nordosten und den schönen *sierras*, in der *puna*, in der das Atmen schwerfällt, in den Weinbergen von Mendoza, an den endlosen Stränden und vor allem in Patagonien, einer Region, deren Namen ich nicht aussprechen kann ohne Gänsehaut und Sehnsucht zu bekommen.

Manchmal können die aufbrausenden Argentinier einen auch ganz schön auf die Palme bringen. Gründe dafür habe ich in diesem Buch zur Genüge genannt. Und zugleich habe ich auch vieles unerwähnt gelassen, was Argentiniens Reiz ausmacht. Unzählige Menschen, die Großartiges geleistet haben, habe ich unter den Tisch fallen lassen, vielen Orten und kulturellen oder historischen Ereignissen nicht die Aufmerksamkeit geschenkt, die sie verdient hätten. Es ist unmöglich, ein Land in seiner Gesamtheit zu erfassen, und schon gar nicht, wenn es so groß und vielfältig ist wie Argentinien und einem dafür nur 111 Gründe zur Verfügung stehen. Daher bitte ich Sie, liebe Leserin und lieber Leser, um Verzeihung einerseits und Nachsicht andererseits. Fügen Sie diesem Buch doch einfach während oder nach Ihrer Argentinienreise eine ganz individuelle Note, Ihre persönlichen Gründe, Argentinien zu lieben, hinzu.

Ich habe, wie gesagt, die rosarote Brille abgenommen. Wie das in jeder Liebesbeziehung irgendwann der Fall ist. Man lebt miteinander, gewöhnt sich aneinander, geht Kompromisse ein, streitet ab und an, stimmt sich aber irgendwann doch wieder versöhnlich. Ich für meinen Teil muss dennoch regelmäßig raus aus Argentinien, zurück nach Deutschland, sonst würde ich wahrscheinlich eines Tages durchdrehen wie die Charaktere des argentinischen Films *Wild Tales – jeder dreht mal durch*. Manchmal brauche ich den räumlichen Abstand von dieser unüberschaubaren Weite, dem unüberschaubaren *quilombo*, den unüberschaubaren Demonstrationen. Um dann mit neuer Energie zurückzukehren in das aller Widersprüchlichkeiten zum Trotz schönste Land der Welt.

Wer einmal in Argentinien war, wird schnell zum Wiederholungstäter. Wenn Sie sich dabei erwischen, wie Sie bereits vor Ihrer Rückreise in Ihre Heimat Pläne für den nächsten Urlaub im Land der Gauchos schmieden, so können Sie ganz beruhigt sein. Das ist normal. Sie sind deswegen auf keinen Fall reif für den argentinischen Freud-Diwan. Sie haben lediglich Ihr Herz verloren. An das schönste Land der Welt. Argentinien.

Dank

Mein Dank geht an meinen Agenten Martin Brinkmann und die Mitarbeiter des Schwarzkopf & Schwarzkopf Verlages, die meinen Argentinien-Blog in den Tiefen des Internets gefunden und mir angeboten haben, dieses Buch zu schreiben. Sie haben mir von Anfang an großes Vertrauen entgegengebracht und mich einfach loslegen lassen.

Danken möchte ich außerdem meinen Eltern, die immer zu mir stehen und für mich da sind. Sie haben mich mit einer ausgewogenen Mischung aus Wurzeln und Flügeln ausgestattet (auch wenn sie das selbst vielleicht ein bisschen anders sehen).

Meine Schwester, die beste Schwester der Welt, hat sich – obwohl sie ja selbst auch ein Leben hat (ja, ich weiß das!) – die Mühe gemacht, jeden einzelnen Text, den ich geschrieben habe, zu lesen, zu korrigieren, mir kritisches Feedback zu geben, mich zurechtzuweisen, wenn ich wieder mal zu pessimistisch war und den Wald vor lauter Bäumen nicht mehr gesehen habe (das macht sie sowieso immer). Danke!

Danke auch an Sammy, der mir das Fotografieren beigebracht hat und für Fragen und Probleme jeglicher Art stets gute Lösungen und Antworten parat hat.

Ein großes Dankeschön an meine argentinischen Freunde für Kritik, Ideen, hitzige Diskussionen und die ein oder andere Nachhilfestunde in Sachen »Argentinien für Anfänger«. Danke, liebe Taxifahrer, Gauchos, *estancieros*, Reiseleiter, Kassierer, Fußballverrückte, Psychologen und Grillmeister, für eure Geschichten und Gedanken.

Mein größter Dank geht an Hernán (ja, der mit den 40 *kilitos asado*). Ohne ihn und sein unglaubliches Allgemeinwissen würde es dieses Buch niemals geben. Während all der Monate hat er mir mit Rat und Tat zur Seite gestanden, reiste mit mir durch das halbe Land, versuchte mir argentinische Sichtweisen auf die Dinge nahezubringen, gab mir Tipps und Inspirationen sowie Buch- und Filmempfehlungen, hatte auch immer ein offenes Ohr für mein Jammern und Klagen, offene Arme für meine Verzweiflung und manchmal ein Gläschen edlen Malbec gegen meinen Durst. Er ist bester Freund, Partner und Seelenklempner in einem – obwohl er selbst von Freud und Co nichts hält. *¡Sos un grande, un fenómeno, gracias Pocho!*

111 GRÜNDE, KUBA ZU LIEBEN

DIESES BUCH BIETET EINEN AUSSERGEWÖHNLICHEN EINBLICK IN DAS KUBANISCHE LEBEN MIT VIELEN INSIDER-TIPPS UND ZWEI SEPARATEN FARBTEILEN

111 GRÜNDE, KUBA ZU LIEBEN
EINE LIEBESERKLÄRUNG AN DAS SCHÖNSTE LAND DER WELT
Von Klaus D. Leciejewski
368 Seiten | Premium-Paperback
Plus zwei Farbteile á 16 Seiten
ISBN 978-3-942665-50-6 | Preis 14,99 €

Kuba ist ein überaus interessantes Urlaubsland! Bis auf alpines Hochgebirge bietet es alles, was einen Urlaub entweder erholsam, aufregend oder bildend oder auch alles zur gleichen Zeit machen kann. In diesem Buch ist alles davon zu finden.

In 111 Kapiteln bringt der Autor seinen Lesern Kuba näher. Seine zahlreichen persönlichen Geschichten zeigen ein liebenswertes Land, und sie können auch nachdenklich machen. Sämtliche Informationen stammen aus persönlichen Recherchen des Autors.

Die über 50 Fotografien im Buch sind keine der üblichen Aufnahmen aus Hochglanz-Magazinen, und sie bilden auch keine der weitverbreiteten Klischees ab, sondern zeigen Kuba aus einer sehr intimen Perspektive.

Eine informative und atmosphärische Erkundungstour über die traumhafte Karibikinsel!

WWW.SCHWARZKOPF-SCHWARZKOPF.DE

SIMONE GLÖCKLER, geboren 1987, lebt in Buenos Aires und Ulm. Die Texterin, Reiseleiterin und Deutschlehrerin verlor bei ihrer ersten Südamerikareise 2006 ihr Herz an die stürmischen Weiten Patagoniens. Ihre drei großen Leidenschaften – das Schreiben, die Fotografie und Argentinien – verwirklicht sie in ihrem Blog *www.argentinien24-7.com*, in dem sie über den argentinischen Alltag berichtet.

Simone Glöckler
111 GRÜNDE, ARGENTINIEN ZU LIEBEN
Eine Liebeserklärung an das schönste Land der Welt

ISBN 978-3-86265-778-0

VERLAG
Schwarzkopf & Schwarzkopf Verlag GmbH
Kastanienallee 32, 10435 Berlin
Telefon: 030 – 44 33 63 00
Fax: 030 – 44 33 63 044

INTERNET | E-MAIL
www.schwarzkopf-schwarzkopf.de
www.facebook.com/schwarzkopfverlag
info@schwarzkopf-schwarzkopf.de